KB072906

올바른 풍수 학술 지침서

풍수의 定石

올바른 풍수 학술 지침서

풍수의 定石

조남선 지음

M&B

풍수(風水)는 과연 무엇인가? 혹세무민하는 미신인가? 아니면 엄청난 위력을 가진 자연현상의 일부인가? 사람들이 가지는 이런 질문에 올바르게 속 시원한 답변을 하는 것은 쉽지 않은 일이다.

우리나라 사람들 중 상당수는 '풍수(風水)' 또는 '명당(明堂)'이라는 말에 관심이 많고 언급을 하며 살아간다. 그런데 일부의 사람들은 '풍수'라는 말을 듣는 순간 먼저 묘(墓)를 떠올리고, 그 무덤 안에 있는 돌아가신 분의 영혼(귀신)이 모종의 역할을 하는 것으로 판단하고 풍수를 미신(迷信)이라 치부하며 무턱대고 배척하기도 하고, 어떤 이는 풍수를 신통력을 가진 사람이 도술을 부리는 신비한 것으로 생각하기도 한다.

그러나 저자가 오랫동안 이론적으로 공부를 하고 현장답사를 하면서 깨달은 풍수는 인간이 살아가면서 누구도 피할 수 없는 땅의 환경, 바람(공기)의 환경, 물의 환경을 깊이 있게 분석하고 정리한 가장 원초적이고 근본적인 환경과 관련된 것이라는 결론을 내리게 되었다.

이 기본적이면서 절대적인 환경요소를 올바로 이해하고 생활에 활용하여 건강하고 행복한 삶을 살아가기를 추구하는 '생존환경학'이 풍수인 것이다.

이 책의 구성은 중국 명나라 때의 풍수고전인 『지리인자수지』를 기본 골격으로 삼고, 풍수와 관련된 여러 문헌과 기록들을 보충자료로 활용하여 이론체계를 총정리하였으며, 여기에 저자가 현장에서 습득하고 확인한 기술적인 내용을 체계적이고 합리적으로 반영하는 방식으로 하였다.

물론 지금까지의 풍수서적들이나 저자의 풍수적 주관이 풍수체계 전체를 완벽히 설명하는 것이라고 말할 수는 없으나, 이 책에서는 풍수에 대하여 부족한 이해와 잘못된 오해를 풀기 위하여 그동안 저자가 배우고 익힌 자연환경의 시스템과 풍수의 원리에 관한 내용을 정리하여 간단하고 명료한 설명과 현장사진을 제시하여 누구나 현실적으로 이해하고 수긍할 수 있도록 하였다.

본문의 설명과 함께 제시된 사진들은 저자가 풍수설명에 적합하다고 판단하여 선정한 표준이 될 수 있는 장소들이다. 다만 자연 상태 땅의 형상이 각각의 위치마다 모두 다르기 때문에 유연한 사고로 접근하여 현장에 적용하기를 바란다.

이 책이 출판되는 데 저자에게 많은 도움을 주신 분들께 이 자리를 빌어 감사를 드려야겠다. 먼저 저자에게 학문적인 담금질을 해주신 대구한의대학교 성동환, 김병우 교수님과 현장풍수를 지도해 주신 정경연 선생님께 깊은 감사의 말씀을 드린다. 또 수년 동안 강의와 동문회답사 활동을 적극적으로 지원해주신 아주대학교 평생교육원 관계자들께도 감사의 말씀을 드린다. 그리고 풍수동문회 결성과 운영에 수고가 많으신 김종대 회장님, 김은희 총무님, 장현성 님, 이종목 님, 정재안 님과 늘 신뢰와 성원을 보내주시면서 풍수학습과 전파를 위하여 애쓰시는 황용선 님, 최연희 님, 한승구 님, 한상국 님, 박종경 님, 김영철 님, 윤태영 님, 이문수 님, 이중희 님과 책에 들어갈 그림을 그려주신 서양화가 이택희 님 그리고 청어람 출판사의 여러분께도 고개 숙여 감사의 마음을 전한다.

마지막으로 부족함이 많은 이 책이 풍수발전의 작은 디딤돌이 되어 풍수가 올바로 이해되고 활용되는 시대가 하루 빨리 다가오기를 기대하며, 관심 있는 풍수학인들에게 작은 도움이나마 되었으면 좋겠다.

2010년 8월 입추절기에

조남선

2010년 『풍수의 정석』과 2012년 『양택풍수의 정석』을 조심스럽게 출간하면서 풍수를 접해 보지 못한 일반인도 좀 더 쉽게 이해할 수 있도록 현장 사진으로 설명하려 노력하였으나 마음속 한구석에는 아쉬움이 있었다. 지상에서 찍은 사진으로는 전체 주변 지형을 보여주는 데 한계가 있어 새처럼 날아올라 높은 곳에서 사진을 찍을 수 있으면 하는 간절함이 많았다. 단지 희망 사항으로만 남겨 두었던 그 기대가 과학 기술의 발달로 현실이 되었다.

2016년 10월 중순, 드론을 구입하여 과감히 항공촬영을 시작하였다. 그때까지 한 번도 그런 기기를 다뤄 보지 않았기 때문에 서툴렀지만, 나뭇잎이 적어 땅의 모양이 가장 잘 보이는 겨울에 촬영을 마치기 위해 4개월여 기간 동안 자동차 계기판의 숫자가 거의 20,000km가 늘 만큼 차를 몰고 풍수 자료가 될 만한 장소를 찾아 전국을 돌아다녔다. 촬영한 사진이 마음에 들지 않으면 다시 사진을 찍기 위해 몇 번이고 먼 길을 또 찾아가는 수고를 피하지 않은 덕분에 풍수 설명에 크게 도움이 될 사진들을 많이 확보하게 되었다.

이제 한숨을 돌리며 촬영한 사진들을 보니 하늘에서 본 지형으로 풍수를 설명할 수 있게 되었다는 생각에 감개가 무량하다. 하지만 법규정을 지키기 위해 휴전선 접경 지역이나 대도시, 비행장 시설이 있는 곳 주변 등 드론 비행 금지 구역을 제외하고 보니 꼭 넣고 싶은 장소가 몇 곳 빠져 아직도 조금은 아쉬움이 남는다.

이번 개정증보판을 내면서는 문맥이 어색한 부분의 문구를 약간 다듬거나 순서를 바꾸는 정도의 손질만 하고 책의 구성이나 내용은 크게 바꾸지 않았다. 개정증보판을 내게 된 주된 목적이 항공 사진을 활용한 풍수 설명이었으므로 가능하면 내용과 부합하는 많은 항공 사진을 첨부하려 하였고, 본문에 들어가지는 못했으나 풍수 공부를 하는 사람이든 일반인이든 함께 보면 좋을 멋진 항공 사진을 별첨 형식으로 책의 말미에 넣었으며, 아주대학교 평생교육원 풍수동문회 활동 사진을 함께 담아 그간 저자의 풍수 발자취를 엿볼 수 있게 하였다.

이 개정증보판이 만들어지는 데 많은 도움을 주신 분들께 이 자리를 빌려 감사드려야겠다. 먼저 평생 교육의 활성화를 위해 애써 주시고 풍수동문회답사 활동을 적극적으로 지원해 주신 아주대학교 평생교육원 이성엽 원장님과 관계자들께 감사의 말씀을 드린다. 또 마음속에 늘 새겨 두고 있는 스승님이신 대구한의대학교 성동환 교수님, 김병우 교수님, 정경연 선생님과 중국에서 강의할 수 있게 연결해주신 서울대학교 환경대학원 이승옥 원장님과 김포대학교 우경교수님께도 이 자리를 빌려 감사의 말씀을 드린다.

풍수동문회 결성과 운영에 늘 수고가 많으신 김종대 회장님, 하태현 실장님, 김은희 총무님, 물심양면으로 아낌없는 후원을 해 주시는 정영자 사장님, 서영애 사장님, 구은숙 원장님, 지종만 대표님과 풍수 연구를 위해 동고동락하는 정벽화 님, 황용선 한상화 님 내외분 , 장현성 님, 이종목 님, 한승구 님, 김영철 님, 유만동 님, 한상국 님, 윤희원 님, 정재안 님, 조연환 님, 이중희 님과 그리고 청어람 출판사 서경석 대표님, 최기자 사모님 내외분과 회사 관계자 여러분께도 고개 숙여 감사의 마음을 전하며 마지막으로 어려운 풍수인의 길을 가는 것을 묵묵히 지켜보며 후원해 주는 가족들에게도 감사를 보낸다.

아직도 미흡한 부분이 많은 이 책이 풍수가 자연 과학으로 인정받고 적극적으로 활용되어 나라가 안정되고 발전하며 국민이 건강하고 행복하게 사는 데 보탬이 되길 바란다. 또한 깊이 있게 풍수 공부를 하고자 하는 학인들에게 유익한 기초 자료가 되었으면 한다.

2017년 춘삼월에

조남선

용세론

사격론

수세론

혈세론

형국론

風水

풍수 입문을 위한 기초이론

제1장 풍수(風水)의 개요

1. 풍수의 어원(語源)[1]

예로부터 풍수를 부르는 명칭은 지리(地理), 음양(陰陽), 상지술(相地術), 형법(形法), 감여(堪輿), 복택(卜宅), 청낭(青囊) 등 여러 가지가 있다.[2]

오늘날 가장 보편적으로 통용되는 용어인 풍수(風水)는 장풍(藏風)이라는 말에서 '풍(風)'을 따고, 득수(得水)라는 말에서 '수(水)'를 따서 만들어진 '장풍(藏風)과 득수(得水)'의 준말이다.

그러면 왜 장풍(藏風)과 득수(得水)라는 말이 풍수의 어원이 되었으며, 이렇게 만들어진 풍수라는 합성어의 표면에 드러난 환경요소, 즉 바람(공기)

---

1) 오늘날 우리나라 사람들의 대부분은 '풍수지리(風水地理)'라는 명칭을 사용하고 있으나, '풍수지리'라는 용어는 예로부터 같은 의미로 사용되어 온 '풍수'와 '지리'라는 단어를 중첩해서 사용하는 것이다. 현재 '풍수'의 영문표기는 'Feng-Shui'로 통일되어 전 세계에서 통용되고 있으며, 저자도 '풍수'라는 용어를 사용하였다.

2) 왕옥덕(王玉德), 『신비적 풍수』, 광서인민출판사, 2004, pp.3~7. 복택(卜宅)이라는 명칭은 갑골문이나 『상서(尚書)』, 『시경(詩經)』 등에서 나타나고, 음양(陰陽)은 『시경』 「공유」의 '于胥斯原 陟則在巘 複降在原 逝彼百泉 瞻彼溥原 乃陟南岡 乃覯於京 觀其流泉 度其口原 度其夕陽 其中更有 既景乃岡 相其陰陽'라는 구절에 처음으로 등장한다. 감여(堪輿)는 유안(BC ?~BC123년)의 『회남자』 「천문훈」 '堪輿徐行 雄以音知雌'의 구절과 사마천(BC145년~BC86년)의 『사기』 「일자열전」 '孝武帝時 聚會占家問之 某日可取婦乎? 五行家曰 可 堪輿家曰不可'라는 문구에 처음 등장하고, 지리(地理)는 『주역(周易)』 「계사전」에 '易與天地准 故能彌綸 天地之道 仰以觀於天文 俯以察於地理 是故知幽明之故'라는 구절과 왕충(서기 27년~97년)의 『논형』 「자기편」에 나오는 '天有日月星辰謂之文 地有山川陵藪謂之理' 문구에 등장한다. 풍수(風水)는 『금낭경』 「기감편」에 '古人 聚之使不散 行之使有止 故謂之風水'라는 문구에 처음으로 등장한다.

과 물이 어떻게 자연의 이치를 설명하고 땅을 선택하는 기준을 제시하는 것인지 이해할 필요가 있다.

풍수에서 가장 중요하게 생각하는 개념은 지기(地氣)이다. 지기란 지구가 가지고 있는 모든 에너지를 총칭하는 말인데, 지기 중에서도 순수하게 정제되고 순화되어 모든 생명체의 생장(生長)에 도움을 주는 기운을 따로 풍수에서는 생기(生氣)라고 표현한다.3) 이 생기를 얻을 수 있는 위치(지점)를 혈(穴)이라 하며,4) 혈은 풍수의 핵심이 된다.

모든 땅에는 각각 나름대로의 기(氣, 에너지)가 있지만, 특히 혈(穴)에서는 주변 땅과는 다른 좋은 성질의 땅에너지인 생기(生氣)를 얻을 수 있다는 것이다. 혈을 찾아 묘를 만들어 돌아가신 조상을 모시거나, 혈이 있는 곳을 사람이 거주하는 건물의 터로 삼아 생기를 얻고자 하는 것이 풍수가 추구하는 궁극적인 목적인 것이다.

그러나 이 생기는 볼 수도, 만질 수도, 느낄 수도 없을 뿐만 아니라 아직 현대과학과 기술로도 규명하지 못한 것이어서 인체의 감각 기관이나 과학 장비를 활용하더라도 혈을 찾을 수는 없다. 그리하여 수천 년 동안의

---

3) 지기(地氣)란 지구가 가지고 있는 에너지를 통틀어 부르는 의미로 해석이 가능할 것이다. 이 책에서는 중국의 『금낭경』「인세편」에 있는 '오행의 기운이 땅속으로 흘러다니다가 피어나게 되면 만물을 생하여 준다(五氣行於地中 發而生乎萬物).'는 내용을 근거로 지구에너지 중에서 순화되고 정제되어 만물(萬物)을 생(生)해주는 지구에너지를 생기(生氣)라 표현하였다.

4) 혈(穴)이란 풍수의 핵심이 되는 위치(지점)를 표현한 글자인데, 한자의 뜻은 구멍, 움, 오목한 곳, 굴 등이 있다. 지구는 엄청난 에너지를 품고 있는 행성인데, 지구 안의 에너지인 생기가 뿜어져 나오는 구멍(분출구)을 풍수에서 혈이라 부르는 것이다. 일반적인 지기(地氣)는 지구상 어디서나 만날 수 있지만 생기(生氣)는 오직 혈에서만 얻을 수 있다는 의미이므로 정확하게 혈을 말하지 못하는 풍수는 존재가치가 없다. 일반적으로 '좋은 터'로 불리는 '명당(明堂)'은 풍수 전문용어로는 '혈 앞의 공간(논, 밭 등)'을 말하는 것으로, 혈과 명당은 명확히 구분되어야 한다.

경험을 바탕으로 땅이나 물길의 생김새 등 지형과 지세를 살펴 혈을 찾는 이론을 정리해 놓은 것이 풍수학술(風水學術)[5]인 것이다.

풍수를 올바로 알기 위해서는 생기를 얻을 수 있는 혈(穴)이라는 위치(지점)와 바람과 관련된 장풍(藏風)이라는 용어, 물과 관련된 득수(得水)라는 용어가 어떠한 의미를 가지고 있는지 명확히 짚고 넘어가야 한다.

먼저 바람과 관련된 '장풍(藏風)'이란 말은 직역을 하면 '바람을 저장한다.' 또는 '바람을 감춘다.' 라고 해석을 할 수 있지만, 의역(意譯)을 하면 '강한 바람이 불어와 부딪히는 곳(지점)은 좋지 않으므로 전후좌우에서 불어오는 강한 바람이 약해지고 순하게 바뀌어 불어오는 곳(지점)을 선택하는 것이 유리하다.' 는 뜻이다. 즉, 겉으로 드러난 '장풍(藏風)'의 의미는 강한 바람이 직접 불어와 부딪히지 않는 터, 다시 말하면 바람이 갈무리 되어 공기가 차분히 안정된 곳(지점)이 좋은 곳이라는 것이다.

그런데 '장풍(藏風)'이라는 용어에는 단순히 장풍이 되는 곳이 대부분의 생명체가 살아가기에 유리한 터가 된다는 의미만을 담고 있는 것이 아니라, 풍수적 관점에서 터를 선택하는 공기의 흐름, 즉 바람의 기준이 제시되어 있음을 알아야 한다.

자연 상태에서 보국(保局)이라고 하는 틀이 갖추어져 외부에서 불어오는 강한 바람이 약해지고 갈무리된 곳만 혈이 결지되는 기본(필요)조건을 갖춘 것이라는 의미가 '장풍'이라는 용어 속에 담겨 있는 것이다.[6]

---

5) 풍수는 발생배경, 역사, 변천과정, 사회에 미친 영향 등을 정리하는 학문적(學問的)인 성격과 현장에서 지형과 지세 등의 분석을 통하여 정확한 혈(穴)을 찾는 기술적(技術的)인 성격을 모두 담고 있는 학술이다. 풍수는 학문적인 지식도 필요하지만 반드시 혈을 찾는 기술의 터득(攄得)이 필요한 학술이다. 학문적으로는 능통하더라도 기술적으로 풍수의 핵심인 혈(穴)을 찾지 못하는 풍수는 진정한 풍수가 아닌 것이다.

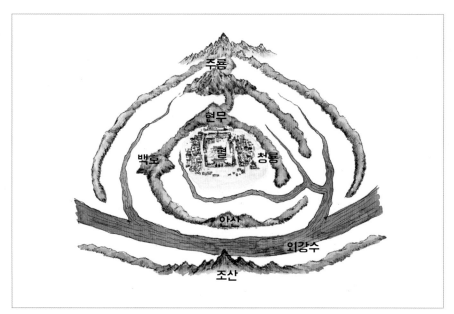

보국의 형태-사방이 산으로 둘러쌓인 틀

　다시 말하면 '장풍(藏風)'이라는 용어에 담겨져 있는 핵심적인 의미는 '혈(穴)은 장풍이 되는 곳에만 있다.'는 것으로, '장풍이 되지 않는 곳은 혈이 없다.'는 것이다. 따라서 바람이 불어와 부딪히는 곳은 어떠한 경우에도 혈이 없는 것이 자연의 법칙이니 혈을 찾고자 할 때는 먼저 장풍이 되는 터인지를 살펴보아야 한다.

　다음으로 물과 관련된 '득수(得水)'라는 말을 직역(直譯)하면 '물을 얻는다.'는 의미이다. 물은 모든 생물체에 있어 생존을 위해 절대적으로 필요

---

6) 위의 그림과 같이 사방이 산으로 둘러싸인 땅의 형세를 '보국(保局)이 갖추어 졌다.'고 표현한다. 보국이 갖추어진 지형의 안쪽에는 외부로부터 강한 바람이 직접 불어오지 못하게 된다. 따라서 보국은 장풍의 조건이 갖추어지기 위한 기본이 되는 것이다. 정리하자면 보국이 갖추어져야 장풍이 되고, 장풍이 되는 지점에만 혈이 결지되는 것이 바로 풍수의 법칙인 것이다.

현무

백호

청룡

안산
(조적)

보국의 형태-사방이 산으로 둘러싸인 틀

한 것이다. 동물이나 식물은 물 없이는 살아갈 수 없고 종족번식도 기대할 수 없다. 이처럼 물이 생존의 절대적인 필수요건이지만 상황(狀況)에 맞지 않게 많은 물은 오히려 해가 되는 경우도 있다. 따라서 물은 필요할 때, 필요한 만큼 가능하면 손쉽게 얻는 것이 가장 이상적이라 할 것이다.

이런 조건이 충족되기 위해서는 첫째, 물이 굽어 흐르는 경우에 물길이 감싸주는 안쪽이어야 한다. 대개의 물길은 굽어 흐르는데, 평상시에는 유순하던 물길도 홍수가 나면 거친 물살이 되어 굽은 물길의 바깥쪽에 부딪치게 된다. 이때 극심한 경우에는 엄청난 물난리를 치르게 되므로 물이 감싸주는 안쪽이 수재(水災)를 피할 수 있는 안전한 곳이 되는 것이다. 둘째, 지형이 평평해야 한다. 평평한 곳의 상대적인 의미는 비탈진 곳이다.

보국의 형태-사방이 산으로 둘러싸인 틀

비탈진 곳은 물이 쉽게 흘러내려가기 때문에 제때에 물을 구하기가 쉽지 않아 편안한 생활이 담보되지 않는다. 이상에서 설명한 득수의 원칙은 보통 사람들 누구에게나 적용되는 일반적인 의미인 것이다.

그러면 풍수적 관점에서 터를 선택하는 데 있어서 주지하여야 할 '득수(得水)'라는 용어에 담겨 있는 고차원적이고 심오한 의미를 설명하기로 한다.

풍수에서는 용(龍)[7]을 움직이지 않는 음(陰)으로 보고, 물(水)은 움직이는 양(陽)으로 본다. '음(陰)인 용(龍)과 양(陽)인 물(水)이 만나 음양교합(陰

---

7) 풍수는 크기를 따지지 않고 모든 산의 능선을 용이라 부른다. 〈주룡의 개요와 행도〉(p.70) 참조.

陽交合)을 이루어야 풍수의 꽃이자 땅의 열매인 혈(穴)을 맺게 된다.'는 것이 외형상의 '득수(得水)'에 대한 설명이다.

그러나 이것은 겉에 보이는 용(龍)과 물(水)의 교합만을 설명한 것으로, 득수(得水)란 단순히 외형상으로 보이는 용(龍)이 주위에 있는 물길과 만나서 행도(行道)를 멈추는 것만을 표현한 용어가 아니고, 풍수의 핵심인 혈을 맺는 물(지표수, 지하수 포함)과 관련한 조건을 제시한 것이다.

그렇다면 혈이 만들어지는 완성(충분)조건을 표현한 '득수(得水)'라는 말은 무엇을 의미하는 것인가? 능선 속에는 능선을 따라 내려오는 여러 개의 수맥(水脈)들이 있고, 그 수맥들 중에는 중심역할을 하여 지맥(地脈)을 구성하는 수맥도 있다. 이 지맥을 구성하는 중심수맥이 혈을 만드는 단계에서 양옆으로 벌어지는 분수(分水)와 다시 오므라져 합쳐지는 합수(合水)의 과정을 거친다. 이때 중심수맥이 합수(合水)되면서 지맥을 통하여 공급된 생기(地氣)를 만나게 되고, 이것이 '생기가 물과 경계를 이룬다.'는 의미의 계수(界水)가 되며, 이로써 혈이 만들어지는 것이다. 정리하면 진정한 의미의 '득수'는 혈이 만들어지는 중심수맥의 분수와 합수라는 실체적 사실과 여기에 혈이 만들어지는 역할을 하는 중심수맥과 흘러오는 생기와의 조우관계를 표현하는 추론적 현상인 '계수'까지 포함하는 것이다.[8]

앞서 설명한 것처럼 풍수의 어원은 장풍(藏風)과 득수(得水)의 두 조건이 모두 갖추어진 곳에서만 혈이 만들어진다는 의미에서 풍수(風水)라 이름

---

[8] 〈지표하의 수세〉(p.202), 〈혈의 개요와 결지 조건〉(p.214) 참조.

붙여졌다. 결론적으로 풍수(風水)란 명칭은 혈이 결지되는 '장풍'이라는 기본(필요)조건과 '득수'라는 완성(충분)조건을 표현한 용어인 것이다.

2. 풍수의 이해(理解)

먼저 풍수의 실체에 대하여 알아보기로 한다. 현실적 의미에서 결론부터 이야기하자면, 풍수란 가장 근본적인 환경의 문제이다. 땅은 각 지점마다 형상이 다른데, 각 형상의 물길을 통해 물이 흘러내려가고, 바람이 지나다니면서 영향을 주므로 풍수는 어느 누구도 피할 수 없는 가장 원초적인 환경의 문제가 된다.[9]

풍수에서 가장 중요하게 인식하는 개념은 땅의 기운인 지기(地氣)이다. 그런데 모든 장소의 땅 기운(지기)이 같지 않다는 것을 주목하여야 한다.

태초에 우주에 빅뱅이 생기고 지구가 만들어질 때 땅의 모양이 형성되었다. 풍수적 관점에서 땅의 모양이 형성되었다 함은 산봉우리와 능선과 물길이 만들어졌다는 것인데, 각각의 위치마다 역할이 다르고 성질 또한 다르다. 봉우리에서 능선의 형태가 생겨 아래로 내려가면 그 능선의 양옆에는 반드시 물길이 만들어지고 그 물길을 통하여 물이 흘러내려가게 된다.

이처럼 땅의 모양과 그에 따른 현상은 너무나 평범하여 누구나 다 아는

---

9) 장용득(張龍得), 『명당론』, 남영문화사, 1980, pp.21~27. 산(땅), 수(물), 풍(바람)이란 곧 자연환경을 말하는 것으로, 산, 수, 풍이 생물에 대하여 주도권을 가지고 생물을 번성하게도 하고 쇠진하게도 하는 중대한 요인이라 설명하고 있다.

태초에 지구가 형성될 때 만들어진 땅 모양-봉우리, 능선, 물길

사실이지만 풍수를 이해하는 데 있어서 반드시 새겨두어야 할 매우 중요한 사항이다.

　먼저 땅 모양 가운데 하나인 능선에 대하여 설명하기로 한다. 땅을 분석하는 데 있어서 능선의 크기나 길이는 따지지 않고 양옆에 흐르는 물길이 있다면 그 사이에 하나의 능선이 있는 것이 된다.

　이 능선은 풍수에서 지기(생기)를 설명하는 데 있어서 아주 중요한 역할을 한다. 그러면 물길 옆에 있는 능선의 역할은 무엇일까? 산 능선의 첫 번째 역할은 생기가 흘러가는 통로가 되는 것이다. 생기는 봉우리에서 능선을 타고 흘러간 다음 일정한 조건이 갖추어진 곳에서 위로 분출된다. 이처럼 생기가 분출되는 자리를 풍수에서는 혈(穴)이라 부르는데, 풍수의 핵심인 혈에서 분출되는 생기가 전달되는 통로의 역할을 하는 것이 능선인 것이다. 즉, 산 능선이 있어야 생기가 흘러가고 생기가 흘러와야만 혈이 만들어지는 것이다.

능선의 두 번째 역할은 혈이 결지되는 위치(지점)가 되는 것이다. 풍수의 핵심이자 가장 중요한 개념이 되는 혈은 가장 안정된 조건이 갖추어진 곳에서만 결지된다. 능선의 옆 비탈면이나 경사가 가파른 곳은 불안하거나 불편한 곳이어서 혈이 결지되지 않는다. 따라서 능선을 통하여 흘러오는 생기는 직풍(直風)이 불어오지 않고 가장 안정감 있는 능선의 등성이에 결지되는 혈을 통해서만 분출된다.[10]

이제 물길에 대해 논하기로 한다. 능선의 양옆에 물길이 만들어지면 이 물길을 통하여 비가 내릴 때 땅에 떨어진 빗물이 모여 흘러내려가게 된다. 물이 모여 흘러가기 때문에 누구나 알고 있듯이 자연 상태의 물길은 습(濕)하게 되는데, 습한 성질은 물길의 지표면뿐만 아니라 땅속 깊은 곳까지도 습하다는 것을 의미한다. 그리고 물은 근본적으로 차가운 성질(기운)을 가지고 있다는 것도 인지하여야 한다.

정리하자면 자연 상태에서 물이 흐르거나 모이도록 만들어진 곳은 습하면서 차가운 성질(기운)을 갖게 되는 것이다. 이런 터는 땅속으로부터 지속적으로 올라오는 습기(濕氣)와 냉기(冷氣)로 인하여 양택(陽宅)에서는 거주하는 사람들의 건강문제(육체·정신)와 안전문제를 유발시키고, 또 그

---

10) 호순신 저, 김두규 역, 『지리신법』, 2001, 장락, pp.194~195. '무릇 장사는 산 능선의 중앙에 해야지, 터 잡은 곳이 중앙에서 벗어나 기울어지게 하였다는 말은 아직 들어보지 못했다. 더욱이 용이 내려오고 혈이 맺힘에 등성마루를 중앙으로 하는데, 중앙이 아닌 곁으로 하는 이치는 없다(凡, 遇岡壟須葬於正 未嘗聞坐山偏邪也. 況, 主山來落 以脊爲正 無可坐而旁之理).' 는 말은 혈이 능선의 등성이에 만들어진다는 것을 설명하고 있다. 다만 유혈이나 돌혈은 형체가 뚜렷한 능선의 등성이에 결지되나 능선이 아닌 것처럼 보이는 곳에 혈이 결지되는 와혈이나 겸혈의 경우도 있다. 이에 대해서는 〈혈의 사상과 혈성〉(p.237) 참조.

에 부수되는 여러 가지 피해를 주며, 음택(陰宅)에서는 시신의 육탈이 되지 않거나 반대로 짧은 기간에 소골(消骨)이 되게 하기도 한다.

다음으로 풍수의 영향범주에 대하여 생각해 보기로 한다. 계속하여 공중을 날아다니며 살아가는 사람은 없듯이 모든 인간은 땅을 떠나서는 살아갈 수 없다. 땅 위에 건물을 짓고 잠을 자고, 일상생활을 하며, 땅 위를 돌아다니며 사회활동을 하고 있다. 풍수의 기본이 땅의 기운에서부터 출발하는 것이므로 의식하든 의식하지 않든 누구든지 풍수의 울타리를 벗어날 수는 없는 것이다.

풍수는 모든 인간이 건강하고 편안하게 살아가는 것은 물론 종족번식을 위하여 반드시 고려하여야 할 생활환경상의 기본조건이다. 그리고 인간은 태어나기 이전 모태에 잉태된 순간부터 풍수의 영향을 받기 시작하고, 만약 죽은 사람의 무덤을 만든다면 죽어서 땅속에 묻혀 있는 동안에도 계속하여 영향을 받는다고 할 수 있다.

3. 풍수의 구분(區分)

연구방향에 따른 구분 – 형기풍수(形氣風水)와 이기풍수(理氣風水)

풍수는 연구하는 방향에 따라서 땅의 형상을 연구하는 형기풍수와 방위와 시간 등을 살펴서 길흉화복을 연구하는 이기풍수로 나눌 수 있다.

형기풍수는 주변 산수(山水)의 형세를 살펴 좋은 터와 나쁜 터를 가리는 것으로 풍수의 체(體)가 되며 궁극적으로는 혈을 찾고자 하는 풍수론이다.

땅은 각 위치마다 성질이 다르므로 먼저 형세적으로 길한 터를 찾는 것이 중요하고 형기풍수상으로 길한 터(혈)는 모든 것이 길하게 된다고 보아도 무방하다.

형기풍수는 자연지형을 눈으로 살펴 길지와 흉지를 판단하기 때문에 원칙적으로 다른 도구가 필요하지 않다. 그러나 지구상 어디도 똑같은 지형이 없고 산업의 발달 과정에서 필연적으로 일어나는 수많은 개발행위 등의 영향으로 지형이 많이 변형되었거나 변형되고 있어서 육안으로는 원래의 지형을 파악할 수 없는 경우가 많고, 본래의 지형을 세밀하게 살펴서 땅을 분석하는 형기풍수의 방법에도 한계가 따른다. 때문에 저자는 수맥파 탐사법을 활용할 것을 권장하며, 이에 대해서는 〈수세론〉에서 자세히 설명하기로 한다.

이기풍수는 방위, 시간 등의 요소를 파악한 후 음양오행론 등을 따져 조화를 이루고 중화되게 좌향(坐向)을 놓고 배치를 하는 풍수론으로 풍수의 용(用)이라 볼 수 있다. 방위를 정확하게 측정하여야 하기 때문에 나경(羅經)이라고 하는 풍수용 나침반이 필요하다.

연구대상에 따른 구분 – 양택풍수(陽宅風水)와 음택풍수(陰宅風水)

풍수는 연구대상에 따라서 생존한 사람과 관계되는 양택풍수와 죽은 사람의 무덤을 대상으로 하는 음택풍수로 구분한다. 양택풍수는 사람이 생존하는 동안 머무는 건축물(주택, 공장, 상가, 사무실 등 모든 건물)을 대상으로 하는 풍수이며, 음택풍수는 죽은 사람의 유택(묘지)을 대상으로 하는 풍수이다(납골당은 음택풍수의 대상으로 하지 않음).

구분	양택풍수	음택풍수
대상	소유자가 아닌 거주자에게 영향	유전자를 물려받은 후손(외가 포함)
지기전달방식	건물에 머무는 동안 직접 받음	유골을 통한 간접전달(동기감응)
시기	통상 3개월 이후부터 영향	길지에 初葬의 경우 3년~5년 이후 영향
기타	잉태지, 출생지, 성장지도 중요	흉지는 1년 이내에도 조짐이 나타남

양택풍수와 음택풍수의 비교

4. 동기감응론(同氣感應論)

앞에서 풍수의 연구대상에 따른 분류를 하면 양택풍수와 음택풍수로
나눌 수 있음을 설명하였다. 음택풍수란 묘지풍수라고도 하는데, 묘 터가
갖고 있는 좋거나 나쁜 기운이 후손들에게 미치는 영향을 동기감응(同氣感
應)이라고 한다. 이것은 조상과 후손은 혈통관계로 이어져 같은 유전인자
를 가지고 있기 때문에, 서로 통하는 것이 있어 반응(감응)을 일으킨다는
이론이다.

『금낭경』「기감편(氣感篇)」에는 생기(生氣)와 동기감응(同氣感應)에 대해
다음과 같이 기록하고 있다.

장사(葬事)는 생기를 받도록 하여야 한다(葬者乘生氣也).
(중략)
사람은 부모로부터 몸을 받은 것이니 본체(부모의 유골)가 기를 얻으면
유체(자손)는 음덕을 받는다(人受體於父母 本體得氣 遺體受蔭).

이 말은 조상의 묘 터가 후손에게 영향을 준다는 표현으로 조상의 유골이 생기를 받을 수 있는 좋은 터에 놓여 있으면 그 유골이 생기(生氣)를 흡수하게 되고, 흡수한 생기를 자손들에게 전달하여 좋은 영향을 받도록 해주지만, 조상의 유골이 나쁜 환경에 놓여 있다면 나쁜 지기(地氣)를 흡수하여 발산하게 되므로 자손들이 나쁜 영향을 받게 된다는 논리이다.

그러나 풍수를 완전히 불신하는 사람은 물론 일부분만을 신뢰하는 사람들조차도 과연 죽어서 땅에 묻힌 조상의 유골이 살아 있는 후손에게 영향을 줄 수 있을까 반신반의한다. 더욱이 의학이나 과학을 하는 사람들은 대부분 동기감응을 부정하고 있다. 풍수전문가라고 하더라도 어떤 경로를 거쳐 영향을 미치는지 명쾌하게 설명하지 못하기 때문에 논란은 끊이지 않고 있다.

최근에는 이에 대해 언론과 과학자들의 관심이 점차 높아져 검증을 시도해 보는 경우도 있다. SBS-TV는 2004년 5월 31일 방송된 〈백만 불 미스터리〉라는 프로그램을 통해 산부인과 의사의 주도하에 정자의 활동능력을 시험하는 내용을 방송하였다. 남자의 정액을 채취(採取)하여 산부인과 의사가 현미경으로 관찰하고 옆에서 남자에게 저주파발생기를 작동시키자 정자의 활동능력이 10%정도 떨어진다는 내용이었다.

이 실험이 동기감응론 전체를 입증하기에는 미흡하지만 일단 몸 밖으로 배출된 정자가 남자에게 전기적 충격이 가해지자 영향을 받는다는 것은 입증이 된 셈이다.

우리는 텔레파시라는 말을 자주 듣는다. 가깝고 친밀한 사람끼리는 서로 떨어져 있어도 느낌이 통한다는 것인데, 그렇다면 텔레파시를 과학으로 설명할 수 있는가? 과학으로 설명할 수 없다고 해도 우리는 텔레파시가 미신이라거나 허무맹랑한 것이라고 하지는 않는다.

그렇다면 풍수의 동기감응론은 왜 미신이라고 치부되는가? 그 이유는 현재의 과학 수준으로는 동기감응을 검증할 수 없고, 음택풍수의 영향은 엄청나게 큰데 묘 터의 영향이 나타나는 시기와 영향을 받는 대상이 불규칙하고 예측이 되지 않기 때문에 '과연 묘 터의 영향일까?' 하는 의문을 갖기 때문이다.

그러나 아주 나쁜 묘 터는 집안을 완전히 풍비박산(風飛雹散)시키고, 아주 좋은 묘 터는 여러 대에 걸쳐 부귀영화를 가져다준다는 것이 풍수의 생각이자 경험이다.

최근 우리나라의 장례문화가 급격히 화장으로 바뀌고 있다. 우리나라 사람들이 동기감응을 얻기 위하여 조상을 매장하는 경우는 그리 많지 않다고 본다. 화장을 하면 자손으로서 죄를 지은 것으로 생각하기도 하고, 조상의 묘소조차 없다는 서운함이 커서 매장을 선호하는 경우가 많다. 그러나 매장을 해야 죄를 짓지 않는 것이라 생각하기보다는 오히려 좋지 않은 땅속에 계실 조상을 생각한다면 화장도 적극적으로 검토해 보아야 할 것이다.

5. 풍수의 이론체계(理論體系)

앞에서 설명하였듯이 풍수의 근본이치(根本理致)는 장풍(藏風)과 득수(得水)이며, 좋은 터에 조상의 묘를 만들거나 좋은 터에 건물을 짓고 생활하므로써 가장 건강하고 편안하며 풍요롭게 살고자 하는 것이 바로 풍수가 추구하는 바이다.

풍수는 땅의 기(氣)와 우주 에너지에 관한 것이기 때문에 구구단처럼 정형화되어 있는 것이 아니다. 따라서 탐구를 하는 주체의 관점에 따라 주관적으로 판단하므로 서로 다르게 판단하는 것이 현실이다. 그러나 보는 관점이 다르다고 해서 풍수의 근본 이치와 풍수가 추구하는 바가 달라지는 것은 아님을 주지하여야 한다.

풍수를 분류한 몇 가지를 소개하려고 한다. 각각의 주장은 주로 보는 관점에 따라 조금씩 다르게 분류한 것이다.

『지리인자수지(地理人子須知)』의 분류

『지리인자수지(地理人子須知)』는 중국 명나라의 서선계(徐善繼) · 서선술(徐善述) 형제가 예로부터 전해 내려오는 250여 종에 달하는 풍수 관련 책을 집대성(集大成)하여 지었다. 『지리인자수지』는 용, 혈, 사, 수, 명당 등 형기풍수(形氣風水) 위주로 만들어졌고, 책의 말미에 음양론 등 약간의 이기풍수(理氣風水)를 추가하여 정리하였다.

이 책에서는 '요씨전(廖氏傳)'하는 식으로 다른 사람의 풍수이론을 인용하기도 하고, 필요한 부분마다 유명한 묘소의 산도(山圖)를 그려 넣어 이해를 돕고자 하였다.

『지리인자수지』는 현재 저술되는 많은 풍수서적들의 근간이 되고 있으며, 저자도 이 책을 기본 골격으로 삼아 이론을 정리하였다.[11]

『지리오결(地理五訣)』의 분류

『지리오결(地理五訣)』은 1786년(건륭 51년)에 조옥재(趙玉材)[12]가 지은 책으로 모두 여덟 단원으로 이루어졌다. 첫째 단원은 오행과 나경의 기초, 둘째 단원은 생룡과 사룡의 형상, 셋째 단원은 혈의 음양과 부귀빈천, 넷째 단원은 사격의 귀천과 방위, 다섯째 단원은 물의 길흉과 진신퇴신, 여섯째 단원은 사국의 조향과 용수배합, 일곱째 단원은 24산향(山向)과 12수구 길흉 판단법, 여덟째 단원은 평양지(平洋地)의 풍수를 설명하였다.

『조선의 풍수』의 분류

『조선의 풍수』는 일제 때인 1931년 조선총독부의 촉탁을 받은 무라야마지준(村山智順)이 쓴 책이다. 일본인들이 식민통치의 자료를 얻고자 전국적인 행정력을 동원하여 풍수에 관련된 것들을 조사한 일종의 보고서였다. 이 책은 풍수학술에 대해서는 간룡법(看龍法), 장풍법(藏風法), 득수법

---

11) 『지리인자수지(地理人子須知)』는 많은 풍수서적과 풍수전문가들의 의견을 정리하였기 때문에 거시적으로 풍수를 접근하는 데에는 상당히 도움이 되는 것이 사실이다. 그러나 저자는 풍수의 핵심인 혈을 찾기 위해서는 거시적인 접근보다는 미시적인 접근과 세밀(細密)한 관찰 그리고 분석이 필요하다고 본다. 따라서 이 책은 『지리인자수지(地理人子須知)』를 기본 골격으로 인용하더라도 정밀한 부분에서 저자가 경험하고 판단한 사항이 『지리인자수지(地理人子須知)』와 다른 경우에는 따로 이론을 정리하였다.

12) 조옥재는 현재 중국의 하북성(河北省) 자현(磁縣) 출신이고, 자(字)는 구봉(九峯)이다. 우리나라에서는 조정동(趙廷棟)으로 알려져 있다.

(得水法), 점혈법(點穴法), 음양론(陰陽論)으로 나누어서 설명하고 있다. 그밖에도 한국의 장례나 묘지제도, 풍수의 비보(裨補)와 염승(厭勝), 풍수사(風水師), 풍수서적, 양택풍수 등에 대해서도 상당히 깊이 있고 체계적으로 정리하였다.

6. 우리나라의 산줄기

풍수는 용이라 부르는 산줄기를 통하여 지기(생기)가 공급되는 것으로 생각하기 때문에 산줄기에 대하여 관심을 가지지 않을 수 없다.

일반적으로 산줄기가 중간에 끊어짐 없이 계속 연결되어 있는 상태일 때 산맥(山脈)이라고 표현한다.[13] 그런데 현재 우리나라 학교에서 가르치고 있는 산맥도(山脈圖)라 부르는 산줄기 체계는 일본인 지질학자인 고토분지로(小藤文次郎)가 1903년 발표한 『한국산악론』에 기초를 두고 있는 것으로, 이 산맥도에는 실제로는 강이 있어 산줄기가 끊어져 있음에도 하나의 산맥으로 구성되어 있는 경우가 있다. 이러한 산줄기 체계는 '산은 물을 건너지 못하고, 물은 산을 넘지 못한다.'는 풍수의 기본논리와는 전혀 맞지 않는 것이다.

그래서 우리 전통의 산줄기 체계이면서 '산줄기를 통하여 지기가 전달되고 가느다란 산줄기의 끝에 풍수의 핵심인 혈이 맺힌다.'는 풍수의 논리와도 맞는 한반도의 산맥체계를 간략하게 소개하고자 한다.

---

13) 맥(脈)이란 말의 사전적 의미는 '사물이 끊어지지 않고 서로 이어져 있는 관계나 연관'이다. 결국 산맥이란 끊어짐 없이 이어진 산줄기를 말한다.

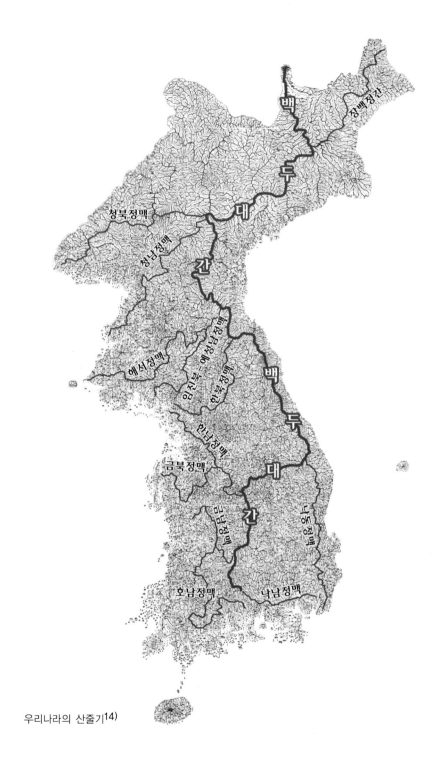

백두대간

장백정간

청북정맥

청남정맥

해서정맥

임진북예성남정맥

한북정맥

한남정맥

금북정맥

백두대간

낙동정맥

금남정맥

호남정맥

낙남정맥

우리나라의 산줄기(14)

한반도의 첫 산 백두산-2012년 6월 저자 직접 촬영

출처 : 『여지고(輿地考)』「산경표(山經表)」

저자 : 여암 신경준(旅庵 申景濬, 1712년~1781년)

체계 : 1대간(大幹) 1정간(正幹) 13정맥(正脈)

산줄기의 구성[15]

① 백두대간 : 백두산에서 남쪽으로 → 금강산 → 태백산 → 속리산 → 지리산(천왕봉)

② 장백정간 : 두리산에서 동쪽으로 → 장백산 → 암명산 → 백악산 → 두만강

③ 청북정맥 : 낭림산에서 서쪽으로 → 백산 → 우현 → 천마산 → 서림산 → 미라산

---

14) 이 산맥도는 저자가 『여지고』「산경표」와 김정호의 「대동여지도」를 참고하여 그린 것이다.

15) 『여지고』「산경표」에 있는 총 15개 산줄기 이름 중에서 산 이름을 따서 만든 것이 2개(백두대간, 장백정간), 지역이름을 따서 만든 것이 2개(해서정맥, 호남정맥)이고, 나머지 11개의 산줄기는 강 이름과 연관시켜 붙인 것이다.

④ 청남정맥 : 낭림산에서 서남쪽으로 → 묘향산 → 마두산 → 독자산 → 석골산 → 광량진

⑤ 해서정맥 : 발은치에서 서남쪽으로 → 오봉산 → 황룡산 → 멸악산 → 불타산 → 장산곶

⑥ 임진북 – 예성남정맥 : 울라발산에서 서남쪽으로 → 개연산 → 수룡산 → 송악산

⑦ 한북정맥 : 설운령에서 서남쪽으로 → 백빙산 → 대성산 → 백운산 → 주엽산 → 축석령 → 불국산 → 사패산 → 도봉산 → 삼각산 → 노고산 → 여산 → 고봉산 → 장명산

⑧ 한남–금북정맥 : 속리산 → 선도산 → 거죽령 → 상당산 → 보현산 → 칠장산

⑨ 한남정맥 : 칠장산에서 북서쪽으로 → 도덕산 → 석성산 → 광교산 → 오봉산 → 수리산 → 성주산 → 계양산 → 상주산 → 문수산

⑩ 금북정맥 : 칠장산에서 서남쪽으로 → 칠현산 → 성거산 → 차령 → 백월산 → 가야산 → 팔봉산 → 안흥진

⑪ 금남–호남정맥 : 장안산 → 수분현 → 성적산 → 성수산 → 마이산 → 부귀산

⑫ 금남정맥 : 청록산에서 북쪽으로 → 병산 → 대둔산 → 계룡산 → 망월산 → 부소산

⑬ 호남정맥 : 웅치에서 남쪽으로 → 운가산 → 내장산 → 무등산 → 천운산 → 도솔산 → 백운산

⑭ 낙남정맥 : 지리산 영신봉에서 동남쪽으로 → 천금산 → 무량산 → 여항산 → 광노산 → 불모산 → 병산

⑮ 낙동정맥 : 태백산 피재에서 남쪽으로 → 백암산 → 사룡산 → 가지산 → 취서산 → 원숙산(천성산) → 금정산 → 몰운대(다대포)

제2장 풍수(風水)의 역사와 서적

1. 중국의 풍수역사와 서적

인간이 언제부터 풍수이론을 생활 속에서 활용하였는지 정확히 알 수는 없다. 그러나 추측컨대 원시인들도 풍수를 활용하여 생활하였다고 볼 수 있다. 차가운 날씨에 적응하고 야생동물이나 다른 부족으로부터 안전을 보장받고 종족을 번성시키기 위하여 동굴 속이나 움집에서 생활하려는 생각을 가지게 된 것이 오늘날 우리가 알고 있는 풍수의 시초(始初)가 되었을 것이다.

진나라 이전～BC221년

중국에는 기원전 50만 년경 베이징 원인(原人)이 있었음이 밝혀졌기 때문에 풍수의 역사도 이들과 함께 존재했었을 것이지만 당시에는 지금처럼 학술적으로 체계화된 것은 아니고 단지 본능적으로 추위와 위험을 피하는 수준이었을 것이다. 중국 고대풍수를 연구해 온 적지 않은 연구자들은 6,000년 전 앙소문화시기(仰韶文化時期)부터 풍수적으로 터 잡기를 한 흔적을 찾아볼 수 있다고 주장한다.

중국의 고대시기인 하나라, 상나라까지는 주로 생활체험 위주의 환경

황제(黃帝)[16]의 능

선택이 풍수의 형태였다고 할 수 있다. 고대의 주거유적지가 가지는 공통점은 수질이 좋은 하천이나 강변에서 멀지 않은 곳으로 수량(水量)이 많고, 지세는 완만한 경사도가 있으며, 토질은 견고하면서 습하지 않고, 주위에 수풀이 있어 아늑한 곳이다.[17]

구석기나 신석기 시대의 이러한 주거지는 적대적인 관계의 부족이나 야생짐승들의 공격으로부터 방어하거나 피난하기 쉽고, 추위와 더위를 피하기에 적합하며, 손쉽게 농경이나 수렵을 할 수 있어 생존에 유리하였다.

이후 주나라가 세워지면서 하도와 낙서가 출현해 이것이 동양자연철학의 기본이 된다. 중국 진시황의 중국통일 이전 시기인 춘추전국시대에는

주(周) 문왕(~기원전 11세기경) 능

많은 학문과 사상, 술법이 활발하게 출현하는 시기여서 각종 사상이나 학설 중에서 음양론(陰陽論), 오행론(五行論), 기론(氣論) 등이 풍수이론이 형성되는 데 영향을 미치게 된다. 노자(老子)는 '만물(萬物)은 부음이포양(負陰而抱陽)'이라 하여 음양이 있어 사계절이 있고, 지진과 우뢰, 번개가 생겨나는 등 일체 현상의 근원이라 하였다. 다만 이 시기에 만들어진 체계적인 풍수문헌은 전해지지 않는다.

---

16) 중국민족의 시조인 황제 헌원(軒轅)의 능으로 기원전 442년부터 역대 제왕 및 저명인사들이 제사를 지내기 시작하였다고 한다.

17) 유패림(劉沛林), 『풍수, 중국인적환경관(風水, 中國人的環境觀)』, 上海三聯書店, 2005, p.27. 앙소문화시기의 취락지를 선택하는 특징을 보면, ①생활과 농업생산에 필요한 물을 편리하게 얻을 수 있도록 물과 가깝고, ②물길이 모여 교통이 편리하며, ③홍수 때 수해를 피할 수 있으면서 비옥한 토질이 있는 물가에 있는 터, ④채광이 잘 되는 산비탈 등의 '환경선택'의 경향이 있다고 하였다.

진(秦) 시황제(재위 기원전 221년~기원전 210년) 능

진나라 한나라시대 : BC220년~AD220년

진나라 때 진시황제(秦始皇帝)가 중국을 통일한 후 역사적인 대규모 토목공사와 건축공사가 진행된다. 만리장성을 축조하고 양택(陽宅)으로는 아방궁(阿房宮)을 만들고, 음택(陰宅)으로는 자신의 능을 조성한 것이다.

이런 대규모 공사에서 풍수가 적용되었다는 명확한 기록은 없지만, 진시황제 사후에 진나라의 명장인 몽념(蒙恬)이 환관 조고와 호해의 핍박으로 자살한 것은 '절지맥(絶地脈)'과 관련된 것이라는 당시 민간의 전설이 있었다는 사마천의 『사기(史記)』 「몽념열전(蒙恬列傳)」 기록을 보면 진나라에는 '지맥(地脈)'의 개념이 이미 확실하게 있었다고 볼 수 있다.[18]

한나라 때에는 오행학설과 팔간, 사유, 십이지지에 의하여 표시된 24방위에 관한 이론이 성행하였다. 『한서(漢書)』 「예문지(藝文志)」의 목록내용을 보면 『감여금궤(堪輿金櫃)』, 『궁택지형(宮宅地形)』의 서적이 있었다고 기록되어 있는데, 『궁택지형(宮宅地形)』은 진나라부터 한나라까지 산천(山川)을 고려하여 취락지(聚落地)를 선택하고 도읍(都邑)을 세우는 경험적 이론을 총정리한 것이다.[19]

여기서 우리나라에서 많이 알려진 『청오경(靑烏經)』에 대하여 정리하도록 한다. 대부분의 사람들은 『청오경』을 한나라 때 사람 청오자(靑烏子)가 저술한 책으로 알고 있으며, 『장경(葬經)』이라고도 부른다.[20]

그런데 북송시대(北宋時代) 운서(韻書)인 『광운(廣韻)』 「십오(十五)」에서 인용한 『풍속통의(風俗通義)』[21]에 있는 '한유청오자선장(漢有靑烏子善葬)'의 문구로 보아 한대(漢代)에 청오자라는 사람이 존재하고 있었음을 추측할 수 있으나, 동진(東晉) 사람 갈홍(葛洪, 284년~364년)이 저술한 『포박자(抱朴子)』 「극언(極言)」에는 청오자가 하상시대(夏商時代)[22] 사람인 팽조(彭祖)의 제자로 기록되어 있어 한나라 이전의 인물이었을 가능성도 있다.

또 남조송시기(南朝宋時期 420년~581년) 양나라 유효표가 『세설신어(世說新語)』 「술해편(術解編)」에 『청오자상총서(靑烏子相冢書)』의 글을 인용한 사실과 수말당초(隨末唐初)의 우세남(虞世南, 558~638)의 『북당서초(北唐書鈔)』

---

18) 왕옥덕(王玉德), 『신비적 풍수(神秘的 風水)』, p.27.

19) 유패림(劉沛林), 『풍수, 중국인적환경관(風水, 中國人的環境觀)』, 2005, pp.42~43.

20) 서선계·서선술 저, 김동규 역, 『지리인자수지』, 1999, 명문당, p.47. 청오자(靑烏子)가 진(秦)나라 때 사람이라고 기록하고 있다.

21) 동한(東漢) 학자인 응소(應劭, 153년~196년)가 저술하였다.

22) 중국의 고대국가시기로 기원전 2100년~기원전 1100년경으로 보고 있다.

146권이 『청오자장서(青烏子葬書)』의 글을 인용한 것 등의 여러 문헌과 정황으로 보면 청오자라는 사람과 그와 관련된 책의 존재는 위진남북조시대까지도 실재(實在)하고 있었음을 추측할 수 있다.

그러나 『구당서(舊唐書)』 「경적지(經籍誌)」와 『신당서(新唐書)』 「예문지(藝文誌)」에 수록되어 있는 『청오자(青烏子)』라는 3권의 책에는 모두 저자(著者)에 대한 기록이 없고, 이 책에 한대(漢代)에는 사용하지 않던 '풍수(風水)'라는 명칭이 등장하는 것 등으로 미루어 보아 이 책은 당나라 이전에 있었던 『청오자상총서』나 『청오자장서』가 아닌 것으로 볼 수 있다.[23]

따라서 현재의 『청오경(青烏經)』 또는 『장경(葬經)』이라 부르는 책은 청오자가 지은 『청오자상총서』나 『청오자장서』가 아니고, 원명시대(元明時代)의 누군가가 예전의 『청오자상총서』나 『청오자장서』를 인용하여 만든 위작일 가능성이 매우 높다.[24]

이 책은 조선왕조에서 과거시험 과목이었기 때문에 우리나라에서는 최고(最古)의 풍수경전으로 생각하지만, 중국에서는 앞에서 설명한 대로 실제 청오자가 저술한 것이 아니며 후대에 만들어진 위서로 보아 수많은 풍수서적 중 하나 정도로 여기고 있다.

---

23) 유패림(劉沛林), 『풍수, 중국인적환경관(風水, 中國人的環境觀)』, 2005, p.46. 『청오경(青烏經)』의 '음양이 들어맞고, 하늘과 땅이 서로 통하면 안에 있는 기는 생명을 싹틔우고 밖에 있는 기는 모양을 만드는데, 안과 밖이 한 쌍을 이루면 풍수는 스스로 이루어진다(陰陽符合 天地交通 內氣萌生 外氣成形 內外相乘 風水自成).'에서 '풍수자성(風水自成)'의 문구를 말하는 것이다.

24) 유패림(劉沛林), 『풍수, 중국인적환경관(風水, 中國人的環境觀)』, 2005, pp.46~47. 원나라 역사는 1271년~1368년, 명나라 역사는 1368년~1644년이다. 규장각본 『청오경(青烏經)』 서문의 '선생은 한나라 때 사람이다(先生漢時人也).', '진나라 곽박의 장서(葬書)가 경왈하며 인용한 책이 바로 이 책이다(晉郭璞葬書引經曰爲證者即此書也).'는 문구로 미루어 보아 진(晉)나라 이후에 저술되었다는 것을 알 수 있다.

한(漢) 고조 유방(재위 기원전 206년~기원전 195년)과 여후 능

그리고 『청오경(青烏經)』은 사자성어(四字成語)식으로 간결하게 만들어져 뜻을 이해하기 어렵고 다양한 해석을 할 수 있는 여지가 있어, 정교하게 혈처를 찾아야 하는 풍수술(風水術)의 관점에서는 부족함이 많다.

위진남북조시대 : 221년 ~ 589년

한나라 이후에 등장한 위진남북조시대는 풍수가 좀 더 체계화되는 시기라 할 수 있다. 위나라의 관로(管輅, 209년~256년)[25]는 복서, 천문, 지리, 주역에 정통한 중국 역사상 유명한 술사 가운데 한 사람으로 풍수의 사상

---

25) 관로의 자(字)는 공명(公明)이며, 『관씨지리지몽(管氏地理指蒙)』, 『주역통령요결(周易通靈要訣)』, 『파조경(破躁經)』, 『점기(占箕)』 등의 저서를 남겼다.

(四象)을 근거로 음택의 길흉을 판단하였다.[26]

또 진(晉)나라 사람 곽박(郭璞, 276~324년)[27]은 중국에서 풍수의 비조로 불리기도 하는데, 『금낭경(錦囊經)』[28]을 저술한 것으로 알려져 있으며, 이 『금낭경』을 흔히 『장서(葬書)』라고도 부른다.

『금낭경』은 상하(上下) 2권 8편으로 되어 있는데 ① 음양지기(陰陽之氣)와 오행지기(五行之氣)를 다루는 생기설(生氣說)[29] ②장풍득수설[30] ③ 지형장기설(地形藏氣說)[31] ④ 방위설(方位說)[32] ⑤ 유체수음설(遺體受蔭說)[33] 로 구분하여 볼 수 있다.

『금낭경』은 음양(陰陽)을 근본(根本)으로 하고, 장풍득수(藏風得水)를 조건(條件)으로 하여, 생기설(生氣說)을 핵심(核心)으로 하는 이상적인 생태환경 이론을 정립(定立)하였고, 풍수이론이 발전하는 하나의 이정표가 되었다.

그러나 『진서(晉書)』「곽박전(郭璞傳)」에 『금낭경』을 곽박이 저술하였다는 기록이 없고, 『수서(隨書)』「경적지(經籍誌)」나 『구당서(舊唐書)』「경적지(經籍誌)」, 『신당서(新唐書)』「예문지(藝文誌)」등에도 『금낭경』의 저자(著者)에 대한 기록이 전혀 없기 때문에 곽박이 『금낭경』을 저술하지 않은 것이 확실하다는 주장이 대세를 이루고 있다. 이 주장에 의하면 현재의 『금낭경』은 대략 당송시대(唐宋時代)에 만들어진 것으로 추측되며[34] 음양(陰陽)과

---

26) 유패림(劉沛林), 『풍수, 중국인적환경관(風水, 中國人的環境觀)』, p.44.

27) 곽박의 자(字)는 경순(景純)이며 지금의 중국 산서성(山西省) 사람이다.

28) 『금낭경(錦囊經)』은 『청오경(青烏經)』과 함께 조선시대 최고(最高)의 풍수경전으로 인정받았다.

29) '장사는 생기를 얻도록 해야 한다(葬者乘生氣也).', '오행의 기는 땅속으로 흐른다(五氣行於地中).', '무릇 음양의 기는 뿜어지면 바람이 되고, 높이 오르면 구름이 되고, 내려오면 비가 되며, 땅속으로 흘러다니면 생기가 된다(夫陰陽之氣 噫而爲風 升而爲雲 降而爲雨 行乎地中 則爲生氣).' 등의 문구가 생기와 관련한 내용이다.

진(晉) 곽박(276년~324년)의 묘[35]

기(氣)에 관한 이론 그리고 지맥이론(地脈理論)은 위진남북조시대(魏晉南北朝時代) 이래의 사상을 근원으로 하고 있다고 추정한다.

30) '경에 이르기를 기는 바람을 만나면 흩어지고 물을 만나면 멈추는 법이다(經曰 氣 乘風則散 界水則止).'는 문구가 장풍득수와 관련한 내용이다.

31) '경에 이르기를 땅의 형체에 따라 기가 흐르면 만물은 그로 말미암아 생하게 된다(經曰 土形氣行 物因以生).', '생기가 땅속을 흐르다가 피어오르면 만물을 생(生)하게 되는데, 생기의 흐름은 땅의 형세에 기인하고, 생기가 모이는 것은 형세의 멈춤에 기인하는 것이다(五氣行於地中 發而生乎萬物 其行也 因地之勢 其聚也 因勢之止).' 등의 문구가 지형과 관련한 내용이다.

32) '무릇 장사를 지냄에는 좌측 산을 청룡으로 하고, 우측 산을 백호로 하며, 앞의 산을 주작으로 삼고, 뒤의 산을 현무로 한다(夫葬 以左爲靑龍 右爲白虎 前爲朱雀 後爲玄武).' 등의 문구가 방위와 관련한 내용이다.

33) '사람은 부모로부터 몸을 받았으니 부모의 유골이 생기를 얻으면 남겨진 자손은 음덕을 받는다(人受體於父母 本骸得氣 遺體受蔭).' 등의 문구가 동기감응과 관련한 내용이다.

34) 당나라 역사는 618년~907년, 송나라 역사는 960년~1279년이다.

35) 중국 강소성에 있으나 실제 곽박의 묘인지는 명확하지 않다.

당(唐) 태종(재위 627년~649년) 능36)

당나라시대 : 618년~907년

앞에서 본 위진남북조시대가 풍수이론이 정립되는 초기라면 당나라 때는 풍수가 발전하고 정형화(定型化) 되어가는 시기라고 볼 수 있다. 풍수에 관한 많은 이론과 인물, 서적이 출현하였다.

당나라시대를 대표하는 풍수가로는 양균송(楊筠松)37)을 꼽을 수 있다. 양균송은 산, 용맥 등 형세(形勢)를 강조하는 이른바 '형법파(形法派)'로 양균송의 출신지인 강서성(江西省)의 이름을 따서 '강서파(江西派)'라고도 불

---

36) 중국 섬서성에 있으며, 당 고조의 능은 평지에 있으나, 당 태종 이후의 황제 능들은 대부분 산 기슭에 자리 잡고 있다.

37) 양균송의 자(字)는 숙무(叔茂), 호는 구빈(救貧)으로 현재 중국 강서성(江西省) 사람이다.

렸으며, 복건성(福建省)에 근거를 두고 이기(理氣)를 강조(强調)하는 '복건파(福建派)'와 구분되었다.

양균송은 『감룡경(撼龍經)』, 『의룡경(疑龍經)』, 『흑룡경(黑龍經)』, 『장법도장(葬法倒杖)』 등을 지어 풍수를 체계적인 학문으로 정립하였다.[38]

그밖에 당나라시대에는 이순풍(李淳淳), 원천강(袁天綱), 장설(張說), 홍사(泓師), 장일행(張一行), 증문적(曾文迪), 요금정(寥金精), 복응천(卜應天) 등 풍수학 방면에 많은 인재가 배출되었다.

송나라시대(북송·남송) : 960년~1279년

송나라시대를 대표하는 풍수가는 뇌문준(賴文俊)이라 할 수 있다. 뇌문준은 복건성(福建省)을 근거지로 하는 이기파(理氣派)를 대표하는 사람으로 팔괘방위(八卦方位) 및 음양기설(陰陽氣說)을 원리로 하여 『소흥대지팔령(紹興大地八鈴)』과 『삼십육령(三十六鈴)』을 저술하였으나 현재는 전하지 않는다. 이런 활동에 힘입어 송나라시대의 풍수학은 이기론(理氣論) 분야가 크게 발전하였다.[39]

뇌문준 외에 우리에게 알려진 송나라시대의 풍수가로는 호순신(胡舜申)이 있다. 호순신이 저술한 『지리신법(地理新法)』[40]은 조선왕조 초기에 계룡(鷄龍)으로의 천도(遷都)를 중지시키는 이론적 근거를 제공하면서 조선

---

38) 유패림(劉沛林), 『풍수, 중국인적환경관(風水, 中國人的環境觀)』, p.50.

39) 유패림(劉沛林), 『풍수, 중국인적환경관(風水, 中國人的環境觀)』, p.51.

40) 호수신 저, 김두규 역, 『지리신법(地理新法)』, p.12. 『지리신법(地理新法)』은 남송시대 소흥(紹興)년간 (1131년~1162년)에 지어진 것으로 보고 있다.

북송시대의 묘실내부-1983년 중국 하남성 낙양에서 발견

조 초기에 과거시험 과목이 되었다.[41]

　당송시기(唐宋時期)에는 여러 문화와 함께 사상도 발전하게 되는데, 유교(儒敎), 도교(道敎), 불교(佛敎)가 상호 친화적으로 피차(彼此)를 수용(收用)하는 형태로 발전하며, 풍수도 역시 이들 사상(思想)이나 종교(宗敎)와 함께 발전하게 된다.[42]

---

41) 『조선왕조실록』 태조 2년(1393년) 12월 11일(임오) '계룡산의 땅은, 산은 건방(乾方)에서 오고 물은 손방(巽方)에서 흘러간다 하오니, 이것은 송(宋)나라 호순신(胡舜臣)이 이른 바, "물이 장생(長生)을 파(破)하여 쇠패(衰敗)가 곧 닥치는 땅"이라 하므로, 도읍을 건설하는 데는 적당하지 못합니다.' 라는 경기 좌·우도 도관찰사 하륜의 상소로 공사가 중지된다.

42) 유패림(劉沛林), 『풍수, 중국인적환경관(風水, 中國人的環境觀)』, p.54.

원나라, 명나라시대 : 1271년~1644년

원나라 말기 명나라 초기의 군사가, 정치가, 경사가인 유기(劉基 1311년~1375년)는 천문과 지리에도 탁월한 재능을 가진 것으로 알려져 있다. 『명사(明史)』 「유기전(劉基傳)」에는 유기가 풍수술에 조예가 깊었다고 기록되어 있으며, 「영열전(英烈傳)」은 명나라 태조 주원장이 도읍을 남경에 정하는 과정과 궁궐을 건축하는 과정에서 터를 잡는 역할을 유기가 하였다고 기록하고 있다. 또 민간에서는 유기와 관련된 많은 고사가 있고, 그가 저술하였다는 『감여만흥(堪輿漫興)』이라는 책이 전하고 있다. 다만 그 책은 근원이 명백하지 않아 후세에 누군가가 유기의 이름으로 만들지 않았나 하는 의문이 있다.[43]

명나라 때의 풍수학은 폭넓은 수용자세로 연구가 활발하여 오늘날의 풍수학계에 깊은 영향을 끼쳤다. 그중에서도 구성법(九星法)의 응용으로 이기론(理氣論) 분야에 새로운 학설이 개척(開拓)되기도 하였다. 또 나경(羅經) 학설의 발전으로 더욱 세밀한 부분까지 묏자리와 집터를 측정하여 시간과 공간을 서로 연관성 있게 다루었다.

이 시기는 유교윤리의 관념적인 생각이 풍수에 반영되어 '종족(種族)' 개념이 나타났다. 여러 산(山) 중에서 큰 산맥(山脈)이 출발하는 발맥처(發脈處)의 산을 태조산(太祖山)이라 하고, 그 다음에 제법 크게 나타나는 산을 중조산(中祖山), 그 다음의 다소 작은 산을 소조산(小祖山) 등으로 이름 붙여 조종산(祖宗山) 개념을 만들었고, 산맥(山脈)의 입수처(入首處)를 부모산

---

43) 왕옥덕(王玉德), 『신비적 풍수(神秘的 風水)』, p.49.

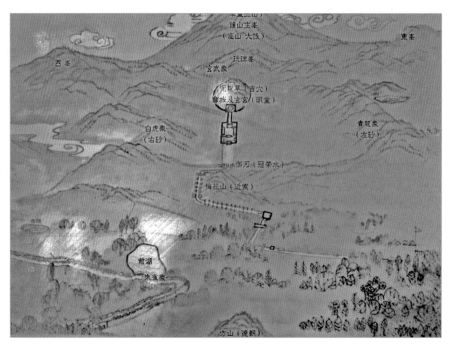

명(明) 태조(주원장 재위 1368년~1398년)의 효릉 능역도

(父母山)이라 하였으며, 그 다음에 음양지혈(陰陽之穴)을 설명하였다.[44]

이 밖에도 서선계(徐善繼)·서선술(徐善述) 형제의 『지리인자수지(地理人子須知)』와 채성우(蔡成禹)의 『명산론(明山論)』, 이국목(李國木)의 『지리대전(地理大典)』, 장평개(蔣平玠)의 『수룡경(水龍經)』 등이 저술되었다.

청나라시대 : 1644년~1911년

배산면수의 지형에 명나라 능역(陵域)이 집단으로 조성된 것처럼[45] 청

---

44) 유패림(劉沛林), 『풍수, 중국인적환경관(風水, 中國人的環境觀)』, p.57.

청(淸) 고종(건륭제 재위 1736년~1795년) 유릉

나라의 능역도 의산(依山)을 하여 청동릉(淸東陵)[46]과 청서릉(淸西陵)[47] 두 구역에 집단으로 조성되었다. 능을 조성하면서 관련된 건물을 축조하게 되었고, 대형 부속건물이 많이 지어짐에 따라 자연스럽게 양택풍수(陽宅風水) 이론도 발전하였다.

조옥재(趙玉材)는 『지리오결』에 형기풍수와 이기풍수의 기본 내용을 정

---

45) 통칭 '명13능(明十三陵)'이라 하는데, 중국 베이징 창평구(昌平區) 천수산(天壽山)에 있는 명나라 제3대 황제 성조 영락제 이후의 13명의 명대 황제, 황후의 능묘 군이다.

46) 중국 허베이성(河北省) 탕산(唐山)에 위치한 능원(陵園)으로 15명의 황제와 15명의 황후의 능이 있다.

47) 중국 허베이성(河北省) 이현(易县)에 위치한 능원(陵園)으로 4명의 황제와 9명의 황후 능이 있다.

리하였고, 중국 고대의 궁궐과 민택(民宅), 사찰의 건축을 근거로 양택의 배치와 관련한 『양택삼요』를 저술하였다.

왕도형(王道亨)은 나경패철(羅經佩鐵)의 사용방법과 원리를 해석한 『나경투해(羅經透解)』를, 조유삼(趙楡森)은 『나반해(羅盤解)』를, 약관도사(箬冠道士)는 『팔택명경(八宅明鏡)』 등을 저술하였다.

2. 우리나라의 풍수역사와 서적

풍수가 언제부터 우리 한반도에 들어와 실생활에 사용되었는지는 분명하지 않다. 우리나라 삼국시대(三國時代) 이전(以前)의 고대(古代) 역사기록(歷史記錄)이 전혀 없는 상황이기 때문에 삼국시대나 그 이전에 풍수가 한반도에 전파되었는지 문헌을 통해서는 알 수가 없다.

삼국시대

고려시대의 일연 스님에 의해 쓰인 『삼국유사(三國遺事)』[48]에는 나중에 신라 제4대 왕이 되는 석탈해가 경주의 토함산에 올라가 경주 시내를 내려다 본 후 반월성(半月城)에 있는 호공(瓠公)의 집터를 탐내 빼앗았다는 기록이 있다.[49] 이 기록을 보고 호공의 집이 풍수적으로 길지였기 때문에

---

[48] 『삼국유사』는 고려 후기 승려 일연(一然, 1206년~1289년)이 고려 충렬왕 7년~9년 사이(1281년~1283년)에 편찬한 역사서이다.

[49] 일연 저, 이동환 역, 『삼국유사』, 2005, 장락, pp.50~54.

경주 반월성 남쪽 남천의 물 흐름

석탈해가 빼앗은 것이라고 생각하여 당시 신라에 풍수가 존재한 것이 아닌가 하는 기대를 갖는 사람들도 있다.

그러나 경주 반월성은 남쪽에 있는 하천이 치고 들어왔다가 등을 돌리며 빠져나가는 형상이기 때문에 풍수적인 길지가 되지 못한다. 아마 대체로 평평한 경주 시내에서 호공의 집터가 시내가 내려다보이는 약간 높은 곳에 있었기 때문에 석탈해가 욕심을 냈을 것으로 추측된다.

또 『삼국유사』에는 신라 제27대 임금인 선덕여왕(재위 632년~647년)이 영묘사 옥문지(玉門池)의 개구리가 우는 것을 보고 서쪽의 여근곡(女根谷)에 군사를 보내 매복해 있던 백제 병사 500명과 후속부대 1,300명을 섬멸하였다는 기록이 나온다. 이 내용을 보면 이 시기에 음양론은 존재하고 있

었을 가능성을 짐작할 수 있다.[50)

그러나 신라 진흥왕 때인 서기 553년에 공사를 시작하여 선덕여왕 때인 서기 645년에 9층 목탑까지 완공한 것으로 알려진 황룡사 터를 보거나, 비슷한 시기에 건축된 백제의 미륵사지(백제 무왕, 서기 639년 완공)의 입지(立地)를 보면 그때까지는 국가 중대역사(重大役事)에 올바른 풍수이론(風水理論)이 적용되지 않았음을 알 수 있다.[51)

여기서 우리는 자장율사(慈藏律師)에 대하여 주목할 필요가 있다. 자장율사는 신라의 왕족으로 재상의 자리를 거절하고 서기 636년에 당나라에 유학을 갔다가 643년에 귀국한 것으로 『삼국유사』에 기록되어 있다. 자장율사가 당나라에 있었던 7년 정도 기간의 행적에 대해 알려진 기록은 거의 없지만 그가 귀국한 뒤 신라에는 많은 변화가 있게 된다.

먼저 자장율사의 귀국 후 신라 왕릉의 능지(陵地)가 달라지는 점을 발견할 수 있다. 선덕여왕의 아버지인 진평왕의 능지까지는 풍수논리와 맞지 않는 곳에 능이 만들어지지만 선덕여왕의 능지부터는 풍수이론과 부합하는 곳에 능들이 자리 잡은 것을 알 수 있다.[52)

또 한 가지 자장율사가 귀국한 후 신라에서 국가의 호국불교 정책차원

---

50) 일연 저, 이동환 역, 『삼국유사』, 2005, 장락, pp.85~87. 선덕여왕은 '옥문이란 여근이요, 여자는 음에 속하고 음의 색은 흰 것이며, 흰 것은 서쪽을 상징하니 서쪽의 여근에 적병이 있음을 알았고 남근이 여근 속에 들어가면 반드시 죽게 된다.'는 논리로 백제 병사의 매복과 섬멸을 예측하였다고 한다.

51) 신라의 황룡사지는 늪을 메운 자리이고, 백제의 미륵사지는 연못을 메워 만든 터에 절을 세웠다는 전설이 있는 곳이다. 실제 주변 지형을 살펴보면 황룡사지는 저지대이고 미륵사지는 골짜기를 메운 곳이다. 이로 미루어 볼 때 이때까지는 용맥과 혈을 설명하는 풍수이론이 존재하지 않았음을 알 수 있다.

52) 역사학자들의 연구에 의하여 밝혀진 신라의 능 가운데 26대 진평왕의 능까지는 보국이나 용맥 개념이 적용된 흔적을 찾아보기 어려우나 선덕여왕 이후 왕들의 능 대부분은 저자의 풍수의 이론과 부합하는 곳에 능이 위치한다.

늪을 메운 터에 절을 지었다는 전설이 전해오는 황룡사지-경북 경주

미륵산 아래 골짜기에 지어진 미륵사지-전북 익산

사천왕사지와 망덕사지-경북 경주

에서 진행하던 황룡사에 9층 목탑이 건립된다. 이 목탑은 황룡사 터의 풍수적 문제점을 발견한 자장율사의 건의에 의해 비보탑(裨補塔)의 성격으로 지어졌다고 볼 수 있다.[53] 그리고 『삼국유사』「문무왕 편」의 내용 중에 사천왕사(四天王寺)와 망덕사(望德寺)[54]에 관련한 내용을 들여다 볼 필요가 있다. 『삼국유사』가 승려인 일연에 의하여 저술되었기 때문에 일부 내용은 불교를 미화하는 내용으로 윤색(潤色)되었을 수 있지만, 사천왕사와 망

---

53) 일연 저, 이동환 역, 『삼국유사』, 2005, 장락, pp.239~244. 황룡사 구층목탑은 자장율사가 중국에서 만난 신인(神人)의 '신라는 여왕을 모시고 있어 덕은 있으나 위엄은 없다. 때문에 이웃나라들이 넘보는 것이므로 속히 귀국하여 황룡사에 9층탑을 건립하면 이웃나라가 항복하고 구한이 조공해 올 것이며 사직이 길이 편안하게 될 것이다.'는 말에 따라 귀국 후 왕에게 건의하여 건립하게 되었다고 하였다.

54) 경북 경주시 배반동 935-2가 신라의 사천왕사가 있던 터이다. 사천왕사지의 전면(남동쪽) 약 300m 지점에 망덕사지가 있다.

덕사 관련 부분은 시기나 시대적인 분위기, 사신이나 주요 등장인물들의 실제 이름이 구체적으로 표기된 것을 보면 크게 진실에서 벗어났다고 볼 수는 없다.[55] 그렇다면 당나라는 무엇 때문에 신라에 고위관료를 사신으로 보내 수많은 절 가운데 유독 사천왕사만을 살펴보게 하였으며, 반대로 신라 조정에서는 왜 사천왕사를 보여주지 않기 위하여 따로 절을 지어 사천왕사라고 보여주어야만 했는지, 또 왜 당나라 사신에게 엄청난 양의 금을 선물로 주었는지 생각해 보아야 한다.[56]

먼저 저자가 풍수적인 분석을 한 결과에 의하면 사천왕사 주 건물은 혈(穴)에 지어졌으며, 망덕사 터는 사천왕사의 청룡 끝자락 하천변에 위치하고 있다. 이 결과를 놓고 보면 왜 신라와 당나라가 사천왕사의 터를 두고 신경전을 벌였는지 조금 이해할 수 있다.

당시까지 당나라에서는 혈처를 찾는 풍수가 절대 외부에 유출되어서는 안 될 국가의 특급 기밀사항으로 분류되어 엄격하게 통제하고 있었으나, 신라의 사천왕사가 풍수적으로 혈처에 있다는 정보를 입수하였기 때문에

---

55) 일연 저, 이동환 역, 『삼국유사』, 2005, 장락, pp.117~121. 나당연합군이 백제와 고구려를 차례로 멸망시킨 후 당나라는 고구려와 백제의 영토를 모두 차지하려 하고 신라마저 공격을 하게 되는데, 신라가 명랑법사(明朗法師)의 의견에 따라 낭산의 남쪽 기슭에 있는 신유림에 임시로 절(사천왕사)을 마련하고 불공을 드렸더니, 설방이 이끄는 50만의 당나라 군사를 태운 배가 풍랑을 만나 모두 전복되었다는 내용이 있다. 이후 당나라는 5만의 군사로 다시 공격을 시도하였으나 마찬가지로 실패하게 되었다고 기록되어 있다. 이에 당 고종이 예부시랑(禮部侍郎) 악붕귀(樂鵬龜)를 사신으로 보내 사천왕사를 살펴보게 하는데, 신라 조정에서는 사천왕사를 보여주지 않기 위하여 사천왕사 남쪽에 따로 절을 지어 사신에게 보여 주었더니, 사신은 사천왕사가 아니라며 들어가지도 않았으며, 신라조정에서는 사신에게 금 천 냥을 선물로 주었다고 기록되어 있다.

56) 신라는 527년 불교를 국교로 공인하였다. 백제와 고구려가 멸망하고 삼국이 통일된 시점에 불교가 번창한 신라의 수도 경주에는 흥륜사(興輪寺), 영흥사(永興寺), 황룡사(皇龍寺), 분황사(芬皇寺), 영묘사(靈廟寺), 삼랑사(三郎寺) 등의 대표적인 사찰 외에도 수많은 사찰들이 있었다. 그런데 수많은 사찰 중에서 유독 사천왕사의 터에 신라와 당나라가 신경전을 벌였다는 사실은 흥미로운 일이 아닐 수 없다.

선덕여왕(~647년) 능-643년 자장율사 귀국 후 만들어진 첫 신라 왕릉

부랴부랴 사신을 파견하였고, 신라에서는 이 사실을 숨기기 위하여 당나
라의 사신에게 망덕사를 보여주게 되었다고 추정해 볼 수 있다.

사천왕사를 두고 두 나라가 승강이를 벌이는 시점이 670년대 말경으로,
자장율사가 당나라에서 귀국한 643년보다 30년 정도 후의 일인데 사천왕
사 건립의 주역인 명랑법사가 자장율사의 조카라는 점을 연결시켜보면
신라의 왕실과 불가(佛家)에서는 풍수의 비법이 은밀하게 전수되고 있었
다고 추측할 수 있다.

저자는 위에서 제시한 대표적인 사례들로 미루어 보아 자장율사를 우
리나라에 최초로 풍수를 도입한 사람으로 판단하고 있다.

고려시대

고려시대에는 풍수와 도참사상(圖讖思想)[57])이 혼재하는 시기였다. 풍수가 권력과 밀착되어 국가사회 지배에 중대한 영향을 미쳤고, 여기에 여러 가지 도참사상까지 기승을 부렸다.

태조 왕건이 고려를 건국하기 이전부터 도선(道詵)[58])의 풍수가 상당한 역할을 하였음을 여러 기록을 통하여 알 수 있으며, 때문에 많은 사람들이 도선을 우리나라 풍수의 비조(鼻祖)라 여기고 있다.

이는 도선에게 선각국사의 시호를 내린 고려 인종의 뒤를 이어 왕위에 오른 의종의 명을 받아 1149년에 최유청(崔惟淸)이 찬술(撰述)한 '백계산옥룡사증시선각국사비명병서(白鷄山玉龍寺贈諡先覺國師碑銘並序)'라는 비문과 훈요십조에 근거하여 우리나라 풍수의 비조(鼻祖)라고 말하는 것이다.[59])

고려시대 통치의 중요한 기준이 되는 「훈요 10조」도 풍수와 밀접한 관

---

57) 풍수는 산수를 살피고 물과 바람의 흐름을 파악하여 길한 터와 흉한 터를 판단하는 학술을 말하고, 도참은 주로 은어(隱語)를 사용하여 세운(世運)이나 미래를 예언하는 것으로, 고려 승려 묘청이 '개경(開京)은 이미 지기(地氣)가 쇠(衰)했으니 왕기(王氣)가 있는 서경(평양)으로 천도해야 한다.'고 제기하고 난을 일으킨 사건과 고려 말 한양목자득국설(漢陽木子得國說) 등이 대표적인 도참사례이다.

58) 도선(道詵)의 속성은 김 씨이고, 신라 흥덕왕 2년(827년)에 전남 영암에서 출생하여 15세(841년)에 승려가 되고 효공왕 2년(898년)에 입적하였다.

59) 영암군, 『선각국사 도선의 신 연구』「최병헌, 도선의 생애와 풍수지리설」, 1988, pp.95~116. 비문에는 '도선은 지리산 구령(嶇嶺)에 머물 때 세상에 숨어 사는 이인(異人)에게서 풍수를 배웠다.'고 기록되어 있다. 이것은 도선 이전에 도선에게 풍수를 가르쳐 준 사람 즉, 비문의 표현에 의하면 '세상에 숨어 사는 이인(異人)'이 있었다는 것이 되고, 따라서 도선이 우리나라에서 풍수를 최초로 시작한 비조가 될 수는 없는 것이다. 그런데 비슷한 시기인 고려 의종 때 김관의(金寬毅)에 의하여 쓰여진 『편년통록』에는 도선이 당나라에 가서 직접 일행의 지리법을 전수받아 온 것으로 되어 있다. 그러나 일행은 당 고종 34년(683년)에 출생하여 당 현종 16년(727년)에 45세로 입적하였기 때문에 도선이 당나라에 가서 일행으로부터 지리법을 배웠다거나 도선의 스승인 혜철국사가 일행으로부터 전수받았다는 것은 시기가 전혀 맞지 않게 된다. 이는 아마도 814년에 당나라에 갔다가 839년에 귀국한 도선의 선사(先師)인 혜철국사의 입당(入唐) 사실과 혼동한 것으로 추측된다.

고려 궁궐터-개성 만월대(출처 : 포털 구글 지도)

련이 있다. 「훈요10조」 제2훈, 제5훈, 제8훈은 풍수적 사고 관념이 정치와 통치에 깊숙이 개입되었음을 잘 나타내고 있다.[60]

이후에도 도선의 후계자를 자처하는 많은 술사들은 풍수와 도참사상을 이용하여 권력의 기반으로 삼으려는 시도를 하게 되고(묘청의 서경천도 주장), 고려 말기에는 한양의 목자득국설(木子得國說)[61] 때문에 한양에 남경을 설치하고 일시적인 천도를 추진하기도 했다.

---

60) 제2훈은 '사원(寺院)을 함부로 지으면 지덕(地德)을 손상시켜 국운(國運)을 해롭게 하므로 도선(道詵)이 추점(推占)하지 않은 곳에는 함부로 사원을 짓지 마라.'이며, 제5훈은 '서경(西京-평양)은 수덕(水德)이 순(順)하여 만대지지(萬代之地)이므로 후대 임금들은 사계절마다 들러 100일을 머물러야 나라가 안녕하다.'이고, 제8훈은 '공주강(公州江-금강) 이남은 산형지세(山形地勢)가 모두 등을 돌리고 달아나는 형세이니 사람들의 심성(心性)도 같을 것이다. 그러하니 그 지방 출신과는 왕후국척(王后國戚)이 혼인(婚姻)을 하지 말 것이며 양민(良民)이라 할지라도 관리(官吏)로 중용(重用)하지 마라.'이다.

61) 목자득국설(木子得國說)이란 이씨(李氏)가 한양에 도읍을 정하는 나라가 생긴다는 도참설을 말한다.

계룡 궁궐터-충남 계룡

조선시대

유학을 정치이념으로 내세웠던 조선조에도 풍수에 대한 관심은 더욱 높아졌다. 태조가 한양으로 천도하는 것을 최종 결정하는 데 풍수가 중요한 요소가 된다.

『조선왕조실록』의 기록에 의하면 1392년 7월 17일 왕위에 오른 태조가 8월 13일 한양천도를 명하지만 신하들의 강력한 반대에 부딪혀 실행하지 못한다. 그러다가 태조 2년(1393년) 1월 2일 태실증고사(胎室證考使) 권중화(權仲和)가 계룡산(鷄龍山) 일대의 지형을 보고하자 1월 19일 송경(개경)을 출발하여 2월 8일 계룡에 도착한다.

태조가 2월 13일 계룡에 새 도읍을 세우는 공사를 시작할 것을 명하고 떠나면서 김주(金湊)와 박영충(朴永忠), 최칠석(崔七夕)을 공사감독으로 선

건원릉 – 조선 태조(1335년~1408년)의 능

임하기도 하였다.

　우여곡절을 거치며 풍수상 길지라 판단하여 선정하고 착공한 계룡의 궁궐공사가, 태조 2년(1393년) 12월 11일 호순신의 『지리신법』을 근거로 중지되고, 태조 3년(1394년) 8월 13일 한양을 새 도읍으로 다시 정하면서, 그해 10월 25일 마침내 한양으로 천도하게 된다.

　그리고 세종 때는 '경복궁과 창덕궁이 명당인가' 하는 논쟁이 상당 기간 계속되기도 한다. 『조선왕조실록』의 기록에 의하면 세종 15년(1433년) 7월 3일 최양선(崔揚善)의 상서(上書)로 촉발된 '궁궐의 명당 논란'은 7월 15일 영의정 황희(黃喜), 예조판서 신상(申商), 유후 김자지(金自知), 전 대제학 하연(河演), 제학 정인지(鄭麟趾), 지신사 안숭선(安崇善) 등이 삼각산 보현봉에 올라 산의 내맥을 살피고, 7월 18일에는 세종임금이 직접 백악산 (북악산) 중봉에 올라가서 지형을 살펴보기에 이른다.

또한 많은 왕릉이 천장(遷葬)을 하였는데, 이 또한 풍수적인 판단에 의한 결과였다.[62] 선비들은 풍수를 모르면 행세를 하기가 쉽지 않았고, 민간에서도 풍수설이 널리 퍼져 음택풍수에 대한 관심이 커져 갔다.

그러나 풍수에 대한 의존도가 너무 지나쳐 사회문제가 되기도 했다. 좋은 터에 부모를 장사(葬事) 지내 부귀영달하려는 이기적인 욕심이 팽배해졌기 때문에, 묘지를 둘러싼 폐단이 심해졌다. 그리하여 정약용, 박제가 등의 실학자들은 그들의 저서를 통해 풍수를 부정하고 폐단을 지적하기도 하였다.

근대와 현대

일제 강점기에 일본인들은 풍수가 미신(迷信)이라고 주장하면서도 그들의 식민지 통치에 철저하게 풍수를 이용하였다. 총독부가 중심이 되어 전국의 풍수 자료를 수집하여, 지맥을 자르고 정기가 서렸다고 알려진 명산에 쇠말뚝을 박는 등 조선 민중들로 하여금 패배의식에 젖도록 하였다.

오늘날에는 언론매체에서 풍수에 많은 관심을 가지고 있고, 여러 교육기관에서 풍수에 대한 강의가 진행 중이며, 여러 학자들에 의해 풍수연구가 진행되고 있고, 연구 자료도 속속 발표되고 있다. 또한 서적도 많이 발

---

62) 조선의 왕릉 중에서 세종(英陵), 문종 비(妃) 현덕왕후(昭陵), 중종(靖陵), 중종 비(妃) 장경왕후(禧陵), 선조(穆陵), 추존원종(인조부모,章陵), 인조(長陵), 효종(寧陵), 추존장조(정조부모, 隆陵), 정조(健陵), 순조(仁陵), 고종 비(妃) 명성황후(洪陵) 등의 능이 모두 풍수를 원인으로 천릉(遷陵)을 하였다.

용맥이 절단된 부분

남연군의 묘로 내려오는 용맥을 일제(日帝)가 자른 흔적-충남 예산

간되고 있다. 그러나 아직까지는 대부분의 연구결과나 서적들이 독창성
이 결여되고 과학적 참신성이 부족한 아쉬움은 있다고 하겠다.

우리나라의 풍수서적

중국에서는 오래전부터 풍수에 관한 체계적인 이론이 정립되어 있었으
나, 우리나라에는 따로 학문적으로 이론이나 체계가 정립된 것이 없었다.
특히 한국의 지형이 중국과는 차이가 있음에도 중국의 풍수서적을 그대
로 받아들여 사용하는 정도였다.

우리나라의 풍수서(風水書)라 하면 풍수 이론을 정리한 교과서는 거의
없고 후삼국시대 말기의 도선국사(道詵國師)가 남겼다는 『도선비결(道詵秘

訣)』, 『옥룡자결록(玉龍子訣錄)』, 고려 말 조선초기의 무학대사(無學大師)[63]
가 저술했다는 『무학결(無學訣)』, 조선중기 때 사람 남사고(南師古)의 『격암
유록(格庵遺錄)』, 『남사고결(南師古訣)』, 박상희(朴相熙)의 『박상희결(朴相熙
訣)』, 중국에서 임진왜란 때 귀화하였다는 두사충(杜師忠)[64]의 『두사충결
(杜師忠訣)』 등과 같이 산서(山書)나 결록(訣錄), 비기(秘記) 등의 이름이 붙어
있는 답사기가 대부분이다. 이 책들은 유명인사의 이름으로 포장되어 있
으나 실제로는 후대에 만들어진 위작이 대부분이다.

---

63) 무학대사(1327년~1405년)는 고려 말 조선 초의 승려로 태조 원년(1392년)에 왕사(王師)가 되었다.
『조선왕조실록』 태조 2년(1393년 계유) 2월 11일(병술) 태조가 신도(新都)의 중심인 높은 언덕에 올라가서
지세(地勢)를 두루 관람하고 왕사(王師)에게 물었을 때 "능히 알 수 없습니다."라고 대답한 기록과 태조 3
년(1394년 갑술) 8월 13일(경진)의 남경 터를 둘러보는 과정에서 임금이 "어떠냐?"고 물었을 때 "여기는
사면이 높고 수려(秀麗)하며 중앙이 평평하니, 성을 쌓아 도읍을 정할 만합니다. 그러나 여러 사람의 의견
을 따라서 결정하소서."라고 말한 기록을 볼 때 무학대사는 자신의 주장을 드러내지 않거나 아니면 풍수의
식견이 깊지 않았다는 것을 추정할 수 있다.

64) 두사충은 임진왜란 때 원군을 이끌고 우리나라에 온 명나라 장수 이여송의 지리참모로 후에 조선에
귀화하여 정착한 풍수전문가로 알려져 있으나 『조선왕조실록』에 그의 이름은 기록되어 있지 않다. 반면 당
시의 『조선왕조실록』 기록에 의하면 참군(參軍)으로 온 섭정국(葉靖國)은 조선 조정의 요청으로 궁궐터를
감정하기도 하고, 관왕묘(關王廟)를 건립하는 과정에서는 터를 잡고, 서기 1600년 6월 27일에 승하한 의인
왕후의 장지선정(葬地選定)에 관여하는 등 같은 명나라 사람 이문통(李文通)과 함께 최고의 풍수전문가로
인정을 받은 것으로 되어 있다.

風水

용세론

제1장 주룡(主龍)의 개요와 행도(行道)

1. 용(龍)의 개요

보통 사람들이 '용(龍)'이란 말을 듣게 되면 깊은 물속에서 숨어 있다가 홀연히 하늘로 솟아 오른 다음, 구름 속에서 나타났다 사라지고 커졌다 작아지기를 반복하며 불을 뿜는 등 현란하게 움직이고, 때로는 구름을 몰고 와 비를 뿌리기도 하는 상상의 동물을 떠올린다.

풍수에서는 산 능선들이 일정한 규칙 없이 자유자재의 형태로 움직이며 흘러가는 모습이 힘차게 요동치는 살아있는 용(龍)과 같다고 하여 산의 능선을 '용(龍)'이라 부른다.

용은 용맥(龍脈)[1), 주룡(主龍), 내룡(來龍), 입수룡(入首龍) 등 여러 가지 이름으로 불리며, 그 형태와 변화의 정도 등에 따라 다양하게 구분하는데, 이에 대해서는 뒤에서 상세하게 설명하기로 한다.

용(龍, 산 능선)은 물(水)과 함께 풍수를 구성하는 양대 요소가 된다. 기본적으로 풍수는 생기(生氣)라 부르는 지구에너지가 산 능선인 용맥(龍脈)을

---

1) 엄밀한 의미에서 용과 용맥은 구분되어야 한다. 용이 외형상 능선의 형태로 나타나는 모든 산줄기를 총칭하는 용어라면 용맥은 원칙적으로 외형상의 용(龍)과 내면에 있는 지맥(地脈)의 합성어로 생기가 흐르고 혈이 결지되는 살아있는 능선만을 의미하는 것이다.(예외적으로 은맥의 평지룡은 눈에 띄는 능선 형태가 없어도 용맥으로 분류하는 경우가 있다.)

산의 능선

용-산의 능선

따라 흐르다가 물을 만나 그 흐름을 멈추는 혈에서 위로 분출되는 것이라 생각하기 때문에 용맥에 대하여 중요한 의미를 부여한다.

　다시 요약하면 풍수에서 용맥이란 혈에 생기를 공급하는 통로(파이프)이며, 이는 사람의 몸속에 있는 혈관(血管)과 같고, 식물에서는 양분과 수분이 올라가는 줄기나 가지의 도관(導管)과 같은 역할을 하는 것이라 생각하면 된다.

2. 주룡(主龍)과 조종산(祖宗山)의 개요

　주룡(主龍)이란 많은 산맥이나 능선 중에서도 기준이 되는 위치(혈)와 연결되는 산줄기만을 의미한다. 풍수적 관점에서 기준이 되는 위치(집터나 묘지)가 혈이라고 전제한다면, 그 혈과 직계로 이어지는 산 능선만을 주룡이라 부르는 것이다. 기준이 되는 혈의 뒤에는 봉우리가 있고, 그 봉우리로 이어지는 산줄기 뒤로 봉우리가 또 있게 되는데, 이처럼 혈과 직접적이고 계속적으로 이어져 있는 산줄기만을 주룡(主龍)이라 하는 것이다.

　식물의 가느다란 가지 끝에 피는 꽃이나 열매가 뿌리에서 올라온 줄기와 가지를 통하여 수분과 양분을 공급받듯이, 봉우리에서 뻗어내린 주룡을 통하여 공급되는 생기가 혈에서 분출된다는 것이 풍수의 기본적인 생각이다.

　『지리인자수지』에서는 주룡의 행도에 대하여 태조산(太祖山)에서 출발하여 주필산(駐蹕山), 소조산(小祖山), 부모산(父母山)으로 설명하고, 부모산

주룡과 혈

아래로 혈이 만들어지는 과정을 태식잉육(胎息孕育)으로 구분하여 설명하면서 이를 '조종산(祖宗山)'으로 정리하고 있다.[2]

　주룡은 기준이 되는 혈처에서 직접 뒤로 연결되는 산줄기를 의미하므로, 우리의 가계(家系)에서 '본인 － 부모 － 조부모 － 증조부모 － 고조부모 － 5대 조부모'로 이어지듯이 직계혈통으로 연결되는 가족관계와

---

2) 장익호, 『용수정경』, 1995, 현대문화사, pp.39~43과 정경연, 『정통풍수지리』, 2003, 평단, pp.173~181에서처럼 주룡의 행도를 태조산(太祖山)에서 출발하여 제1성(第一星), 중조산(中祖山), 소조산(小祖山), 현무봉(玄武峰)을 거쳐서 혈까지 이어지는 것으로 설명하는 이론도 있다. 주룡은 실체적으로는 기준이 되는 혈(穴)에 생기를 공급하는 통로가 되기 때문에 풍수에서는 대단히 중요한 의미를 가지나, '주룡의 행도'라는 내용은 풍수가 최종 목표로 삼는 혈을 찾는 것과는 직접적인 관련이 있는 것은 아니기 때문에 개념 정도만 숙지하면 될 것이다. 따라서 어느 이론은 맞고 어느 이론은 틀렸다고 구분할 필요는 없다고 본다.

조종산(祖宗山)과 주룡(主龍)의 행도(行道)[3]

같은 개념이라고 할 수 있다.

태조산(太祖山)

태조산(太祖山)이란 하나의 거대한 산맥이 출발하는 산을 말한다. 『지리인자수지』에 의하면 '태조산은 반드시 높고 크고 특이하며, 때로는 운무(雲霧)가 산령(山嶺)에 끼어 있다.'고 설명하였고, '용을 찾을 때는 먼저 근원인 조종산(祖宗山)을 살펴야 하며, 산의 조(祖)란 나무의 뿌리와 같고 물의 근원이 있는 것과 같다.'고 하였다. 또한 '조종고정(祖宗高頂)은 누전(樓

---

3) 『지리인자수지』, 서선계 · 서선술 저, 김동규 역, pp.159~172의 내용을 요약하여 저자가 그림으로 표현한 것이다.

주룡(主龍)의 행도(行道)

殿)이라 하고 항상 운기(雲氣)가 있다.'고 하는 요금정(寥金精)의 주장도 함께 정리하였다.[4]

『지리인자수지』의 내용을 쉽게 정리하면 태조산은 항상 산허리에 구름이 걸쳐 있고, 높고 험한 바위로 된 산이며, 그중에서 가장 높은 봉우리를 '용루(龍樓)'라 부르고, 용루 주변의 봉우리들은 '보전(寶殿)'이라 한다. 이 용루와 보전에서 여러 개의 산맥이 사방으로 뻗어나가 각각 수많은 혈을 결지하게 된다는 것이다.

중국의 풍수사상은 곤륜산(崑崙山)[5]이 지구상의 모든 산줄기가 시작되

---

4) 서선계 · 서선술 저, 김동규 역, 『지리인자수지』, pp.159~160. 요금정(寥金精, 943년~1018년)의 본명은 요우(廖瑀)이고, 『지리설천기(地理泄天機)』를 지은 것으로 전해진다.

는 태조산이라고 주장한다.[6] 이 태조산이 품고 있는 지구에너지(생기)가 용맥을 타고 지구 구석구석까지 공급되고 전달되는 것이라고 주장하는 것이 중화사상(中華思想)[7]을 바탕으로 한 중국의 풍수사상이다.

이 '곤륜산 지기근원(地氣根源)' 주장은 현대의 지구과학 측면에서 확인되는 사실과는 상당한 차이가 있으므로 그 내용을 그대로 수용한다는 것은 문제가 있다고 본다. 현재 지구 곳곳에서는 화산폭발이 일어나고 있는데, 이것이 지구에너지가 분출되는 자연현상이라는 것은 누구나 알고 있다.

화산이 폭발할 때 용암이나 화산재가 분출되는 것은 지구속의 에너지가 뿜어져 나오는 것인데, 그 장소가 지구촌 여기저기 산재해 있다는 것은 지구에너지가 분출되는 곳이 특정한 장소가 아니라 곳곳에 산재해 있다는 것이다.

이런 자연현상을 본다면 지구상에 있는 모든 혈에서 분출되는 생기(生氣)가 곤륜산 한 곳에서만 뿜어져 나와 산줄기를 통해 지구 전체에 공급되는 것이라고 볼 수는 없다.

그러나 설사 '곤륜산의 지기근원' 주장이 현대과학의 측면과 완전히 부

---

5) 곤륜산은 중국 서장자치구(西藏自治區)와 신장위구르자치구(新疆維吾尔自治區)의 경계(境界)인 청장고원 북부에 있는 평균 해발고도 5,500m~6,000m의 산이다.

6) 서선계·서선술 저, 김동규 역, 『지리인자수지』, p.76. 중국의 산줄기 체계는 곤륜산에서 출발한 산줄기가 크게 세 갈래로 뻗어나가는 것으로 정리되어 있다. 첫째는 황하 북쪽의 천산산맥, 둘째는 황하 남쪽 양자강 북쪽에서 동쪽으로 뻗은 진령산맥, 셋째는 양자강 남쪽에서 동남쪽으로 나간 히말라야 산맥이다. 따라서 중국의 풍수이론으로는 지구상의 태조산은 곤륜산인 것이다.

7) 중국이 세계문화의 중심이라는 사상으로, 풍수에서는 곤륜산이 지구에너지(地氣)의 근원이 된다는 사고이다.

합되는 이론은 아니라 하더라도 생기가 산줄기인 용맥을 타고 흐르다가 혈에서 분출된다는 점에는 동의한다.

다만 혈에서 분출되는 생기라는 지구에너지가 어느 지점에서 지구의 내부로부터 뿜어져 올라와서 용맥을 타고 흘러가는지를 밝히기 위해서는 오랜 기간동안 과학적인 연구가 필요할 것이다.

그리고 주룡의 행도에 관한 『지리인자수지』의 내용은 중국 대륙을 기준으로 하여 만들어진 것이기 때문에 이것을 우리 한반도 지형에 그대로 반영할 필요는 없다고 본다. 어차피 태조산이 하나의 거대한 산맥이 출발하는 산이라고 한다면 중국 대륙을 가로지르는 거대 산맥이 출발하는 산을 태조산으로 삼는 중국의 풍수이론을 우리가 맹목적으로 따를 필요는 없다는 것이다.

우리가 가 보기도 쉽지 않은 중국의 산을 태조산으로 삼을 필요 없이 한반도의 산줄기가 시작되는 백두산을 한반도의 태조산으로 삼으면 큰 무리가 없을 것이다. 조종산의 개념에 높이나 면적 등의 기준이 있는 것은 아니기 때문에 우리 나름의 기준을 설정한다면 한반도의 태조산은 백두산이 되는 것이다.[8]

---

8) 앞에서 언급하였듯이 주룡의 행도는 어디까지나 이론에 불과하다. 각 문중에 시조(始祖)가 있어서 문중이 시작되었다고 생각하지만 그 시조 또한 그를 낳아 준 부모가 계셨을 것이기 때문에 시조가 문중 최초의 인간이라고 할 수 없는 것처럼, 산줄기도 이론상으로는 태조산부터 출발하는 것으로 설명하지만 실제로는 그 태조산도 이전에 이미 다른 산줄기와 이어져 있는 것이기 때문이다.

　또 한 가지는 과연 무엇을 태조산의 기준으로 삼을 것인가 하는 문제이다. '산의 높이가 해발 몇 미터 이상은 되어야 한다.'거나 또는 '전체 산의 몇 퍼센트가 바위로 되어 있어야 한다.'거나 혹은 '1년에 며칠 이상 구름이 산허리에 있어야 한다.'는 등의 객관적이고 구체적인 기준이 없고 각자의 주관적인 판단에 의하여 결정하기 때문에 더욱 관념적인 내용이 되는 것이다.

주필산(駐蹕山)

『지리인자수지』에서는 태조산에서 행도를 시작한 용이 나아가기를 계속하다가 만들어진 고봉(高峰)을 종(宗)이라 하였는데, 종산(宗山) 또는 주필산(駐蹕山)이라고도 한다.[9]

주필산은 태조산으로부터 공급된 생기(生氣)를 분맥을 통하여 분배하는 중간기지 역할을 한다. 혈이 결지(結地)되기 위해서는 정제(精製)되고 순화(純化)된 기운이 적당량 공급되어야 하는데, 태조산에서 출발한 산줄기는 장엄(莊嚴)하고 용맥의 기세 또한 장중(莊重)하기 때문에 에너지의 분배를 위하여 용의 가지 나눔이 필요한 것이다.

여기서도 우리는 나름의 조종산 개념을 정립할 필요가 있다. 백두산을 태조산으로 하여 백두대간(白頭大幹)을 이루는 산줄기가 한반도 전지역으로 뻗어나가는데, 백두산에서 지리산까지 백두대간이 이어지는 중간에서 장백정간(長白正幹)과 13개의 각 정맥(正脈)이 나뉘는 각 산을 주필산으로 보면 될 것이다.[10] 백두대간이나 장백정간, 각 정맥의 산줄기도 결코 작은 산줄기가 아니기 때문에 그 아래로 다시 여러 지맥(枝脈)이 나뉘는 산들이 있지만 각 지맥이 나뉘는 산들은 소조산 아래에 있으므로 주필산이라 부르지 않는 것이 합당하다고 본다.

---

9) 서선계 · 서선술 저, 김동규 역, 『지리인자수지』, pp.245~246.
   신광주, 『정통풍수지리학원전』, 1994, 명당출판사, p.383.

10) 여암 신경준은 『여지고』「산경표」에서 한반도의 산줄기를 1대간 1정간 13정맥으로 분류하였다. 〈우리나라의 산줄기〉(p.35) 참조.

소조산(小祖山)

소조산(小祖山)이란 주필산을 떠난 용이 분주하게 꿈틀거리며 용틀임 하듯 움직이며 행도하다가 주위의 산들보다 높게 솟아오른 봉우리(山)를 말한다.

소조산은 주필산과 같이 태조산과 혈을 연결하는 중간역할을 하며 주산(主山)이라 부르기도 한다. 우리나라에 맞는 조종산 개념을 정립할 때 하나의 광역시(廣域市)나 도(道)를 대표하는 산을 소조산으로 간주하면 크게 무리가 없다고 본다. 다만 평강룡(平崗龍)은 나지막이 구불구불 오는 것이 보통이므로 반드시 소조산이 있어야 하는 것은 아니고, 혈이 결지되기 전에 결인속기(結咽束氣)하면 이것이 소조산의 역할을 대신하는 것이 된다고 『지리인자수지』는 주장하였다.[11]

부모산(父母山)과 태식잉육(胎息孕育)

『지리인자수지』에는 주룡이 소조산 아래로 기복(起伏)[12]하거나 위이(逶迤)[13]하다가 만든 여러 봉우리 중에서 현무봉 뒤에 있는 첫 번째 산을 부모산(父母山)이라 하였다. 이 부모산에서 용맥이 출맥(出脈)하는 것을 태(胎), 부모산 아래의 과협처(過峽處)[14]는 식(息), 다시 위로 올라가 만들어진

---

11) 서선계 · 서선술 저, 김동규 역, 『지리인자수지』, p.170에서 평강룡을 기준으로 설명한 내용으로 주룡의 행도 과정에 크고 뚜렷한 산이 없어도 혈이 결지되기 전에 결인속기처가 나타나면 혈의 결지가 가능하다는 뜻이다. 〈혈장의 구성과 혈의 결지흔적〉(p.220) 참조.

12) 〈용의 생사와 여러 변화〉(p.82) 참조.

13) 〈용의 생사와 여러 변화〉(p.82) 참조.

부모산

(태)

(식)

현무봉
(잉)

혈(육)

주룡의 행도

봉우리인 현무봉을 잉(孕), 현무봉에서 뻗어나간 용맥이 혈을 융결(融結)한
곳을 육(育)이라 하여, 부모산과 그 아래의 태식잉육이 주룡의 행도와 혈
의 결지 과정 중에서 가장 중요한 부분이라 하였다.[15]

---

14) 〈용의 생사와 여러 변화〉(p.82) 참조.

15) 서선계 · 서선술 저, 김동규 역, 『지리인자수지』, pp.170~172.

현무봉과 혈

현무봉(玄武峰)

현무봉(玄武峰)은 기준이 되는 위치(혈)의 바로 뒤에 있는 봉우리를 말한다. 봉우리의 높이나 크기를 따지지 않고 기준이 되는 혈의 바로 뒤에 있는 봉우리는 현무봉이 되는 것이다.

따라서 때로는 약간 떨어진 곳에 있을 수도 있고 아주 가까이에 있을 수도 있다. 대개의 경우 현무봉에서 좌우로 팔을 벌려 내청룡 내백호를 만드나 반드시 그런 것은 아니며, 주로 현무봉 중심에서 뻗어나온 용맥이 혈을 맺는다.

제2장 용의 생사(生死)와 여러 변화

1. 생룡(生龍)과 사룡(死龍)의 구분

산(용)과 물이 교합(交合)을 이루어야 혈(길지)이 만들어진다는 풍수의 관념으로 볼 때, 보국이 많이 만들어지고 산(용)과 물길이 잘 어우러진 우리나라 지형은 혈이 많이 만들어질 수 있는 요건을 갖추고 있다.

그렇다고 해서 모든 용이 혈을 결지하는 것은 아니다. 전체적인 균형과 조화를 이루면서 꿈틀거리듯 하다가 오르내리기도 하며 여기저기 분주하게 움직이는 용을 생룡(生龍)이라 하는데, 이 생룡은 용진처[16] 부근에서 혈을 결지하게 된다. 반면 형체가 단조롭고 경직된 듯 변화가 없거나 미약하고 균형과 조화 역시 갖추지 못한 용을 사룡(死龍)이라 하는데, 사룡은 지맥이 없으므로 용진처에 이르러서도 혈을 결지하지 못한다.

또한 생룡과 사룡은 용의 등성이를 자세히 살펴보면 구분할 수 있다. 능선 위에 떨어진 빗물이 양옆에 있는 골짜기로 쉽게 흘러내리도록 등성이의 볼록함이 뚜렷하면 지맥이 있는 생룡이고, 등성이의 볼록함이 불분명하고 평퍼짐하여 물 나눔이 분명하지 않으면 지맥이 없는 사룡인 것이다.[17]

---

16) 〈용의 구분〉(p.103) 참조.
17) 사룡을 무맥지(無脈地)라 부르기도 한다.

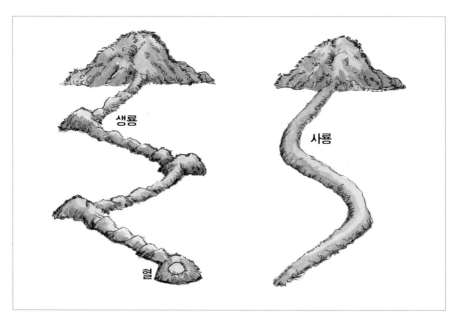

생룡(生龍)과 사룡(死龍) 외형 구별

생룡(生龍)과 사룡(死龍) 외형 구별

멀리서 본 생룡(生龍)의 모습-올록볼록하게 내려옴

멀리서 본 사룡(死龍)의 모습-미끄러지듯 내려옴

가까이서 본 생룡(生龍)-등성이가 뚜렷함

가까이서 본 사룡(死龍)-등성이가 펑퍼짐함

2. 용의 여러 변화

용의 기복(起伏)

기복(起伏)이란 용의 일기일복(一起一伏)의 줄임말이다. 용이 행도하는 중에 위로 솟아오르며 봉우리를 만드는 것을 기(起)라 하고, 한번 일어난 봉우리가 다시 엎드리며 낮아지는 것을 복(伏)이라 한다. 용의 기(起)한 곳에서는 지각을 뻗어 용맥을 보호하면서 다음 행도를 위한 준비를 하고, 복(伏)한 곳에서는 과협(過峽)이 되어 용맥의 생기를 모아준다.[18]

용세론에서 용의 기복은 위이와 더불어 용의 생사(生死)를 판단하는 가장 용이한 기준이 된다. 기복이 단정한 용은 외관상 수려해 보일 뿐만 아

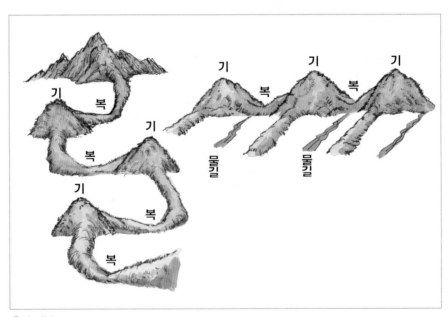

용의 기복

멀리서 본 기복

가까이에서 본 작은 기복

니라 혈을 결지할 수 있는 생룡(生龍)이 된다.

유의할 점은 혈이 결지되는 지점이 가까워지면 용이 큰 기복보다는 작은 기복으로 행도한다는 것이다. 때문에 눈에 확연히 보이는 봉우리뿐만 아니라 용맥 위에 작게 나타나는 기복을 세심하게 살펴보아야 용의 생사를 정확하게 판단할 수 있다.

용의 과협(過峽)

과협(過峽)이란 용의 기복(起伏)에서 복(伏)에 해당하는 부분을 말하며, 용의 기(起)한 곳과 다음 기(起)한 곳을 연결해 주는 부분이 된다. 과협은 용이 살아 있음이 나타나는 곳이다. 과협을 살펴보면 용(龍)의 생사(生死)를 알 수 있고 그에 따라 혈의 결지 여부도 미리 알 수 있다. 과협이 뚜렷하고 아름답게 나타나면 용이 생룡인 것이며, 장풍과 득수의 조건이 갖추어진 곳에서 혈을 결지하게 되는 것이다.

과협은 위에서 내려다보면 잘록해 보이고 옆에서 보면 낮게 보이는 부분이다. 과협이 산줄기가 낮아지는 곳이기 때문에 사람들이 산을 넘는 길로 이용한다. 우리나라의 대관령, 한계령, 죽령, 추풍령 등의 고개는 풍수적인 관점에서 보면 큰 산줄기가 지나는 중간에 나타난 과협인 것이다.

과협의 목적은 용맥으로 흐르는 생기를 묶고 모아주어 용맥을 타고 흐르는 생기의 힘을 조절하는 데 있다고 본다.

과협처는 용의 행도 과정에서 중요한 부분이지만, 용의 몸통에서 좌우

---

18) 기복(起伏)이 있으면 기(起)한 곳에서는 요도지각이, 복(伏)한 곳에서는 과협이 함께 나타난다.

측면에서 본 과협

로 물길이 생기는 곳이기도 하여 물길을 타고 바람이 많이 불어오게 된다.[19] 그래서 물길을 타고 불어오는 바람을 막아 과협처를 보호하기 위하여 주룡의 몸통에서 바람을 막아 줄 여덟팔자(八字) 모양의 송영사(送迎砂)[20]와 주룡과 떨어진 곳에서는 다른 용이나 봉우리가 외부로부터 불어오는 바람을 막아주는 공협사(拱峽砂)[21]가 필요하다고 생각한다.

---

[19] 과협(過峽)의 등성이에서는 반드시 양옆으로 흘러내리는 물길이 만들어지기 시작한다. 따라서 용맥의 등성이에는 기복(起伏)의 형체가 보이지 않더라도 용의 몸통에 물길이 나타나는 지점은 과협이 있는 것이고, 이것은 용의 기복이 있다는 증거가 된다.

[20] 송영사(送迎砂)란 과협으로 불어오는 바람을 막아 용맥의 생기를 보호하기 위해 생겨난 용맥의 몸체에서 나온 작은 지각을 말하는데, 보내는 쪽의 지각은 송사(送砂), 맞아주는 쪽의 지각은 영사(迎砂)라 하여 둘을 합쳐 송영사(送迎砂)라 부른다. 송사와 영사의 형태가 여덟팔자(八字) 모양과 흡사하다 하여 거팔래팔(去八來八)이라 부르기도 한다.

봉요협-잘록함

학슬협-긴 과협의 중간에 낮은 기복하는 부분

고협-높은 고개

천전협-아주 낮게 지나는 과협

석량(石梁)

도수협-바닷물을 지나는 과협

　과협의 형세는 높은 과협은 험하거나 경직되지 않으며 낮은 과협은 상처가 없어야 하고, 긴 과협은 바람을 타지 않아야 하며, 짧은 과협은 부스럼 등 추함이 없어야 한다. 넓은 과협은 느슨하거나 산만하지 않아야 하고, 곧은 과협은 축 늘어져 죽은 듯해서는 아니 된다.[22]

　과협은 형상에 따라 벌의 허리 같이 잘록한 봉요협(蜂腰峽)과 학의 무릎 같이 중간에 작은 기복이 하나 있는 학슬협(鶴膝峽), 중간에 작은 기복이

---

21) 공협사(拱峽砂)란 송영사가 과협처로 불어오는 모든 바람을 막아주지는 못해 과협으로 불어오는 바람을 막아주기 위해 주룡과 떨어진 곳에 있는 능선이나 봉우리를 말한다. 공협은 일월(日月), 기고(旗鼓), 천마(天馬), 귀인(貴人), 금상(金箱), 옥인(玉印), 귀사(龜蛇), 쇠홀(釧笏)의 형상은 귀격으로 보며, 금준(金樽), 은병(銀瓶), 잔절(盞節)의 형상은 부격으로 본다.

22) 서선계·서선술 저, 김 동규 역, 『지리인자수지』, pp.187~90.

여러 개 있어 구슬을 연결한 듯한 수주협(垂珠峽), 곧게 뻗은 직협(直協)과 굽은 곡협(曲峽), 고산준령에 있는 고협(高峽)과 낮게 밭을 통과하는 천전협(穿田峽), 길이에 따라 장협(長峽)과 단협(短峽), 넓고 펑퍼짐하게 나타나는 활협(闊狹), 수면위로 석량(石梁)[23]을 드러내며 바닷물을 건너는 도수협(渡水峽) 등으로 나눌 수 있다.

용의 요도지각(橈棹地脚)

요도지각이란 용맥이 기복을 하며 행도하는 과정에 기(起)한 곳 용신(龍身)의 양변(兩邊)에 나타나는 산의 다리로, 그 형태가 마치 배의 노(棹)와 같고, 지네의 다리(脚)와 같다 하여 붙여진 이름이다.

요도지각은 주룡이 무너지는 것을 막아주고, 균형을 잡아주는 받침대라 할 수 있다. 배에 노가 없으면 행선(行船)할 수 없고, 지네가 다리가 없으면 행보(行步)할 수 없는 것처럼 주룡 역시 요도지각이 없으면 무너져 내려 행도가 어렵게 된다.

중요한 것은 요도지각의 크기와 길이, 간격은 주룡의 크기에 따라 균형이 맞아야 한다는 것이다. 만약 주룡에 비하여 지각이 지나치게 크면 주룡의 생기가 분탈(分奪)되고 소모되는 것으로 본다.

『지리인자수지』는 용의 가지가 나뉘는 것을 용의 분벽(分劈)이라 설명하고, 나누어진 가지가 짧고 적으면 귀(鬼)라 하고, 길고 많으면 겁(劫)이라

---

23) 채성우 저, 김두규 역, 『명산론』, 2002, 비봉출판사, pp.83-84. 서선계·서선술 저, 김동규 역, 『지리인자수지』, pp.193~196. 용맥이 바다를 건너 섬으로 이어질 때 중간에 살짝 드러난 바위를 석량(石梁) 또는 붕홍(崩洪)이라 한다.

용의 기복과 요도지각

용의 기복과 요도지각

하였다. 특히 겁룡(劫龍)을 '용신(龍身)의 분벽(分劈)이 극심하고, 적서(嫡庶) 와 방정(傍正)의 분간이 어렵고, 진기(眞氣)가 분산된 용'이라고 하였다.[24] 또 간룡(幹龍)은 분벽(分劈)에 크게 구애받지 않으나, 지기가 충분하지 않은 지룡(枝龍)에서 귀겁(鬼劫)이 있으면 생기가 분산되어 혈이 결지되지 않는 다고 설명하였다.[25]

요도지각은 형상에 따라 지네의 다리와 같이 작은 지각이 촘촘히 붙어 있는 오공지각(蜈蚣地脚), 오동나무의 잎과 같이 좌우의 대칭이 되는 모양 의 오동지각(梧桐地脚), 작약의 잎과 같이 좌우로 교차되며 나타나는 작약 지각(芍藥地脚), 한 편에는 지각이 없고 반대쪽에만 여러 개의 지각이 늘어 져 있어 버드나무 줄기와 같은 양류지각(楊柳枝脚), 상당한 구간에 아예 지 각이 없는 무지각(無地脚)으로 나눌 수 있다.

참고로 용의 행도 과정에 나타나는 지각과 산줄기가 가지를 나누고 새 로운 용맥이 형성되는 분맥(分脈)과는 구분을 하여야 함을 밝혀둔다.

용의 위이(逶迤)

위이(逶迤)는 일굴일곡(一屈一曲)의 줄임말인 굴곡(屈曲)의 다른 표현으로 용맥의 흐름이 좌우로 반복해서 꿈틀거리듯 굽어진 형상을 말한다. 기복

---

24) 채성우 저, 김두규 역, 『명산론』, pp.179~180. '산이 가지를 치거나 맥을 쪼갤 때 등을 돌리거나, 계 속 뻗어 나가거나, 뾰족해서 쏘는 듯한 것 중에서 가지가 많은 것을 겁룡(劫龍)이라 하고 적은 것은 귀룡 (鬼龍)이라 한다.'고 설명하고 있다.

25) 서선계·서선술 저, 김동규 역, 『지리인자수지』, pp.248~249. 생기는 생룡의 지맥을 통하여 혈에 공 급되는 것으로, 생룡이라면 귀겁이 있어도 혈을 결지하게 된다. 그러나 사룡의 경우는 지맥이 없어 생기가 흐르지 않는 것이므로 귀겁이 없어도 혈이 결지되지 않는 것이다.

혈

용의 위이-등성이의 굴곡

위이
(굴곡)

용의 위이-등성이의 굴곡

이 상하로 요동을 치는 변화라면 위이는 좌우로 움직이며 변화하는 것이다. 용맥이 짧은 거리를 행도하는 동안에 뱀이 기어가는 모습처럼 구불거리거나, 한자(漢字) 지(之)나 현(玄)의 모양으로 자주 굴곡하며 변화하는 것을 말한다. 그러나 용이 선회하듯이 크게 방향을 전환하는 것은 위이라 부르지 않는다.

위이는 기복과 함께 눈으로 쉽게 용의 생사(生死)를 판단할 수 있는 중요한 흔적이 된다. 보통 위이하는 용맥이 방향을 한 번 바꿀 때마다 이를 절(節)이라 하고, 절수(節數)가 많으면 역량이 큰 용맥이라고 이야기하는 경우도 있으나, 절수(節數)가 용의 역량과 우열을 판단하는 절대적인 기준이되는 것은 아니다.

용의 개장(開帳)과 천심(穿心)

개장(開帳)이란 용이 행도하면서 주룡(主龍)을 보호하고 균형을 유지하기 위한 하나의 방법으로 양팔을 벌리듯 나타나는 모양을 말한다.

『지리인자수지』에서는 '활의 가지런한 어깨와 같고 사람의 균형 잡힌 어깨와 같다.'고 표현하고 있다.[26] 개장한 능선은 학이 날개를 펴서 둥지를 감싸 안아주는 듯한 형상으로, 개장한 능선의 끝은 안쪽으로 굽어 중앙에서 천심(穿心)하는 주룡(主龍)을 보호하게 된다.

큰 형태의 개장은 크게 기복하는 용맥이 봉우리를 만들 때 봉우리 양옆으로 뻗어나가는 것으로 기복에서 나타나는 지각과 유사하다. 그러나 혈

---

26) 서선계 · 서선술 저, 김동규 역, 『지리인자수지』, pp.182~185.

개장과 천심

개장과 천심

장과 가까운 곳에서 나타나는 작은 형태의 개장은 주룡의 용맥과 혈장으로 물이 흘러들지 못하게 옆으로 밀어내는 정도의 아주 작은 능선의 형태로 나타난다.

천심(穿心)이란 개장한 양 날개의 안쪽에서 중출정맥(中出正脈)이 뚫고 나오는 것을 말한다. 큰 형태로 개장하는 능선은 봉우리 꼭대기에서부터 능선이 양옆으로 팔을 벌리듯 벌어지나, 천심하는 용맥(龍脈)은 봉우리 꼭대기에서부터 용맥이 출발하는 것이 아니라 봉우리에서 약간 내려온 중간에서 불현듯 능선이 생긴다. 이 용맥이 기복, 위이 등의 변화를 하며 용진처에 이르게 되면 혈을 결지하는 것이다.

개장과 천심은 같이 나타나는데, 개장은 산줄기가 계속 이어진 형태이고 천심은 끊어진 듯 이어지는 형태이다. 따라서 개장능선은 쉽게 눈에 들어오지만 천심하는 용맥은 눈에 잘 띄지 않아 세심하게 관찰하고 판단해야 찾을 수 있다.

그러나 개장과 천심은 모든 용에서 나타나는 것은 아니므로 혈이 만들어지는 절대적인 요건은 아니다. 개장천심이 없더라도 기복(起伏), 위이(逶迤), 박환(剝換) 등의 변화를 활발히 하는 용은 혈(穴)을 결지할 수 있는 것이다.

용의 박환(剝換)

박환이란 용맥이 크게 탈바꿈을 한다는 것이다. 용의 박환에 대하여 『지리인자수지』는 '낡고 헌 옷을 좋은 옷으로 갈아입는 것과 같고, 누에가 번데기의 과정을 거친 다음 나비가 되어 하늘로 날아가듯이, 용맥도 거

박환-탈살, 석산(石山)이 토산(土山)으로 바뀜

칠고 험한 모습에서 점차 유연하게 순화되어 부드럽고 우아한 모습으로 변하여 흉함을 털고 길함으로 바뀌는 것'이라고 설명하고 있다.[27]

용의 박환은 크게 네 가지 형태로 구분할 수 있다. 첫 번째 형태는 살기를 털어내는 과정을 말한다. 풍수에서는 돌은 살기를 가지고 있다고 보는데, 돌산이 점차 흙산으로 변해가는 과정을 용의 박환으로 본다.

두 번째 형태는 행도하는 방향을 크게 전환하는 것을 말한다. 마치 제식 훈련에서 '좌향좌'나 '우향우'를 하듯이 용맥이 크게 방향을 전환하면서 살기를 털어내어 혈을 결지하게 되는 것이다.

---

27) 서선계 · 서선술 저, 김동규 역, 『지리인자수지』, pp.185~187.

박환–급하게 방향전환

박환–봉우리 모양의 변환

박환-용의 분맥

　세 번째 형태는 흉성(凶星)이 길성(吉星)으로 변하는 것이다. 구성론(九星論)에서 녹존, 문곡, 염정, 파군은 흉성으로 분류하는데, 이들 흉성이 탐랑, 거문, 무곡, 좌보, 우필 등의 길성으로 바뀌는 것을 구성의 박환이라 한다.[28]

　네 번째 박환의 형태는 큰 용맥이 작아지고 가늘어지는 것이다. 나무의 큰 줄기에는 열매가 맺히지 않고 가느다란 나뭇가지 끝 부분에 열매가 맺히듯이, 덩치가 큰 산줄기에는 혈이 맺히지 않는 것이 자연의 이치이기 때문에 혈을 맺기 위하여 점차 용맥이 나뉘는 것도 박환이라 한다.

---

28) 〈오성론과 구성론〉(p.162) 참조.

제3장 용의 구분

1. 간룡(幹龍)과 지룡(枝龍)

가계(家系)에도 큰집과 작은집이 있고 나무에도 줄기와 가지가 있듯이, 산줄기도 큰 줄기와 작은 줄기로 구분하는데, 이것이 바로 간룡과 지룡의 구분이다.[29]

태조산이나 주필산에서는 각각 사방팔방으로 많은 용(龍)들이 뻗어나간다. 이 가운데 중심이 되는 가장 높은 봉우리인 용루(龍樓)에서 뻗어나간 용을 간룡(幹龍)이라 하고, 용루 주변의 작은 봉우리인 보전(寶殿)에서 뻗어나가는 용을 지룡(枝龍)이라 한다.

그런데 태조산을 떠난 용은 간룡이든 지룡이든 행도 과정에 셀 수 없을 만큼의 분맥이 계속 이루어지기 때문에 이전의 분맥하는 곳에서는 지룡으로 분류되던 산줄기도 또다시 분맥이 일어날 때는 간룡인지 지룡인지를 다시 구분하게 된다.

---

[29] 쉬운 이해를 위하여 유실수(有實樹)를 비유해 본다. 유실수는 뿌리에서 자라나온 줄기를 통하여 수분과 영양분을 공급하고 가느다란 가지 끝에 꽃을 피우고 열매를 맺는다. 나무의 뿌리, 줄기, 가지를 풍수의 용맥(龍脈)에 비유해 보면 뿌리는 산맥의 출발처, 즉 태조산(太祖山)이 되고, 뿌리에서 위로 올라가는 줄기는 간룡(幹龍)이 되며, 중간 중간에서 가지가 나뉘는 곳은 주필산(駐蹕山)이 된다. 가지 나눔, 즉 주필하는 곳에서 옆으로 나뉜 작은 가지들은 지룡(枝龍)이 된다.

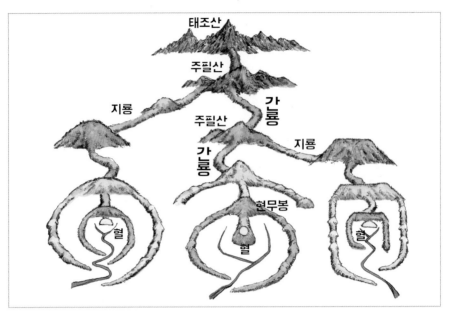

간룡과 지룡

　즉 처음에는 지룡이었다 하더라도 다시 새로운 지룡을 분맥하면 상대적으로 간룡이 된다는 것이다. 결국 간룡과 지룡의 구분은 상대적(相對的)인 개념이다.

　간룡은 여러 용맥들 중에서 가장 중심이 되는 줄기이므로 간룡이 행도를 마치고 용진(龍盡)하여 개국(開局)하는 곳은 최상의 명혈을 결지하여 대혈이 된다는 이론도 있으나 반드시 그렇다고 할 수는 없다. 우리나라의 대간룡은 백두대간(백두산~지리산)인데 반드시 지리산 아래에 가야만 한반도 최고의 명혈대지가 있다는 것은 논리상 합당하지 않다.

　또 『지리인자수지』는 '대간룡(大幹龍)은 대강수(大江水)가 협송(夾送)하고, 소간룡(小幹龍)은 대계수(大溪水)가 협송하며, 지엽룡(枝葉龍)은 소간수

(小澗水)나 봇도랑물이 협송한다.' 고 설명하고 있으나[30], 이 이론 역시 대강(大江)이 서쪽의 내륙에서 동쪽의 바다로 흘러가는 중국 대륙에는 맞는 이론일지 모르지만 지구촌 모든 지역에 절대적으로 맞는 이론은 아니다. 우리 한반도의 경우 가장 큰 물길은 한강인데 한강 물줄기와 백두대간은 상당 부분 다르게 만들어져 있음을 확인할 수 있기 때문이다.

2. 정룡(正龍)과 방룡(傍龍)

　용의 호종관계(護從關係)를 따져 구분하는 것이 정룡(正龍)과 방룡(傍龍)의 구분이다. 쉽게 정의하자면 정룡은 보호를 받는 용이고, 방룡은 보호를 해주는 용인 것이다.

　혈은 기본적으로 장풍의 조건이 갖추어진 곳에 결지되는 것이기 때문에 혈을 찾기 위해서는 먼저 방룡의 보호를 받아 장풍의 조건이 갖추어진 정룡을 찾아야 하는 것이다.

　정룡과 방룡에는 각각의 임무가 있기 때문에 형태도 구별된다. 정룡의 임무는 혈을 맺는 것이고, 방룡의 임무는 정룡의 곁에 붙어 정룡과 혈을 보호하는 것이다. 따라서 정룡과 방룡은 외형상 구별된다.

　첫째, 정룡은 좌우 방룡보다 높이가 약간 낮다. 바람이 옆에서 불어오면 방룡이 막아주어야 하기 때문에 방룡은 정룡이나 혈처보다 높아야 한다.

---

30) 서선계·서선술 저, 김동규 역, 『지리인자수지』, p.122.

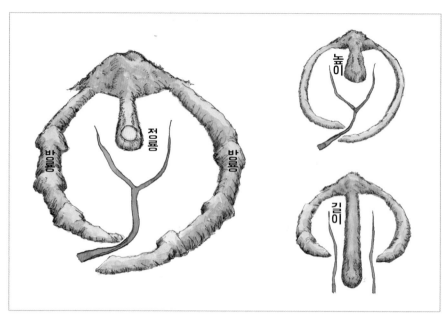

정룡과 방룡

만약 정룡처럼 보이는 용이 방룡보다 높으면 측면에서 불어오는 바람을 맞게 되는 지형이므로 정룡이 아닌 것이며 당연히 혈도 만들어지지 않는다.

둘째, 정룡은 방룡보다 길이가 짧다. 방룡이 정룡보다 길게 뻗어나와 혈장을 감싸주어야만 장풍이 되어 혈이 만들어지게 된다. 만약 정룡이 방룡보다 길면 방룡이 보호해 줄 수 있는 범위를 벗어나게 되어 측면이나 전면에서 불어오는 바람에 노출되므로 혈이 만들어지지 않는다. 따라서 항상 정룡은 방룡보다 짧아 방룡이 만든 보국의 안에 숨어야만 혈을 만들 수 있게 된다.

셋째, 방룡은 정룡과 혈을 감싸 안듯 정룡을 향하여 굽는다. 방룡이 정룡을 팔로 끌어 안은 듯한 지형이 보국을 만들게 되고, 보국이 만들어지면

앞에서 본 정룡과 방룡

뒤에서 본 정룡과 방룡

장풍이 되는 것이며, 장풍이 되는 곳에 혈이 만들어지는 것이다. 이렇게 되면 정룡 양옆에 따라오는 물길도 정룡과 혈장을 감싸 안아주는 형상이 된다.

만약 방룡이 정룡이나 혈처를 감싸 안아주지 않고 등을 돌려 달아나는 모양이면 보국이 만들어지지 않아 장풍이 되지 않을 뿐더러 물길 역시 등을 돌려 배반하는 형태로 흘러가게 된다. 이렇게 되면 물길을 타고 들어오는 바람을 맞는 지형이 되고, 용(龍)과 물(水)의 음양교합(陰陽交合)도 이루어지지 못하게 되어 혈이 만들어지지 않는다.

3. 과룡처(過龍處)와 용진처(龍盡處)

풍수에서 산의 능선을 용(龍)이라 부르며, 용 가운데 여러 변화가 나타나고 혈을 결지할 수 있는 용을 생룡(生龍)이라 하였다. 생룡을 흔히 용맥(龍脈)이라 부르는데, 용맥은 외형상의 용과 내면에 있는 지맥(地脈)으로 구성되어 있다. 외형상의 산줄기인 용이 계속 이어져 있다면 이는 땅속의 지맥도 이어져 있다는 것인데, 이처럼 용맥이 계속하여 지나가는 과정에 있는 곳을 '용이 통과하는 자리'라는 뜻으로 과룡처(過龍處)라 부른다.

과룡처는 지맥을 통하여 생기가 흘러가는 중간 지점이기 때문에 풍수에서는 '과룡지장 삼대내 절향화(過龍之葬 三代內 絶香火)'라 하여 예로부터 극흉지(極凶地)로 보고 있는데, 음택뿐만 아니라 양택에서도 피해야 하는 곳이다.31) 다만 용맥 전체가 과룡처가 되는 것은 아니고 용맥 등성이 중

기준터(묘)

생룡흔적

외형상 용진처

과룡처-기준터를 지나 생룡 능선이 계속 뻗어나감

과룡처-과룡처를 과맥처라고도 함

앙의 폭 50cm 정도인 지맥이 있는 부분만 과룡처로 보면 된다.

　용진처(龍盡處)란 용맥이 행도를 마친 곳을 말한다. 풍수의 기본적인 생각은 용맥이 물을 만나면 행도를 멈추고 그곳에 혈을 결지한다는 것이다. 이처럼 용진처에 혈이 결지된 것을 '용진혈적(龍盡穴的)했다' 하고, 혈이 맺힌 곳을 '용진혈적지(龍盡穴的地)' 라 한다.

　그러나 모든 용맥이 외형상의 용진처와 내면적인 용진처가 일치하는 것은 아니기 때문에 이를 구별하여 판단할 수 있어야 한다. 그래서 형기 풍수가 어려운 것이다.

　외형상의 용진처란 태초에 만들어진 용맥의 양옆으로 흐르던 물길이 용맥의 앞에서 하나로 합쳐지거나 어느 한쪽의 물길이 용맥의 앞을 가로막으면 용맥이 더는 나가지 못하고 멈추게 되는 것을 말한다. 보통은 능선의 형체가 끝나는 곳을 용진처라 판단하지만, 반드시 물길을 만나야만 용맥의 행도가 멈추게 되는 것이다.[32] 능선의 형태가 뚜렷하게 행도하던 용맥이 낮고 평평한 곳으로 내려오는 경우에도 용맥이 없어지는 것이 아니고 낮게 행도를 계속하다가 물길을 만나서 용진처가 되고 혈을 결지하는 것이다.

　내면적인 용진처란 지맥을 형성하는 골육수가 벌어지고 합쳐지는 과정을 거치며 혈을 결지한 곳을 말한다. 혈이 결지된 곳은 반드시 전욕(氈褥)이 있게 되므로 외형상의 용진처와 내면적인 용진처는 반드시 다르게 된

---

31) 지맥은 생룡에만 있고 사룡에는 없다. 따라서 과룡처라는 개념도 지맥이 있는 생룡에만 있고 사룡에는 존재하지 않는다.

32) 채성우 저, 김두규 역, 『명산론』, pp.60~61. '산은 물을 향해 나아가야 하는데 물을 만나지 못하면 그 기가 멈추지 않는다(山欲就水 不就水者 其氣爲未止).'

외형상 용진처

내면적 용진처와 외형상 용진처

다. 특히 횡룡입수(橫龍入首)나 섬룡입수(閃龍入首)의 경우와 연주혈(連珠穴)의 경우에는 다르게 된다는 것을 명심하여야 한다.[33]

4. 귀룡(貴龍)과 천룡(賤龍)

귀룡(貴龍)이란 생룡(生龍)으로서 태조산에서 낙맥한 후 그 행도에 있어 중출(中出)하면서 지현자(之玄字)로 굴곡하고, 엎드렸다 일어나기도 하고, 춤추듯 솟구치다가 불현듯 숨어버리는 등 변화무쌍하며, 봉우리의 모양이 수려(秀麗)하고 전호(纏護)가 분명한 것으로 혈을 결지할 수 있는 용을 말한다.

천룡(賤龍)이란 사룡(死龍)으로서 능선이 흘러가면서 단아한 봉우리가 나타나지도 않고, 기복(起伏)이나 위이가 불분명(不分明)하며, 두면(頭面)은 깨지고 부서져 추악하고, 정룡과 방룡의 구분이 없으며 산만하고 지저분한 형상의 용을 말하고, 혈을 결지하지 못한다.[34]

『지리인자수지』에서는 '귀룡(貴龍)은 귀가(歸家)의 자제 같이 단독으로는 출입하지 않으며 길잡이가 먼저 가고 구경꾼이 담이나 벽 같이 둘러서는 것이며, 천룡(賤龍)은 죽은 미꾸라지나 가물치와 같이 뻣뻣하며 길게 늘어지고, 용의 갈림이 심하여 귀겁(鬼劫)을 이루고, 사세(四勢)가 사귀지 못

---

33) 〈용의 입수〉(p.122), 〈혈장의 구성과 혈의 결지흔적〉(p.220), 〈은교혈과 혈의 연주〉(p.280) 참조.
34) 서선계 · 서선술 저, 김동규 역, 『지리인자수지』, pp.242~245.

귀룡-튼실하고 단정함

천룡-부실하고 지저분함

하고 팔풍(八風)이 서로 쏘아대는 형상으로 사(砂)는 날고 수(水)는 달아나며 명당(明堂)은 기울고 수구(水口)[35]는 텅 비어 있는 것'이라 하였다.

5. 용의 면배(面背)

용의 면배(面背)라 하는 것은 유정(有情)과 무정(無情)을 구별하는 것으로 형세가 아름다우면서 안정감이 있고 밝은 느낌을 주는 곳은 면(面)이라 하고, 안정감이 없고 어두운 느낌을 주는 곳은 배(背)라 한다. 지형지세로 보면 경사도(傾斜度)를 기준으로 판단하여 경사도가 완만한 곳은 면(面)이고 경사도가 가파른 곳은 배(背)가 되는 것이다. 유정한 면(面) 쪽은 경사가 완만(緩慢)하여 용맥이 뻗어나와 보국이 갖추어지고 산과 물이 어우러진 형세가 되면 혈을 만들게 되나, 무정한 배(背) 쪽은 대개 경사가 가파르기 때문에 용맥이 나오지 못하고 보국이 갖추어지지 못한다.

또 용의 굽은 형태로도 면과 배를 구분할 수 있다. 굽어 있는 용의 안쪽은 면에 해당하고 바깥쪽은 배가 되는 것이다. 이 경우 면은 장풍이 되나 배는 장풍이 되지 않는다.

따라서 혈은 면(面)에서만 결지하고 배(背)에서는 결지할 수 없는 것이 원칙적인 자연의 이치이다. 우리 주변에서 볼 때 예전부터 큰 마을이 형

---

35) 〈지표상의 수세〉(p.179 참조. 수구(水口)란 보국의 물이 빠져나가는 곳을 말하며, 파구(破口)라고도 부른다. 양택에서는 마을의 입구를 동구(洞口)라 부르는데 이곳이 마을의 수구가 되는 것이다.

36) 중국 강소성 남경시의 자금산 면(面)에는 명나라 태조인 주원장의 효릉과 쑨원(孫文)의 중산릉이 있다.

용의 면배-경사도에 의한 구분(출처 : 포털 구글 지도)

용의 면배-산의 굽은 형상의 의한 구분(중국 남경 자금산)[36] (출처 : 포털 구글 지도)

성된 곳은 대개 면이며, 용의 면에는 혈이 많이 만들어진다. 반면 골이 깊은 계곡 주변에 촌락이 형성되지 못한 곳은 대개 용의 배에 해당되며 용의 배에는 혈이 아주 드물게 만들어진다.

6. 용의 삼세(三勢)

행도하는 용의 모양과 규모를 보고 산세룡(山勢龍), 평강룡(平崗龍), 평지룡(平地龍)으로 구분하는 것이 용의 삼세(三勢)이다.

산세룡(山勢龍)은 높은 산봉우리들이 물결치듯 솟아 있고, 하늘에서 내려온 만마(萬馬)가 내달리는 듯하는 높은 산으로 이어지는 용세(龍勢)를 말한다. 우리나라의 금강산, 설악산, 오대산, 태백산으로 이어지는 강원도 지역의 지형은 대표적인 산세룡 지역이다.

평강룡(平崗龍)은 산세룡에서 나누어진 산줄기가 높지도 낮지도 않게 행도하는 용세를 말한다. 우리나라의 야산지대와 같이 엄청나게 높은 산이 있는 것도 아니면서 면면히 이어지는 구릉형태의 산세를 말한다. 우리나라의 산세룡 지역을 제외한 대부분의 마을 주변이나 평야지대가 평강룡이라 보면 된다.

평지룡(平地龍)은 태조산, 주필산, 소조산을 지나 계속 행도하던 용맥이 평원지대로 와서 낮고 은밀하게 홀연히 그 모습을 감추고 행도하는 용세를 말한다. 평지룡(平地龍)은 육안으로 구별되지 않을 정도의 아주 작은 능선으로 행도를 하거나 아예 높낮이가 구별되지 않도록 지중(地中) 은맥(隱

고산준령

산세룡

구릉(야산)

평강룡

평지룡-두 물길 사이의 능선

脈)으로 행도하기도 한다.

　평지룡은 넓고 평평하면서 용맥이 뚜렷이 나타나지 않으므로 용을 찾기가 매우 어렵기 때문에 '물길과 물길 사이에 능선(龍)이 있고, 능선(龍)과 능선(龍) 사이에 물길이 있다.'는 논리로 접근하여 양옆으로 따라오는 물길을 보고 용맥이 있음을 추측할 수 있는 것이다.[37] 용맥이 평평하게 되어 자취가 없어져도 용맥이 끊어진 것이 아니라 태조산부터 계속 그 맥이 이어져 용진처에서 혈을 만들게 된다는 의미로 평지룡을 두고 '구족동

---

37) 평지룡은 끝없는 평원이 있는 지형에서만 볼 수 있다. 우리나라의 경우 경기도 연천군 연천읍에서 전곡읍 사이에 있는 들판의 일부분에서 평지룡에 가까운 형태를 볼 수 있다.

맥(九族同脈)'이라는 표현을 쓰기도 한다.[38]

평지룡이 혈을 결지하려는 경우 지형의 높낮이가 살짝 드러난다. 구분이 되지 않을 정도로 높낮이차이가 없다가 작은 높이 차이지만 청룡, 백호, 안산등 보국이 만들어 지고 혈이 결지되는 것이다.[39]

앞에서 언급한 세 가지 용세에서 용의 덩치가 크고 장중한 산세룡의 혈은 역량이 크고, 산세가 아담해 보이는 평강룡이나 용맥이 숨겨져 있는 평지룡의 혈은 역량이 작은 것은 아니다. 용맥의 크기나 변화하는 기세, 보국의 대소, 사격의 형태 등을 보고 판단하기도 하지만, 혈은 지구에너지의 분출 현상이기 때문에 그 역량은 대동소이하다고 할 수 있다.

7. 용의 갱진(更進)

'용의 갱진(更進)'이란 말을 직역하면 '용이 다시 앞으로 나아간다.'는 뜻이 된다. 용진처 부근에 혈이 결지되면 보통의 경우는 능선이 마무리되지만 간혹 혈을 결지하고도 주룡이 수십 미터 또는 그 이상 앞으로 더 뻗어나가는 경우도 볼 수 있는데, 이런 경우가 현실적으로 확인이 가능한 용의 갱진(更進)으로 보면 될 것이다.[40]

---

38) 채성우 저, 김두규 역, 『명산론』, pp.89~90. 태조산에서 이어지는 산 능선이 모습을 드러낸 것, 은밀히 감춘 것, 평야에 와서 그 모습을 흔적조차 없애버린 것을 아우른 것이 구족동맥(九族同脈)이라고 설명하고 있다. 가계(家系)에서 구족(九族)이란 고조, 증조, 조부, 부모, 자기, 아들, 손자, 증손, 현손을 말한다.

39) 서선계 · 서선술 저, 김동규 역, 『지리인자수지』, p.170.

용의 갱진-혈 결지 후 능선이 더 뻗어나감

　『지리인자수지』는 용맥의 크기가 작은 소룡(小龍)의 경우에는 앞에서
설명한 용진처에 혈을 결지하지만, 큰 산줄기인 간룡(幹龍)이 혈을 결지하
는 경우에는 외형상의 용진처에 혈을 결지하는 것이 아니고 간룡의 끝자
락에 다다르기 전 보국이 갖추어진 곳에서 혈을 결지하게 된다고 설명하
고 있다.

　이것은 마치 집의 안쪽에 침실이 있는 것처럼 간룡의 경우에도 보국의

---

40) 용의 갱진을 '용의 기운이 남는다' 는 의미의 '용의 여기(餘氣)' 라고 표현하였으나 저자는 적합한 용어
가 용어가 아니라고 판단되어 '용의 갱진' 으로 용어를 변경하였다. 혈을 결지하고 앞으로 뻗어나간 용의
갱진(更進)을 전순(氈脣)이라 부르는 사람도 있다.〈혈장의 구성과 혈의 결지흔적〉(p.220) 참조.

안쪽에 혈을 결지할 곳을 미리 정하고, 남은 기운을 이용하여 청룡과 백호, 안산과 조산을 만들어 장풍이 되는 보국을 만들고, 수구(水口)에는 문호(門戶)를 세우기도 하여 혈을 결지하게 된다는 것이다.[41]

그러나 저자는 소룡이든 간룡이든 혈은 장풍이 되는 곳에만 결지되는 것이기 때문에 혈을 결지하기 위해 자연(自然)이 사신사(四神砂)[42]로 보국을 만들고, 수구(水口)에 문호(門戶)를 세워 장풍의 조건을 만드는 것이지, 용의 기운이 왕성할 때만 보국과 수구사가 나타나는 것은 아니며 '용의 갱진'도 같은 맥락에서 이해해야 한다고 본다.

정리하자면 용의 갱진은 용의 기운이 왕성하여 나타나는 것이 아니고, 혈이 결지되고 곧바로 능선이 끝나버렸을 경우 앞쪽에서 바람이 불어오는 것을 경계하여 나타난 자연의 조화라고 보면 된다. 혈을 결지한 후에 전면에서 불어오는 바람을 양옆 물길로 분산시키기 위해 능선을 앞으로 더 뻗쳐내는 것이고, 전면에서 불어오는 바람의 정도와 방향에 따라 갱진(更進)의 장단(長短)과 모양이 달라지는 것이다.[43]

---

41) 서선계·서선술 저, 김동규 역, 『지리인자수지』, pp.263~265.

42) 〈사격의 개요〉(p.140) 참조. 사신사란 보국을 만드는 현무, 안산(주작), 청룡, 백호를 통틀어 부르는 말이다.

43) 강원도 오대산 상원사 적멸보궁 터나 사자산 법흥사 적멸보궁 터의 경우처럼 주룡이 혈을 결지하고 수백 미터를 더 뻗어나가는 경우도 많이 있다.

제4장 용의 입수(入首)

1. 용의 입수(入首) 의의

용의 입수(入首)란 현무봉에서 출맥한 주룡이 혈을 결지할 위치를 찾아가는 것을 말한다. 현무봉이 수려하고 부지런히 기복하고 힘차게 위이하며 개장천심이 단정하게 행도한 생룡이 혈을 결지할 단계에서는 닭이 알을 낳을 둥지를 찾아가듯이 혈을 결지할 위치를 정하게 되는데 이것이 용의 입수인 것이다.

풍수에는 '천리내룡 간도두(千里來龍 看到頭)'란 말이 있는데, 이는 '천리를 행도해 온 용이라도 입수하는 부분이 가장 중요하다.'는 의미이다. 혈에 생기를 공급해주기 위하여 활발하게 행도해 온 용맥도 최종적으로 어느 곳에 자리를 잡고 생기를 분출할 것인지 조건을 따지게 되는데, 혈을 찾고자 하는 인간의 입장에서는 혈에서 멀리 있는 용맥보다는 혈이 자리잡는 입수부분을 정확히 아는 것이 중요하다고 보는 것이다.

풍수는 생기가 용맥을 통해 흐르고 혈에서 분출된다고 생각하고, 그 혈을 찾는 것이 가장 주된 목표이기 때문에 용의 입수를 제대로 알게 된다면 혈을 찾는 데 큰 도움이 될 것이다.

용의 입수

용의 입수

2. 입수의 형태와 특성

주룡이 혈장으로 입수하는 형태는 다양하다. 입수룡이 혈을 결지하기 위해 자리를 찾아가는 형태에 따라 직룡입수(直龍入首), 횡룡입수(橫龍入首), 섬룡입수(閃龍入首), 비룡입수(飛龍入首), 잠룡입수(潛龍入首), 회룡입수(回龍入首) 등 크게 입수 6격(入首六格)으로 나눈다.[44]

이렇듯 입수의 형태가 다양하지만 풍수는 장풍과 득수의 원칙에 의하여 혈이 결지되는 것이 기본이므로 입수 형태도 장풍과 밀접한 관련이 있음을 알아야 한다. 특히 직룡입수와 횡룡입수를 비교하여 어느 경우에는 직룡입수를 하고 어느 경우에는 횡룡입수를 하는지 구별하여야 하며, 더불어 섬룡입수와 비룡입수의 경우도 함께 정리하여야 한다.

직룡입수(直龍入首)

직룡입수 형태는 현무봉에서 출발한 용맥이 기복이나 위이 등 변화를 하면서 행도하다가 그대로 외형상의 용진처에 이르러 보국이 잘 갖추어진 곳에 혈장을 만들고 혈을 결지하는 입수형태를 말한다. 우리나라에서 가장 많이 볼 수 있는 입수형태이다. 주룡이 청룡과 백호의 보호를 받으며 내려오고, 외형상의 용진처가 앞이나 좌우에서 바람이 불어오지 않도록 보국이 만들어진 지형에서 나타난다. 직룡입수는 횡룡입수나 섬룡입수와 비교되는 입수형태이다.

---

44) 『지리인자수지』 pp.307~311은 입수 5격으로 분류하고 섬룡입수는 별도로 설명하고 있으나, 신광주의 『정통풍수지리원전』(pp.413~417)과 정경연의 『정통풍수지리』(pp.239~245)에서는 입수 6격으로 설명하고 있다.

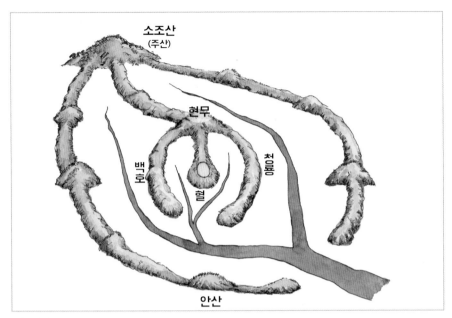

직룡입수도

직룡입수

횡룡입수(橫龍入首)

현무봉을 출발한 주룡이 능선이 끝나는 외형상의 용진처에 이르러 혈을 결지하는 것이 원칙이다. 그런데 용진처의 전면에서 강한 바람이 불어오는 지형일 경우에는 생룡의 용맥은 외형상의 용진처로 이어지지 않고 미리 옆으로 가지를 나눠 장풍이 되는 곳으로 들어간다. 이처럼 미리 옆으로 나누어진 가지로 혈을 결지할 용맥이 이어지고 생기가 전달되어 혈이 결지되는 입수형태를 횡룡입수(橫龍入首)라 한다. 이때 외형상 용진처까지 뻗어나간 용은 좀 더 길게 뻗어나간 뒤 혈을 맺기 위하여 혈장으로 들어간 주룡과 혈이 있는 방향으로 굽으면서 혈의 청룡 또는 백호가 되어 측면에서 혈장으로 불어오는 바람을 막아주는 역할을 하게 된다.

횡룡입수는 직룡입수와 비교되는 개념으로 생룡이 용진처 근처까지는 이어졌는데 외형상의 용진처가 앞이 탁 트여 장풍이 되지 않는 곳이라면 횡룡입수하는 혈을 염두에 두고 지형을 분석하여야 한다.

용진처 부근에서 횡룡입수인지 확인하는 방법은 크게 세 가지가 있다. 첫째, 주룡이 틀림없이 생룡인데, 외형상 용진처라고 생각되는 곳이 장풍이 되지 않고 청룡과 백호의 거리가 균등하지 않으면 횡룡입수가 아닌지 주목해야 한다. 둘째, 용진처 부근에서 용맥의 좌우 비탈면의 균형이 맞지 않고 면배가 뚜렷이 구분될 정도로 차이가 나면 횡룡입수를 생각해야 한다. 셋째, 용맥이 용진처 부근에 와서 어느 한쪽으로 활처럼 굽어 있으면 횡룡입수를 의심해야 한다. 다만 이 경우 주룡이 곧게 내려와서 혈을 결지한 후 끝부분만 좌측이나 우측으로 돌아가는 혈장 끝의 좌선 또는 우선 과는 달리 멀리서부터 능선 전체가 굽는 것을 말한다.

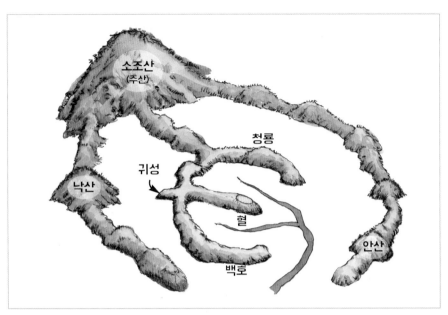

횡룡입수도

횡룡입수-청룡, 백호의 거리 불균등

횡룡입수의 경우 혈장으로 입수하는 용맥의 반대편에 작은 지각이 생기거나 바위가 박혀있는 경우도 있는데 이를 귀성(鬼星)이라 하고, 이 귀성은 행도하던 용의 지맥이 외형상 용진처로 가지 못하게 막고 혈을 결지할 안쪽의 용맥으로 생기가 들어가도록 일종의 밸브 역할을 하는 것이라고 여긴다.

또한 횡룡입수하여 혈이 결지되는 경우에 귀성 뒤쪽으로부터 불어오는 바람을 막아주는 산을 낙산(樂山)이라 한다. 횡룡입수하는 혈에는 반드시 낙산이 있어야 하고, 귀성과 낙산은 횡룡입수 혈의 필수조건이라는 주장도 있다. 그러나 산이 많은 우리나라에서는 혈장의 뒤쪽에 산이나 봉우리가 존재하는 경우가 많기 때문에 혈장 뒤에 있는 산이나 봉우리만을 보고 횡룡입수를 판단하는 것은 무리가 따른다고 볼 수 있다.

결론적으로 귀성 비슷한 지각이나 바위가 있고, 뒤에서 불어오는 바람을 막아주는 낙산 역할을 하는 듯한 산이나 봉우리가 있다고 해서 반드시 횡룡입수하는 혈을 맺는 것은 아닌 것이다.

참고로 용의 분맥(分脈)과 횡룡입수(橫龍入首)를 구분한다면 분맥은 용맥이 행도하는 과정에서 가지를 나누고 나눠진 가지에 혈을 만들고 더 나간 줄기의 용맥이 다시 다음 혈을 맺는 경우를 말하고, 횡룡입수는 용진처 부근에서 지맥(地脈)은 바람을 피해 미리 옆으로 숨어 들어가 입수하여 혈을 결지하고, 더 나간 외형상의 용진처는 청룡 또는 백호가 되어 미리 입수하여 만들어진 혈을 보호 해주는 역할을 하는 경우를 말한다.[45]

---

45) 〈용의 박환〉(p.99) 참조.

횡룡입수-면배가 뚜렷한 능선

횡룡입수-용이 큰 틀에서 활처럼 굽음

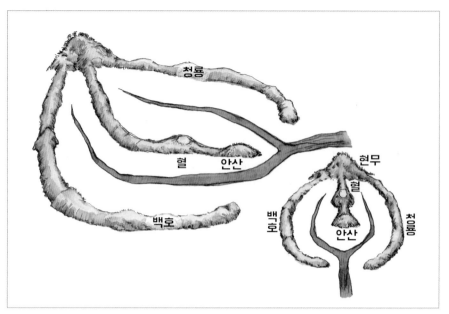

섬룡입수도

섬룡입수(閃龍入首)

용이 물을 만나 행도를 멈추는 용진처에 생기가 분출되는 혈이 결지되는 것이 일반적인 풍수원칙이다. 그런데 섬룡입수(閃龍入首)하는 혈은 외형상 용진처가 아닌 곳, 다시 말하면 용진처에 도달하기 전 뒤로 물러난 곳에 결지된다.

육안으로 보면 외형상으로는 틀림없는 과룡처인데 내면적으로 혈처인 것이다. 보통의 경우 용맥이 끝나는 용진처에 혈을 결지하는 것이 원칙이기 때문에 외형상 능선이 끝나는 곳 인근에 내면의 지맥이 멈추어 혈이 결지되는 것이나, 섬룡입수하는 용맥은 외형상의 능선이 끝나는 지점과 내면의 지맥이 혈을 결지하는 지점이 완전히 다른 것이다.

섬룡입수-혈 결지 후 용이 갱진하여 안산을 만듦

섬룡입수-혈 결지 후 용이 갱진하여 안산을 만듦

섬룡입수하는 혈은 용의 변화가 활발한 생룡이면 어딘가에 혈을 결지하기는 해야 하는데, 전면의 수구처에서 외형상 용진처 부근으로 바람이 강하게 불어오는 지형에서 결지된다. 전면에서 불어오는 바람이 용진처 부근으로 타고 올라온다는 것은 용진처 부근이 장풍이 되지 않는 것이므로 혈은 바람을 피하여 뒤에 결지되고, 외형상 용진처에는 봉우리를 만들어 앞바람을 막아주는 방패로 내세우며, 안산으로 삼는 것이다.[46]

마치 전쟁터에서 장수는 뒤에서 작전을 지시하고 하급병사가 앞에서 치열한 전투를 하는 것처럼, 혈은 장풍과 조건이 갖추어진 뒤쪽에 자리를 잡고, 바람이 치고 올라오는 외형상 용진처에는 바람을 막아줄 둔덕이나 봉우리를 만들어 안산으로 삼는 것이 섬룡입수의 특징이다. 섬룡입수의 형태로 결지되는 혈을 기룡혈(騎龍穴)이라고 하는데, 마치 혈이 용의 잔등에 올라타서 용의 머리를 바라보고 있는 모습이라 하여 붙여진 명칭이다.

비룡입수(飛龍入首)

비룡입수(飛龍入首)는 주룡이 위에서 아래로 내려오다가 혈장으로 입수하기 전에 마지막으로 과협처(결인속기처)를 만들고, 위로 날아오르듯 솟구친 다음 볼록한 곳에 있는 혈장으로 이어지는 입수형태를 말한다. 용이 혈장과 접속되는 입수 모습이 마치 용이 하늘로 날아오르는 듯하여 붙여진 명칭이며, 비룡입수하여 결지된 혈을 돌혈(突穴)[47]이라 한다. 비룡입수하여 만들어

---

46) 저자는 섬룡입수하는 기룡혈의 앞에서 안산 역할을 하는 작은 봉우리를 주룡안산(主龍案山)이라 표현하여 〈사격론〉의 현무봉에서 뻗어나온 청룡이나 백호의 끝이 안산이 되는 본신안산과 구별하였다.

47) 〈혈의 사상과 혈성〉(p.237) 참조.

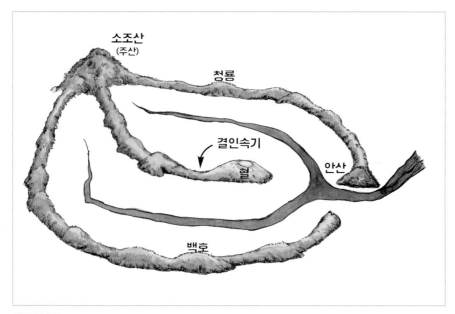

비룡입수도

비룡입수

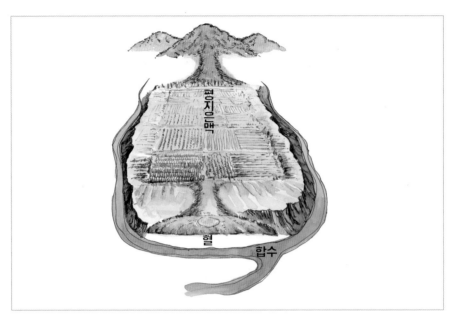

평지은맥

혈

합수

잠룡입수도

진 혈장은 볼록한 곳에 있기 때문에 바람을 탈 가능성이 높다. 때문에 주변의 산들이 혈장보다 약간 더 높아 혈장을 감싸줄 수 있어야 혈이 결지된다.

잠룡입수(潛龍入首)

주룡이 현무봉에서 출맥(出脈)한 다음 평지로 숨어들어 용의 형체가 보이지 않는 경우가 있다. 이처럼 용맥이 평지로 숨어들어 눈에 띄지 않게 행도를 하다가 혈장으로 입수하는 형태를 잠룡입수(潛龍入首)라 한다.

중국 등의 평원지대에서 용맥이 행도할 때 적용하는 이론으로 우리나라에서는 찾아보기 힘들고, 용이 보이지 않기 때문에 용과 혈을 찾기가 매우 어렵다.

잠룡의 과정-저자가 약 1 만m 상공 비행기 안에서 촬영한 사진

잠룡입수하여 결지된 혈-당(唐) 순릉

형체를 드러내지 않고 땅속으로 맥이 흐르더라도 용맥 부분은 주변 물길보다 약간 높은 것이 자연의 이치로, 풍수에서는 '고일촌위산(高一寸爲山)이고, 저일촌위수(低一寸爲水)'라 하여 '한 마디만 높아도 산, 조금만 낮아도 물로 본다.'는 논리를 적용하여 용맥을 판단한다.

따라서 잠룡입수하는 평지룡은 용맥은 보이지 않더라도 좌우로 용맥을 호종하는 물을 거느리고 행도하기 때문에 물길을 보고 용맥을 추정하는 것이다.

잠룡입수한 평지룡이 두 물줄기가 합쳐지는 곳 부근에 다다르면 약간 형체를 드러내고 자체적으로 보국을 만들어 장풍의 조건을 만들고 득수 현상이 생겨 혈을 결지하는 것이다.

회룡입수(回龍入首)

회룡입수(回龍入首)는 용맥이 조종산을 출발한 후 수많은 분맥을 거치거나 크게 선회(旋回)하여 태조산이나 주필산, 소조산, 부모산 등 조종산(祖宗山)을 바라보며 결지되는 혈의 입수형태를 말한다. 혈이 자신이 지나온 산줄기를 바라보고 결지되기 때문에 조종산 아래의 작은 봉우리나 지나온 산줄기에 있는 단아한 봉우리가 안산이 되기도 한다. 이처럼 자신이 지나온 산줄기를 바라보며 결지되는 혈을 '용이 몸을 돌려 할아버지 산을 우러러 본다.'는 의미로 회룡고조혈(回龍顧祖穴)이라고도 부른다.[48]

---

[48] 회룡입수는 용이 행도하는 과정에 변화와 분맥이 일어나고, 그 과정에 크게 선회하게 되어 혈이 결지된 것이다. 용이 멀리 행도하는 과정에서 크게 원이 그려졌고, 그래서 혈이 조종산을 바라보게 되는 것인데, 그것을 입수의 한 형태로 구분하는 것은 적절하지 않다고 본다.

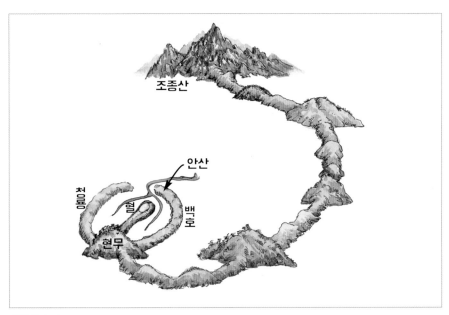

회룡입수도

회룡입수-세종대왕 영릉(경기 여주)

風水

사격론

제1장 사격(砂格)의 개요

사격(砂格)이란 혈에서 눈에 보이는 모든 산과 바위를 말하며, 사세라고
도 한다. 혈의 가장 가까운 뒤쪽에는 현무라 불리는 봉우리가 있고, 앞에
는 안산(간혹 주작이라 부르는 사람도 있음)이라 불리는 봉우리가 있다. 현무를
등지고 안산을 바라보면서 좌측에는 청룡이라 불리는 산줄기가 혈을 감
싸주듯 있고, 우측에는 백호라 불리는 산줄기가 혈을 끌어안듯 있다. 현
무와 안산(주작), 청룡과 백호의 사신사(四神砂)가 사방을 둘러싸 보국이 만
들어져서 장풍이 되는 곳에 혈이 결지되는 것이다.[1]

풍수의 핵심인 혈은 기본적으로 장풍의 조건이 갖추어진 곳에만 결지
되는 것이므로 주변의 사격이 어느 정도로 보국을 만들었느냐를 판단하
면 혈을 찾는 데 큰 도움이 될 것이다. 정리하면 보국⇒장풍⇒혈은 반드
시 기억해야 할 풍수공식인 것이다.

그리고 보국의 주위에 조산(朝山), 나성(羅城), 낙산(樂山), 수구사(水口砂)
등의 사격도 혈을 둘러싸고 보호하게 된다.

덕을 쌓은 사람의 곁에는 귀인들이 모여들어 그 사람을 더욱 빛나게 하

---

1) 우희현(于希賢) · 우용(于涌), 『중국 고대 풍수적 이론여실천(中國 古代 風水的 理論與實踐)』, pp.50~51.
청룡, 백호, 안산(주작), 현무는 풍수에서 네 방위의 산 명칭으로 사신사라 부른다. 언제부터 사신사의 개념
이 풍수에 사용되었는지 명확하지는 않지만 중국 하남성 복양에서 발견된 약 6,500년 전의 무덤에 조개껍
질로 만든 청룡과 백호의 그림이 그려져 있었다.

사신사와 보국

사신사와 보국

지만 덕이 없는 사람의 곁에는 충실한 사람이 없어 늘 외롭게 되는 것이 세상의 이치이다. 마찬가지로 풍수에서 가장 귀중한 혈(穴) 주위에는 반듯하고 단정하며 아름다운 모습의 길한 사격이 있게 되고, 기울고 깨지고 추한 사격이 있는 곳에는 혈이 결지되지 않는 것이 보편적인 자연의 섭리이다.

다만 사격은 어디까지나 혈을 위해 존재하는 것이므로 혈이 아니라면 사격이 아무리 좋아도 의미가 없고, 혈이라면 사격이 다소 부족하더라도 혈의 작용에는 크게 문제되지 않는다. 『지리인자수지』는 '용혈이 남편이라면 사격은 부인에 비유할 수 있는 바, 부인의 운명이 남편의 귀천에 따라 달라지는 것처럼 사격도 용혈에 따라 기준가치가 달라진다.'고 설명하고 있다.[2]

또한 사격은 눈에 보이는 것만을 판단의 대상으로 삼고, 영향이 큰 가까운 것을 기준으로 삼되 멀리 있는 것은 영향이 미미하므로 크게 개의치 않아도 된다.

사격을 보국으로 만들고 장풍이 되게 하는 역할적인 측면에서 분석한 것이 있는가 하면 사격의 형태에 의해 길한 사격과 흉한 사격으로 나누어 볼 수도 있다. 길한 형태의 사격으로는 귀인(貴人), 문필(文筆), 거문(巨門), 천마(天馬), 옥대(玉帶), 아미(蛾眉) 등이 있고, 흉한 형태의 사격으로는 파의(破衣), 포견(抱肩), 헌화(獻花), 탐두(貪頭), 단두(斷頭), 유시(流屍) 등이 있다.

---

2) 서선계 · 서선술 저, 김동규 역, 『지리인자수지』, pp.624~625.

제2장 청룡(靑龍)과 백호(白虎)

1. 청룡(靑龍)과 백호(白虎)의 개요

청룡과 백호는 혈의 좌측과 우측에서 혈을 감싸주는 형태로 있는 산줄기를 말한다. 인체에 비유하면 청룡은 왼쪽 팔이고 백호는 오른쪽 팔에 해당된다. 청룡과 백호라는 명칭은 산줄기가 용이나 호랑이의 형상이기 때문에 붙여진 것이 아니며, '별자리 이름에서 따온 것이기 때문에 용이나 호랑이와 닮아야 길하다.' 는 말 등은 잘못 알려진 것이다.[3]

또한 고구려 무덤에는 북쪽에 현무도(玄武圖), 남쪽에 주작도(朱雀圖), 좌측 즉, 동쪽에 청룡도(靑龍圖), 우측 즉, 서쪽에 백호도(白虎圖)가 그려져 있어 풍수에서 청룡은 동쪽에 있는 산줄기이고 백호는 서쪽에 있는 산줄기로 오해할 수 있으나, 청룡과 백호, 현무와 안산(주작)은 방위와는 전혀 관계가 없으며, 혈 뒤에 있는 봉우리는 현무이고, 혈 앞의 봉우리는 안산(주작)이 되는 것이다. 현무를 등지고 안산(주작)을 바라보면서 왼쪽의 산줄기가 청룡이 되고 오른쪽의 산줄기가 백호가 되는 것에 유의하여야 한다.

주산이나 현무봉에서 생기를 전달하는 용맥이 이어지고 청룡과 백호가

---

[3] 서선계 · 서선술 저, 김동규 역, 『지리인자수지』, p.626.

큰 청룡(靑龍)과 백호(白虎)

혈장을 유정하게 잘 감싸주어 보국이 갖추어진 곳에서만 혈이 결지된다. 혈이 결지되기 위해서는 반드시 장풍이 되어야 하는데, 혈의 측면에서 불어오는 바람을 막아주어 혈이 결지될 수 있도록 하는 것이 청룡과 백호의 주된 역할이다. 그래서 혈(穴)을 찾을 때는 항상 청룡과 백호의 형태에 따라 만들어진 물길을 살피고 그에 따른 바람의 흐름을 따져봐야 한다.

그리고 청룡과 백호의 형태에 따라 길격과 흉격으로 판단할 수 있다. 『지리인자수지』에서는 청룡과 백호의 길격과 흉격에 대하여 여러 가지를 설명하고 있다. 이론적으로는 구분이 가능할 수도 있으나 실제 현장에서 구분하는 것은 어렵기도 하고, 구분의 실익도 크지 않다고 본다.

다만 청룡과 백호의 본래 역할이 보국을 만들어 장풍이 되는 환경을 만

작은 청룡(靑龍)과 백호(白虎)

드는 것이다. 따라서 길한 보국이 되도록 청룡과 백호가 갖추어졌으면 길격 용호가 되지만 보국을 제대로 만들지 못하는 형태의 청룡과 백호는 흉격이 된다고 할 것이다. 그런데 이 부분에 대하여 지나치게 복잡하고 난해한 설명을 하고 있는 경우가 많아 기본적으로 청룡과 백호의 길격과 흉격을 판단하는 기준을 정리하도록 한다.

첫째, 청룡과 백호가 보국을 만들고 혈장으로 불어오는 바람을 충분히 막아줄 정도의 길이라면 길격이고, 길이가 짧아 제대로 보국을 만들지 못하여 혈장으로 바람이 불어오게 된 형태라면 흉격이다.

둘째, 청룡과 백호의 높이가 주룡과 혈장보다 다소 높아서 측면에서 불어오는 바람이 혈장에 영향을 주지 않을 정도라면 길격이나, 높이가 낮아

흉격용호-청룡은 환포하나 백호는 배반

서 측면바람이 혈장으로 불어올 경우에는 흉격이다.

셋째, 주룡과 혈장을 감싸 안아주듯 청룡과 백호가 안으로 굽어 있으면 길격이나, 앞으로 나란히 한 것처럼 길게 뻗쳤거나 밖으로 등을 돌려 배반하는 형태는 흉격이다.

넷째, 청룡과 백호의 끝이 서로 교차하거나 최대한 가까워서 수구가 관쇄되면 길격이나 청룡과 백호의 끝이 멀어서 보국 안으로 강한 바람이 들어오기 쉽게 수구가 넓게 열려 있으면 흉격이 된다. 다만 수구가 열려 있더라도 앞에서 불어오는 바람을 막아줄 안산이 있는 경우에는 흉격이 되지 않는다.

다섯째, 청룡과 백호의 끝으로 이어지는 높이가 비슷하여 요함(凹陷)한 곳이 없으면 길격이나, 청룡과 백호가 끝으로 가는 중간에 푹 꺼져 요함한

내용호(內龍虎)와 외용호(外龍虎)

곳이 생긴 것은 흉격이라 할 수 있다.

2. 내용호(內龍虎)와 외용호(外龍虎)

청룡과 백호를 구별할 때 혈과의 관계를 따져 혈에서 가장 가까이 있는
첫 번째 좌측 능선을 내청룡이라 하고, 혈에서 가장 가까이 있는 첫 번째
우측 능선을 내백호라 한다. 그 너머에 있는 모든 능선들은 모두 외청룡
또는 외백호라 부른다. 청룡과 백호는 지형과 지세에 따라 개수(個數)가
제각각이지만 주된 역할은 혈장으로 불어오는 측면의 바람을 막아주는

것이므로 용호의 개수나 크기에 크게 구애받을 필요는 없다고 본다.

다만 자연 상태의 안산을 정하는 데 내청룡과 내백호는 중요한 기준이 된다. 혈에서 내청룡과 내백호에 의해 만들어진 내보국을 둘로 나눌 수 있는 전면에 안산이 있는 것이므로 내청룡과 내백호가 안산을 정하는 기준이 된다. 이때는 내청룡과 내백호의 크기를 보고 판단하는 것이 아니고, 주룡의 양옆에 흐르는 물길이 있으므로 그 물길 바로 옆의 능선을 내청룡과 내백호로 삼아야 한다는 것을 유의하여야 한다.

3. 본신용호(本身龍虎) 외산용호(外山龍虎) 주합용호(湊合龍虎)

청룡과 백호가 혈의 측면바람을 막아주는 역할을 하도록 대개의 경우는 주산이나 현무봉에서 뻗어나온 청룡과 백호가 있게 된다. 이처럼 주산이나 현무에서 나온 산줄기가 청룡과 백호가 되는 것을 본신용호라 한다. 그러나 본신용호와 다르게 주산이나 현무에서 나온 산줄기는 아니면서 청룡이나 백호의 역할을 하는 경우가 있는데 이를 외산용호라 한다. 그리고 용호의 한쪽은 본신에서 나왔으나 한쪽은 외산에서 만들어진 용호를 주합용호(湊合龍虎)라 한다.

『지리인자수지』에서는 주합용호의 경우는 외산에서 온 용호는 혈 가까이에 붙어야 길한 것이며, 외산청룡의 경우는 물이 좌측(청룡)에서 와서 혈을 싸고 돌아 우측(백호)으로 흘러가야 하고, 외산백호의 경우는 물이 우측(백호)에서 와서 혈을 싸고 돌아 좌측(청룡)으로 흘러가는 것이 중요하다고

하였다.[4)]

본신용호든 외산용호든 또는 주합용호이든 청룡과 백호의 역할은 혈의 측면에서 불어오는 바람을 막아주는 것이므로, 본신용호는 좋고 외산용호나 주합용호는 역량이 떨어진다는 주장은 옳지 않다고 본다.

4. 용호(龍虎)의 화복(禍福)

청룡과 백호의 길흉화복을 말할 때 흔히 청룡은 남자에게 백호는 여자에게 영향을 미치고, 청룡은 남자 중에서 장자(長子)에게 백호는 차자(次子)에게 영향을 미친다고들 이야기한다. 또 청룡은 첫째, 넷째, 일곱째 자손에게 영향을 주고, 백호는 셋째, 여섯째, 아홉째 자손에게 영향을 준다고 말하기도 한다. 그러나 『지리인자수지』에서는 이런 말들은 뜬소문일 뿐 맞지 않는다고 하였다.[5)]

우리나라 사람들 중 상당수는 '경복궁의 백호인 인왕산은 드높은데 청룡인 낙산이 낮아서 조선왕조 때 왕위의 장자승계가 제대로 지켜지지 않고 기가 센 왕비들이 많이 나왔다.'고 하는 속설을 사실로 믿고 있다. 하지만 이는 경복궁 주변의 실제 지형을 제대로 알지 못하는 데서 연유한 것이다.

---

4) 서선계·서선술 저, 김동규 역, 『지리인자수지』, p.629.

5) 서선계·서선술 저, 김동규 역, 『지리인자수지』, p.630.

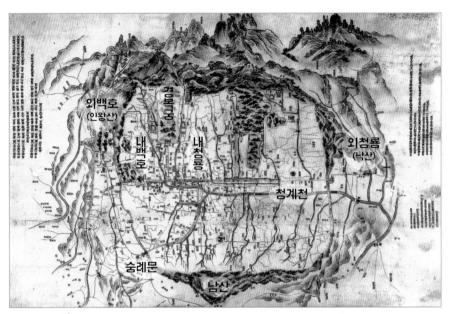

한양의 보국6)

경복궁 주변의 지형을 보면 경복궁 동쪽 담장 밖 가까이에 있는 청룡(북촌마을)은 높고 웅장한데 서쪽 담장 밖의 백호(효자동, 서촌마을)는 높이가 없이 평퍼짐한 능선으로 되어 있다.

풍수적으로 내청룡과 내백호, 외청룡과 외백호 등 지형을 구분하여 보는 관점을 정확히 모르면서 지어낸 이야기가 수백 년 동안 와전된 것이다. 경복궁의 청룡에 비하여 백호가 낮은 점은 풍수에 높은 관심과 식견을 가지셨던 세종대왕께서도 '경복궁의 오른 팔은 대체로 모두 산세(山勢)

---

6) 서울대학교 규장각에서 보관 중인 조선 정조 때 그려진 것으로 추정되는 『도성도』이다. 원본 그림은 남산을 위쪽에 그리고 경복궁을 아래에 그렸으나 저자가 현대의 방향감각에 맞추어 회전시킨 것이다.

경복궁 전경

가 낮고 미약하여 널리 헤벌어지게 트이어 품에 안는 판국이 없으므로, 남대문 밖에다 못을 파고 문 안에다가 지천사(支天寺)를 둔 것은 그 때문이었다.' 하면서 아쉬움을 나타내셨다.[7]

---

7) 『조선왕조실록』 세종 15년(1433년 계축 7월 21일).

제3장 안산(案山)과 조산(朝山)

안산(案山)과 조산(朝山)은 혈 앞에 있는 산을 말한다. 이 중에서 혈의 정면에서 가장 가까이 있는 작은 봉우리는 안산이라 하고, 안산이 되는 작은 봉우리 하나를 제외한 앞쪽의 나머지 산들은 조산이라 부른다.

혈은 자연의 오묘한 섭리에 의하여 결지되는 것이기 때문에 혈이 결지된 곳은 장풍과 득수의 조건이 갖추어진 곳으로 보면 된다.

주산이나 현무는 주룡을 통하여 혈에 생기를 공급하는 역할을 하는 것이고, 청룡과 백호의 주된 역할은 혈의 측면에서 불어오는 바람을 막아주는 것이라고 한다면, 안산과 조산의 주된 역할은 혈의 전면에서 불어오는 바람을 막아주는 것이라고 할 수 있다. 만약 전면에 안산과 조산이 없는 지형이라면 앞에서 불어오는 바람이 그대로 들이치게 되므로 그곳은 혈이 결지될 수 없다.

안산은 주작(朱雀)이라고도 부르는데, 『지리인자수지』는 '안산은 마땅히 가까워야 하고 조산은 멀어야 좋은 것'이라고 설명하고 있다. 또한 안산이나 조산이 단정한 모양은 길한 것이고, 깨지고 부서지거나 날카로운 것은 흉한 것이며, 혈을 품으려는 듯 유정하게 있는 것은 길한 것이지만 등을 돌리고 달아나는 모양은 흉한 것이 된다고 하였다.[8]

---

8) 서선계 · 서선술 저, 김동규 역, 『지리인자수지』, p.639.

안산-혈의 정면에 있는 작고 단아한 봉우리

1. 안산(案山)의 개요

혈 앞에 있는 작고 단아한 봉우리를 안산(案山)이라 한다. 안산이라는 단어는 책상안(案)자와 뫼산(山)자로 만들어졌는데 한자(漢字)로 미루어 알 수 있듯이 가장 가까이에서 책상 역할을 하는 산이라는 뜻이다. 이 말은 혈의 전면에서 가장 가까이에 있으며, 높이는 보통 사람이 앉은 상태에서 책상 높이의 봉우리여야 한다는 의미이다.

안산은 혈이 결지되기 위한 하나의 필수적인 요소이지만 반드시 책상 높이여야 한다는 절대불변의 원칙만 적용되는 것은 아니고 약간 낮은 변칙이 있기도 하다. 현장에서 보게 되는 대부분의 안산은 명치 높이 정도

안산–혈의 정면에 있는 작고 단아한 봉우리

가 적당한 높이가 되지만 안산이 특별히 낮은 경우도 간혹 있는데, 이때는 안산 너머의 조산이 확실하게 바람을 막아주는 경우이므로 안산이 다소 낮더라도 크게 문제될 것은 없다.

안산의 형상은 단정하고 유정한 것이 길한 것이라고 앞에서 설명하였다. 우리나라에서 혈이 결지되었을 때 가장 많이 보이는 안산의 형상은 작은 목성(탐랑)과 금성(무곡)이다. 여기에 초승달 같은 아미사도 간혹 안산이 되는 경우가 있으며, 드물게는 토성(거문)이 안산이 되기도 한다.

특히 안산에 대하여 주의해야 할 것은 단순히 혈 주변에 보이는 봉우리의 모양이 단아하다고 하여 모두 안산이 되는 것이 아니라는 점이다.

내청룡과 내백호가 만드는 내보국을 균등하게 둘로 나누는 가상의 선

안산-목형(탐랑)

안산-목형(탐랑)

안산-토형(거문)

안산-토형(횡금)

안산-금형(아미)

안산-금형(무곡)

을 그었을 때, 그 선과 만나는 가장 가까이에 있는 작은 봉우리만이 안산이 된다.

또 한 가지는 혈과 전면의 단아한 봉우리 사이로 좌측의 청룡이나 우측의 백호인 능선이 가로지르며 지나간다면 전면의 단아한 봉우리가 안산이 되는 것이 아니라 가로지르고 지나가는 청룡이나 백호의 능선이 안산이 된다는 점이다.

그리고 저자의 연구에 의하면 안산은 혈과 아주 긴밀한 관계를 맺고 있는 것으로 판단된다. 혈이 결지되기 위해서는 골육수(骨肉水)가 분수되고 다시 합수되는 과정을 거치는데,[9] 혈을 결지하기 위하여 합수한 골육수가 합수 후 1m~1.5m 지점에서 안산이 있는 쪽으로 빠져나간다는 사실을 알게 되었다. 이 현상으로 미루어 보아 태초에 지구가 형성되고 혈이라는 생기의 분출구가 만들어지는 과정에 안산이 모종의 역할을 하는 것이 아닌가 하는 생각이 든다.

2. 본신안산(本身案山)과 외래안산(外來案山)

청룡과 백호에 본신용호와 외산용호가 있듯이 안산에도 본신안산과 외래안산이 있다. 본신안산이란 현무봉이나 주산에서 본신용호가 만들어지고 이 본신용호가 앞으로 더 뻗어나와 안산이 되는 경우를 말한다. 즉 청

---

9) 〈지표하의 수세〉(p.202), 〈혈의 개요와 결지조건〉(p.214) 참조.

룡이나 백호의 끝자락이 안산이 되는데, 본신안산이 있으면 혈 앞 명당에서 흘러나가는 물인 원진수(元辰水)[10]가 지(之)자나 현(玄)자 모양으로 굽어서 흘러가게 되어 아주 길한 형태의 안산이 된다.

외래안산은 본신안산과 달리 주산이나 현무봉에서 뻗어나온 청룡이나 백호능선이 안산이 되는 것이 아니라 주룡과는 전혀 관련이 없는 바깥의 다른 산에서 만들어진 봉우리가 안산이 되는 것을 말한다. 앞에서 설명하였듯이 혈과 안산 사이에는 끼어드는 다른 산줄기가 없어야 한다. 때문에 외래안산은 혈에서 전면을 볼 때 내청룡의 끝 지점과 내백호의 끝 지점의 중간 앞에 있는 단아한 봉우리가 안산이 된다.

결국 외래안산은 내청룡과 내백호가 만드는 내보국의 바깥에 안산이 있는 것이 되고, 청룡과 백호의 끝이 관쇄되지 않고 벌어져 있는 상태인 것이므로 원진수가 정면으로 흘러나가게 된다. 이럴 경우 안산이 너무 멀리 있게 되면 수구로부터 불어오는 바람이 혈을 결지하지 못하게 될 수도 있다는 사실을 주지하여야 한다.

3. 안산(案山)의 화복(禍福)

앞에서 청룡과 백호에 따라 특정한 인물이 영향을 받는다는 이야기가 맞지 않는다고 하였다. 안산의 길흉화복에 대해서도 부인이 영향을 받는

---

10) 〈지표상의 수세〉(p.179) 참조.

다거나 둘째 자손, 다섯째 자손, 여덟째 자손이 영향을 받는다고들 하는 경우도 있지만 이 역시 믿을 만한 것은 아니다.

4. 조산(朝山)[11]의 개요와 종류

조산(朝山)이란 혈의 전면에 보이는 산들 중에서 안산을 제외한 나머지 산들을 부르는 말이다. 혈 뒤의 현무봉 뒷산을 후조(後照)라 하는데 반해 조산은 전응(前應)이라 한다.[12] 현무봉 뒤로 이어지는 용맥이 생기를 공급해서 보내주면 혈이 결지되고, 앞에서는 여러 산들이 이에 응답을 한다는 의미이다. 안산의 역할이 혈의 가장 가까운 곳에 있으면서 혈장 앞으로 불어오는 바람을 막아주는 것이라 하였다. 그러나 때로는 안산의 높이가 낮거나 크기가 작아 전면에서 불어오는 바람을 완전히 막아주지 못하는 경우도 있는데, 이때 안산을 보필하여 안산 너머에서 혈장으로 불어오는 바람을 막아주는 역할을 하는 것이 조산이다.

조산이 병풍이나 장막을 펼쳐놓은 것처럼 둘러싸여 있고 단정하고 수려한 목성(탐랑), 토성(거문), 금성(무곡) 등은 유리한 것으로 판단할 수 있으나, 악석에 능압을 하듯 지나치게 높은 험준(險峻), 무너지고 깨진 파쇄(破碎), 뿌리치고 달아나는 듯한 주찬(走竄), 등을 돌리고 있는 형상의 반배(反背), 산의 지각이 찌르는 듯 날카로운 첨사(尖射), 작은 골과 능선이 서로 엉켜 있는 듯 무질서한 난잡(亂雜) 등의 형상은 흉한 것으로 판단한다.

조산은 안산 너머로 조산들이 겹겹이 보국을 만드는 특조산(特朝山), 마

안산과 조산

치 옆으로 장막을 친 형상인 횡조산(橫朝山), 조산은 없는데 안산 너머에서 혈을 유정하게 감싸주는 물이 있거나 여러 물이 모이는 저수지 등이 있어서 물이 조산을 대신하는 수조(水朝)로 나누어 볼 수 있다.

그리고 비록 수려한 봉우리들이 중첩해 있더라도 전체적인 산세의 움직임이 등을 돌리고 있거나 무정하게 뻗어나가 응대할 의사가 없는 경우에는 위조산(僞朝山)이라 한다.

---

11) 사격론의 조산(朝山)은 용세론에서 나오는 조산(祖山)과는 구별되어야 한다.
12) 채성우 저, 김두규 역, 『명산론』, pp.145~146. 후조(後照)를 보전(寶殿, 임금의 궁전)이라 하였고, 전응(前應)을 누대(樓臺, 높이 지은 큰 집)라 하였다.

특조산-혈 주위의 모든 산들이 머리를 조아리는 형상

횡조산-혈을 중심으로 앞쪽 산들이 겹겹이 성을 쌓은 듯한 형상

혈

연못(수조)

수조-혈 앞에 자연상태의 연못 등

위조산-조산이 등을 돌리고 있는 형상

제4장 오성론(五星論)과 구성론(九星論)

1. 오성론의 개요

오성론(五星論)이란 오행에 따라 나타나는 산봉우리의 형상을 말한다. 사람에게 오장(五臟)이 있고, 색깔에도 오색(五色)이 있고, 소리에도 오음(五音)이 있으며, 맛에도 오미(五味)가 있듯이 땅에도 오형(五形)이 있다는 주장이다.

오행이 목(木), 화(火), 토(土), 금(金), 수(水)로 이루어진 것처럼, 오성은 땅 위에 만들어진 산형에 따라 목성인 세성(歲星), 화성인 형혹(熒惑), 토성인 진성(鎭星), 금성인 태백(太白), 수성인 진성(辰星)으로 분류한다.

태극이 나뉘어 음양이 되고, 음양은 성질에 따라 오행이라는 우주의 기운이 된다. 사람은 하늘과 땅의 가운데에서 보고 듣고 먹고 숨 쉬는 등 일거일동을 오행의 기운에 영향을 받게 된다는 것이 동양학의 핵심 사상인 오행론이다. 이 오행의 정신이 하늘과 통하여 지상에 오성(五星)의 산형(山形)을 만들고 온 천지에 영향을 미친다는 것이다.[13]

---

13) 서선계 · 서선술 저, 김동규 역, 『지리인자수지』, pp.322~338.

오성- 목(木), 구성 - 탐랑(귀인)

2. 오성의 종류와 형상 및 길흉

목성(木星) - 세성(歲星)

목성은 산봉우리가 곧게 삼각형 형상으로 솟아올라 붓끝같이 뾰족한 모양이거나 곱게 둥근 두 가지의 산형을 함께 일컫는다. 산형이 곧고 견고하며 수려하면 길한 것이고, 비뚤어져 흩어지고 깨어져 있으면 흉한 것이다. 목성이 길한 형상이면 다양한 명예를 멀리 떨치고 큰 일을 함에 있어 대들보 역할을 하는 기운을 가지고 있다. 목성이 흉한 형상이라면 일을 함에 있어서 결실을 맺지 못하며 형상(刑傷)과 요절(夭折), 관송(官訟) 등의 기운을 가지고 있다.

오성-목(木), 구성-탐랑(문필)

화성(火星) – 형혹(熒或)

화성은 산봉우리들의 끝이 불꽃이 공중으로 솟은 것처럼 날카로운 것을 말한다. 태조산이나 주필산 등 조종산이 되는 경우가 많다. 『지리인자수지』는 오성 중에서 목성은 나누어지면 작아지고, 토성은 나누어지면 가느다랗게 되며, 금성은 나누어지면 가벼워지고, 수성은 나누어지면 얕아지지만, 화성은 나누어질수록 왕성해지므로 조종산이 되는 것이라 하였다. 화성은 산세가 화약에 불이 붙어 활활 타는 형상으로, 산의 옆면이 깨끗하고 아래가 넓으면 길한 것이며, 산봉우리 정상이 지저분하게 헐어 있거나 지각이 반역하고 작고 왜소하면 흉한 것이다. 화성이 길한 형상이면 문장에 통달하고 대귀를 얻으며, 업적이 빛을 발하는 기운을 가지나, 흉한 형상이

오성-화(火), 구성-염정

라면 살벌(殺伐), 참혹(慘酷), 절멸(絶滅) 등의 화(禍)를 당하는 기운을 가진다.

토성(土星) – 진성(鎭星)

토성은 산봉우리 윗부분은 평평하고 모서리는 절도 있게 각이 진 사다리꼴 형태의 산을 말한다. 산형이 중후한 느낌을 주며 봉우리 정상이 평탄할수록 길한 것이고, 산세가 기울거나 패이고, 산의 옆면이 골짜기가 많으면 흉한 것이다. 토성이 길한 형상이면 오복을 갖추게 되고, 경사가 끊임이 없으며 극품왕후의 기운을 가진다. 토성이 흉한 형상이라면 유약하고 질병에 쉽게 걸리는 기운을 가지게 되나, 오행에서 토는 오방의 중앙에 머물러 만물의 모체로 천하에 덕을 베푸는 성질을 가지고 있어 토성의 산

오성-토(土), 구성-거문(일자문성)

형이 흉하다 하더라도 큰 화(禍)를 일으키는 기운은 없다.

금성(金星) – 태백(太白)

금성은 산봉우리가 종(鐘)이나 가마솥(釜)을 엎어 놓은 것처럼 둥글고 살이 찐 것을 말한다. 산형이 부드럽게 둥글고 살이 통통하면 길한 것이고, 반듯하게 둥글지 못하고 기울어져 흘러가는 형상이거나 깨지고 부서졌다면 흉한 것이다. 금성이 길한 형상이면 강직한 충정으로 이름을 떨쳐 공명이 현달하는 기운과 부(富)를 이루는 기운을 가진다. 금성이 흉한 형상이라면 반역(叛逆)과 요절(夭折), 잔상(殘傷) 등의 기운을 가진다.

오성-금(金), 구성-무곡

수성(水星) – 진성(辰星)

수성은 산봉우리들이 잔잔한 물결이 일듯, 구름이 흘러가듯 한 것을 말한다. 산형이 물결 같은 봉우리가 움직이듯 옆으로 겹겹이 중첩된 것과 산봉우리가 둥글게 굽어 있는 형상이면 길한 것이고, 산만하게 보이는 것은 흉한 것이다. 수성이 길한 형상이면 총명하고 지혜가 있으며 도량이 넓고 뛰어난 재능을 발휘하는 기운을 가지며, 수성이 흉한 형상이라면 음욕(淫慾), 빈궁(貧窮), 장병(長病), 객사(客死) 등의 기운을 가진다.

오성-수(水), 구성-문곡

3. 구성론의 개요

풍수에서 다루는 구성론은 단순히 산의 형상만을 논하는 것이 아니라 지상의 산형(山形)과 하늘에 있는 별과의 관계를 설명한 것이다. 하늘에 있는 수많은 별들 중에 북두칠성과 좌보성, 우필성 등 아홉 개 별의 각각 다른 기운이 지상에 있는 산형마다 따로 전달된다는 전제하에 설명하는 이론이다. 지상에는 여러 형체의 봉우리가 있는데, 이것을 크게 아홉 가지로 나누어 천상구성의 기운과 연관시키는 것이 풍수에서 구성론의 주된 내용이다. 지상에 있는 다양한 형체의 봉우리에 오행의 기운을 부여하는 것은 천상(天上)의 구성(九星)이라는 것이다.

천상구성(天上九星)이란 우주 천체의 중심축인 북극성(北極星) 주위를 선회하는 북두칠성(北斗七星)과 좌보성(左輔星), 우필성(右弼星)을 합한 아홉 개의 별을 말하며, 이 별들은 각기 가지고 있는 기운을 우주로 뿜어내고, 뿜어진 이 기운은 지상에 있는 각각의 산형(山形)이 접수를 한다는 것이다.

예컨대 북두칠성 제1성 탐랑성은 오행으로 목(木)의 성질을 가진 기운을 뿜어내는데, 이 기운은 지상에 있는 삼각형 모양의 산봉우리가 접수를 한다는 것이다. 북두칠성 제2성 거문성은 오행으로 토(土)의 성질을 가진 기운을 뿜어내고, 이 기운은 봉우리 윗부분이 일자(一字)같이 평평하며 산의 몸통이 깨끗한 사다리꼴 형태의 봉우리가 접수를 한다는 것이다.

북두칠성 제3성 녹존성은 오행으로 토(土)의 성질을 가진 기운을 뿜어내고, 이 기운은 지상의 사다리꼴 같은데 봉우리 윗면이 울퉁불퉁하고 몸통에 능선이 많은 산이 접수를 한다는 것이다. 북두칠성 제4성 문곡성의 기운은 오행이 수(水)인데 지상에 잔물결이 일어나는 것처럼 낮은 봉우리가 이어진 산이 접수를 한다는 것이다.

북두칠성 제5성 염정성이 뿜어내는 기운은 오행이 화(火)인데 지상에 불꽃처럼 뾰족한 봉우리들이 모여 있는 험준한 산이 접수를 한다는 것이다. 북두칠성 제6성 무곡성은 금(金)의 오행을 가진 기운을 뿜어내고, 이 기운은 지상의 보름달 같이 둥근 봉우리가 접수를 한다는 것이다. 북두칠성 제7성 파군성은 금(金)의 오행을 가진 기운을 뿜어내고 지상에서는 비슷한 크기의 날카로운 봉우리가 나란히 서 있는 산이 접수를 한다는 것이다.

북두칠성 제6성 옆에 있는 좌보성을 구성 중에서 여덟 번째의 별로 간주하는데 좌보성이 뿜어내는 기운의 오행은 토(土)이고, 지상의 복두형(㡇

頭形)14) 산이 접수를 한다는 것이다. 구성에서 아홉 번째 별인 우필성은 제7성의 인근에 있으나 육안으로는 보이지 않지만 금(金)의 오행을 가진 기운을 뿜어내고, 지상에서는 눈에 띄지 않게 평원을 지나가는 산줄기가 접수를 한다고 한다. 이렇게 지상의 산에 접수된 각 별의 기운은 그 용맥의 오행이 되어 혈이 맺히는 것에도 영향을 주며, 또 사격으로서 혈에게 그 기운을 전달하여 발복 방향을 가늠하게도 한다는 것이다.

4. 오성론과 구성론의 적용 및 비교

앞의 오성론과 구성론에 대하여 『지리인자수지』를 비롯한 대부분의 풍수서적들이 용세론에서 설명하고 있으나, 용세론에서는 오성이든 구성이든 크게 중요하지 않다고 본다.

왜냐하면 오성이나 구성이 모두 산봉우리의 형상을 말하는 것인데, 산봉우리는 대개의 경우 보는 위치에 따라 모양이 달라지기 때문이다. 예를 들어 똑같은 산이라 해도 동쪽에서 보면 금성으로 보이는데, 서쪽에서 보면 목성으로 보이고, 북쪽에서 보면 토성으로 보인다면 무엇을 적용할 것인가 하는 문제가 대두된다. 오성론이든 구성론이든 '어느 위치에서 보았을 때의 산봉우리 모양'이라는 전제조건을 충족해 줄 기준이 없기 때문에 사실상 탁상이론(卓上理論)에 불과하다. 다만 사격론의 관점에서는 혈

---

14) 복두는 머리의 윗부분이 2단으로 되어 있는 관(冠)의 일종이다. 풍수에서 말하는 복두형이란 산봉우리 꼭대기에서 급하게 내려오던 능선이 산중턱에서 잠시 평평하다가 다시 뚝 떨어지는 산을 말한다.

오행	기본산형	오성(五星)		구성(九星)		
		명칭	소응(昭應)	별 순서	명칭	소응(昭應)
목	삼각형	세성 (歲星)	길 : 명예, 대귀 흉 : 형살, 관송	제1성	탐랑 (貪狼)	총명, 문필, 귀
화	불꽃형	형혹 (熒惑)	길 : 문장, 대귀 흉 : 살벌, 절멸	제5성	염정 (廉貞)	형살, 흉폭
토	사다리형	진성 (鎭星)	길 : 다복, 대귀 흉 : 유약, 질병	제2성	거문 (巨門)	문장, 장수, 귀
				제3성	녹존 (祿存)	질병, 패절
				제8성	좌보 (左輔)	소부, 소귀
금	둥근형	태백 (太白)	길 : 충정, 공명, 부(富) 흉 : 반역, 요절	제6성	무곡 (武曲)	부, 귀, 재물
				제7성	파군 (破軍)	절명, 형겁, 악질
				제9성	우필 (右弼)	소부, 소귀
수	물결형	진성 (辰星)	길 : 총명, 지혜 흉 : 음욕, 빈궁	제4성	문곡 (文曲)	음탕, 예능, 사치

오성론과 구성론 요약비교[15]

에서 보이는 산봉우리만을 보고 판단하면 되므로 적용이 가능하다고 본다. 참고로 『지리인자수지』는 '구성은 오성 내에 있는 것으로, 오성의 변격에 불과한 것이므로 구성은 쓸 필요가 없는 것'이라고 하였음을 밝혀둔다.[16] 저자는 학인들의 이해를 돕기 위해 두 이론을 구분하여 정리하였으나 실질적으로 어느 이론은 맞고 어느 이론은 그르다고 구별하는 것은 어렵다. 따라서 현장에서의 활용은 학인들 각자가 선택할 몫이다.

---

15) 서선계 · 서선술 저, 김동규 역, 『지리인자수지』, pp.322~338. 정경연 저, 『정통풍수지리』, pp.185~186.
16) 서선계 · 서선술 저, 김동규 역, 『지리인자수지』, p.323.

구성-녹존, 오성-토

구성-파군(금)

구성-좌보(토)

구성-우필(금)

風水

수세론

제1장 수세(水勢)의 개요

우리가 살고 있는 자연환경 속에는 많은 종류의 에너지가 있다. 태양에서 얻는 빛이나 열에너지, 바람에서 얻는 풍력에너지, 물을 통하여 얻는 수력에너지, 석유나 석탄 등의 화석연료나 우라늄 등 광물질에서 얻는 광물에너지 등이 인간에 의하여 활용되고 있다.

풍수가 이처럼 많은 자연에너지 중 땅에너지에 관한 이론이라는 점을 정확히 아는 사람은 그리 많지 않다. 땅이 가지고 있는 에너지인 생기(生氣)는 용맥을 통하여 흐르고, 그 흐르던 생기(生氣)가 혈이라고 하는 지점에서 분출되는 과정을 설명해 놓은 것이 풍수의 가장 중요한 핵심이론이라 할 수 있다.

풍수에서 물이 생기의 이동과 분출에 절대적인 역할을 한다고 설명하는데, 그 의미를 함축하여 표현한 단어가 풍수의 어원이 되는 '득수(得水)'이다. 용맥을 통하여 생기가 흐르는 것에도 반드시 물의 존재가 필요하고, 혈에서 생기가 분출되는 현상에도 물의 역할이 필요하다.

일반적으로 물을 '용의 혈맥(血脈)'이라고 한다. 이는 풍수에서 혈이 결지되는 데 용맥과 함께 꼭 필요한 요소가 물(水, 水勢)이라는 것을 의미한다. 이는 외형상으로 물길이 시작되는 곳이 용맥이 시작되는 곳이 되고, 두 물줄기 사이에는 산줄기가 있게 되며, 물길이 앞을 가로막으면 용맥이

음인 용과 양인 물-소백산(영주)

멈추고, 거기에 혈이 결지되기 때문이다. 또한 내면적으로는 물과 생기가 밀접한 관계가 있어 물(수맥)이 계속해서 흘러가는 곳은 생기도 계속해서 흘러가고, 물(수맥)이 합쳐지는 곳에서는 혈이 결지되어 생기가 분출된다는 것이 풍수의 기본 이치인 까닭이다.

그리고 풍수적으로 보아 '물이 굽으면 재록(財祿)이 모이고 귀하게 되지만, 곧은 물길은 빈천하고 요절하게 된다(水曲則財祿聚 水直則貧賤夭亡).' 하고,[1] '산은 인정(자손)을 관여하고, 물은 재물과 관련된다(山管人丁 水管財物).' 하여 물은 재물과 밀접한 관련이 있다고 본다.

---

1) 양문형(楊文衡), 『풍수십강(風水十講)』, 2007, 화하출판사, pp.135~136.

『지리인자수지』는 물의 형세에도 대소(大小), 원근(遠近), 심천(深淺)에 따라 길흉이 있는데, 혈에서 볼 때 물이 직접 부딪히지 않고(부직충不直衝), 명당이 기울지 않으며(불사내 不斜撇), 물의 흐름이 빠르거나 급하지 않고(부준급 부단격 不峻急 不湍激), 물길이 등을 돌려 달아나는 형상이 아니고(불반도 不反跳), 명당으로 들어오는 물은 보여도 밖으로 빠져나가는 물은 보이지 않아야(見其來而不見其去) 길한 수세의 요건이 되는 것이라 하였다.[2]

풍수의 이론이 음(陰)인 용과 양(陽)인 물이 음양교합을 하여 생기가 분출되는 혈이 결지된다는 것은 〈풍수 입문을 위한 기초이론〉과 〈용세론〉에서 설명하였다. 앞에서 용맥과 함께 혈이 결지되기 위한 두 요소인 물의 형세(水勢)에 대하여 개략적인 설명을 하였으나 〈수세론〉에서는 혈의 결지와 관련된 물의 형세에 대하여 눈에 보이는 지표상(地表上)의 수세(水勢)와 눈에 보이지 않는 지표하(地表下)의 수세(水勢)[3]로 구분하여 좀 더 구체적으로 설명하도록 한다.

특히 지표하의 수세(수맥)는 지금까지 전혀 알려지지 않았으나 저자가 오랜 기간 습득한 사실(수맥의 분포, 구성, 형태 등)을 가급적 상세히 설명하고자 한다.

---

2) 서선계 · 서선술 저, 김동규 역, 『지리인자수지』, pp.822~823.

3) 지표하의 수세란 일반적으로 수맥(水脈)이라 부르는 눈에 보이지 않는 지하의 물줄기를 말한다.

제2장 지표상(地表上)의 수세(水勢)

　지표상의 수세는 크게 도랑, 개울, 하천, 강 등과 같이 흐르는 물과 샘, 연못, 저수지, 호수 등과 같이 흐르지 않고 고여 있는 것처럼 보이는 물로 구분할 수 있다. 용과 흐르는 물에 대하여 『명산론』에서는 '산줄기는 근원은 하나이나 그 끝은 모두 다르고, 물은 근원은 다르나 그 끝은 모두 같다(山則本同而末異 水則本異而末同).'고 설명하는데,4) 이는 음인 '용'과 양인 '물'의 관계를 아주 잘 표현한 내용이다. 어느 산에서 산줄기가 시작되면 그곳에서 물길이 시작되는데 이렇게 같이 출발한 용과 물은 나란히 흐르다가 물이 합쳐지는 곳에서 용은 그 흐름을 멈추게 된다. 이때 흐름을 멈춘 용의 끝자락은 모두 다르지만 여러 곳에서 시작되었던 물줄기는 점차 하나로 합쳐지는 형상을 설명한 것이다.

　이렇게 산줄기를 따라 흐르다 용과 함께 음양교합을 이루는 물의 형세를 발원(發源), 도당(到堂)과 취수(聚水), 출수(出水)로 구분하여 설명하도록 한다.5)

---

4) 채성우 저, 김두규 역, 『명산론』, pp.42~43.

5) 서선계·서선술 저, 김동규 역 『지리인자수지』, 신광주 『정통풍수지리학원전』, 정경연 『정통풍수지리』의 내용을 종합하여 저자가 따로 정리하였다.

산(용)과 물의 음양조화

1. 물의 발원(發源)

물의 발원이란 혈 앞 명당으로 들어오는 물줄기가 시작되는 것을 말한다. 물이 발원하는 곳은 산줄기가 나뉘는 곳, 즉 용이 분맥하는 곳이다. 구체적으로 설명하면 주산이나 현무봉에서 주룡이 출맥할 때 내청룡이나 내백호가 함께 뻗어나가면서 물의 발원이 되는 것이다. 발원처에서 시작된 물은 주룡을 따라 혈 앞 명당으로 흘러들어 용혈과 음양교합을 이루는 것으로 본다. 이때 주룡과 내청룡 사이의 물줄기나 주룡과 내백호 사이의 물줄기 중에서 혈 앞을 먼저 지나는 물만이 직접 용혈과 음양교합을 이루는 물로 보고, 음양교합을 이루는 어느 한쪽의 물줄기가 시작되는 곳을 발원처라 부른다.

그런데 주룡과 내청룡 또는 주룡과 내백호 사이에서 흘러 주룡을 따라 내려온 발원수는 직접적으로 용을 멈추게 하고 혈을 결지하게 하지만, 외청룡이나 외백호를 따라 흐르는 물줄기들은 직접 용혈과의 음양교합을 이루지는 못하기 때문에 크게 중요하게 보지 않아도 된다.

그리고 『지리인자수지』에는 '물의 발원이 멀고 물이 깊으면 용의 기운이 왕성하여 발복이 유구하나 발원이 짧으면 용맥도 짧아서 발복도 짧다.'고 설명하고 있으나,[6] 이 주장은 합당한 것이 아니라고 본다. 이러한 주장은 일반적인 풍수이론인 '물은 재물을 관리한다(水管財物).'는 문장 때문에 발원처가 멀면 많은 양의 물이 혈 앞으로 흘러들게 될 것이고 그 물의 양만큼 큰 재물을 얻게 된다는 식으로 해석하고 있지만 단순히 물의 발원처의 멀고 가까움이나 수량의 많고 적음만으로 풍수발복 전체를 판단할 수는 없다. 그리고 앞에서의 설명처럼 물의 발원처를 엄밀하게 적용할 때 발원처가 멀다는 것은 주룡이 길게 내려온다는 의미가 되는데, 주룡이 지나치게 길면 장풍의 조건을 충족하지 못할 가능성이 높아지는 경우가 있기 때문에 주변 지형지세와 조화가 이루어지는지 주의를 기울여야 한다. 또한 대개 주룡의 행도 과정을 보면 물의 발원처가 곧 용맥의 출발처인 것은 아니고 그 이전에 부모산, 소조산, 주필산 등의 조종산이 있어 주룡의 행도는 충분히 장원하기 때문에 비록 물의 발원처가 가깝다고 하더라도 용의 기세와는 아무 상관이 없다.

---

6) 서선계 · 서선술 저, 김동규 역, 『지리인자수지』, p.823.

2. 물의 도당(到堂)과 취수(聚水)

물의 도당이란 발원한 물이 혈 앞 명당으로 들어오는 단계를 말한다. 주룡과 내청룡 또는 주룡과 내백호 사이에서 발원한 물이 용혈의 앞에서 합수되거나 용혈의 앞 명당으로 들어오는 과정을 도당이라 부르는 것이다. 도당하는 물은 용혈을 감싸안듯 구불구불 흘러들어와 옷깃이 겹쳐지듯 만나면 아주 길한 형태가 된다. 그러나 때리듯 배반하고 도전하는 형상, 급하게 부딪히는 형상으로 도당하는 것은 흉한 형태가 된다.

취수란 도당하여 혈 앞 명당에 모인 물을 말한다. 즉 혈 앞 명당에 있는 웅덩이나 연못, 호수 등에 머물러 있는 물을 말하는 것이다. 『지리인자수지』는 혈 앞에 깊고 많은 취수가 사계절 내내 있으면 지극히 길한 것이라 설명하면서 '천 년 동안 마르지 않는 물이 있으면 천 년 동안 재물이 마르지 않는다.' 고 하였다.[7] 이는 생기의 흐름을 멈추게 하는 수기(水氣)가 충분한 상태이기 때문에 길하게 평가하는 것으로 보면 된다.

여기서 '취수'와 '득수'의 개념을 명확히 구별해야겠다. 일반적으로 '취수'를 '득수'와 같은 의미로 생각하고 있으나, '취수'는 지표상의 혈 앞 명당에 모이는 물 자체를 의미하는 것이다. 이 물이 '용맥의 행도를 멈추게 하고, 용혈과 음양교합을 이룬다.' 고 하지만, 이것은 추상적이고 막연한 개념이다. 반면 '득수'란 지표하의 골육수가 지맥을 통하여 흐르던 생기를 멈추게 하는 실체적 사실과 혈이 결지될 때 생기가 수기(水氣)를 만

---

7) 서선계 · 서선술 저, 김동규 역, 『지리인자수지』, p.835.

나는 현상인 '계수'까지를 포함하는 것이다.

3. 물의 출수(出水)

물은 높은 곳에서 낮은 곳으로 흐르는 것이 자연의 이치이다. 이러한 자연의 이치에 따라 발원처에서 발원을 하여 도당과 취수의 과정을 거친 물이 용혈과 음양교합의 임무를 마치고 다시 아래로 흘러나가는 것을 물의 출수라 한다.

출수된 물이 보국 밖으로 빠져나가는 곳을 수구(水口)라 한다. 수구를 통하여 물이 흘러나가게 되므로 수구는 출수되는 물의 흐름과 직접적으로 관련이 있는 곳이 된다. 수구는 최대한 닫혀 있는 형상이 길한 것이고 벌어져 트여 있는 것은 바람직하지 않게 된다. 수구에 한문, 화표, 나성 등의 사격8)이 중첩되어 있으면 수구를 지나 출수되는 물은 느리게 빠져나갈 것이므로 용과 물이 음양 교합을 충분히 한다고 보아 길한 것이 된다. 반대로 수구가 헤벌어져 있거나 직선형으로 되어 있는 경우에는 출수되는 물이 쉽게 빠져나가버릴 것이기 때문에 흉한 형상이 된다.9)

그리고 수구는 물이 흘러나가는 곳이면서 바람이 드나드는 곳이기도 하다. 수구가 길한 형상이라는 것은 보국이 잘 갖추어졌다는 것을 의미하는 것이고, 보국이 잘 갖추어졌다는 것은 장풍의 조건이 갖추어졌다는 의

---

8) 한문(捍門)이란 수구의 물길 가장자리에 있는 산이나 바위를 말하고 화표(華表)와 나성이란 수구의 물길 가운데에 있는 바위나 모래톱을 말한다.

물의 발원과 도당 및 출수

미이다. 혈은 장풍의 조건이 갖추어진 곳에만 결지되는 것이기 때문에 수
구가 트이고 벌어져 있어 바람이 쉽게 드나들거나 직거하는 물길을 통하
여 바람이 들이치는 곳에는 절대로 혈이 결지되지 않는다는 것을 명심하
여야 한다. 이상의 물의 발원, 도당과 취수, 출수 등에 대하여 『지리인자
수지』의 내용을 정리하여 옮겨본다.[10]

　1. 물의 발원은 깊고 멀며(水之發源欲其深長)

　2. 도당하는 물은 굴곡하고(來者欲其屈曲)

　3. 옆으로 흐르는 물은 둘러 에워싸고자 하고(橫者欲其遶抱)

　4. 저수지나 연못 등에 고여 있는 물은 맑아야 하고(融瀦者欲其澄淸)

　5. 나가는 물은 서성거리며 쉽게 나가지 않고(去者欲其盤桓)

　6. 모여들었다가 돌아나가는 물은 멀리 있어야 한다.(滙聚者欲其悠揚)

벌어진 수구

앞에서 언급하였듯이 『지리인자수지』를 비롯한 많은 풍수서적들이 눈에 보이는 지표상의 수세에 대해서는 현실적으로 굳이 필요치 않은 부분까지 장황하게 설명하는 경우가 많다. 따라서 이 책에서는 현실적이고 중요하다고 판단되는 부분만을 소개하기로 한다.

---

9) 『지리인자수지』 p.830. '혈에서 나가는 것이 보이는 물을 거수(去水)라 말하고, 이는 극흉(極凶)한 것이다. 다만 용진혈적(龍盡穴的)하고 사격이 잘 감싸주는 형세에서 작은 물길이 앞으로 직거(直去)할 때 옆으로 흐르는 큰 물길이 가로막는 경우는 괜찮지만 작은 물길이 앞으로 직거할 때 큰 물길도 앞으로 직거한다면 반드시 패절한다.' 하였다.

10) 서선계·서선술 저, 김동규 역, 『지리인자수지』, p.823.

건류수

4. 형세에 의한 물의 구분

건류수(乾流水)

건류수란 평상시에 항상 물이 흐르는 것은 아니고, 비가 내리는 동안에만 물이 흐르는 자연 상태의 물길을 말한다. 건류수는 비가 내릴 때만 물이 흐르고 평소에는 물이 흐르지 않으므로 건조하고 메마른 것처럼 보인다. 그러나 물이 항상 흐르지는 않더라도 '용은 물을 만나면 멈춘다.'는 풍수의 법칙을 충실히 수행하는 물길이다. 따라서 건류수가 합수되거나 용맥의 앞을 돌아나가도 용진처가 되어 혈이 결지되는 것이다.

구혁수

구혁수(溝洫水)

구혁수란 논이나 밭 사이에 있는 작은 도랑물을 말한다. 구혁수도 건류수와 마찬가지로 평소에는 물이 흐르지 않는 경우가 많다. 논이나 밭 옆에 자연 상태의 물길이 있다는 것은 그 논이나 밭이 낮지만 능선이라는 의미가 된다. 따라서 장풍의 조건이 갖추어지고, 구혁수가 합수되거나 용맥의 앞에서 돌아나가며 가로막는 곳에는 혈이 결지되는 것이다.

계간수(溪澗水)

계간수란 여러 개의 건류수나 구혁수가 아래로 흘러 만들어진 제법 큰 물길을 말한다. 계간수는 수량이 많지는 않더라도 평소에도 일정량의 물

계곡

계간수

이 흐르는 경우가 많다. 『지리인자수지』는 물줄기의 크기를 불문하고 계간수는 굴곡되어야 길하며, 계간수와 계간수 사이에 있는 지룡(枝龍)에서 혈이 많이 결지되는 것이라 하였다. 또한 물길이 터 앞에서 소리를 내며 부딪는 것을 '비읍(悲泣)'이라 부른다는 『금낭경』의 주장을 소개하며 이는 흉한 것이라 하였다.[11]

강하수(江河水)
강하수란 계간수가 모여 만들어지는 하천이나 강물을 말하는 것으로,

---

11) 서선계 · 서선술 저, 김동규 역, 『지리인자수지』, p.840.

하천

강하수

땅의 모양에 의해 만들어진 흐르는 물줄기 중에서는 나름 규모가 크다. 강하수는 물줄기의 크기에 걸맞게 덩치가 큰 용을 호종하는 경우가 대부분이어서 혈의 결지와 직접적인 관련은 그리 많지 않다.

자연 상태의 물길은 바람이 지나다니는 통로가 되는데, 강하수처럼 큰 물줄기는 지나는 바람도 많고 풍속도 빠르게 된다. 때문에 강하수를 가까이 접하는 곳은 장풍의 조건을 갖추지 못해 혈이 결지되는 경우는 극히 드물다. 하지만 강하수와 가까운 곳에 혈이 결지되는 경우도 있는데, 이때는 횡룡입수나 섬룡입수의 형태로 혈이 결지된다는 것을 명심하여야 한다.

진응수(眞應水)

진응수란 혈이 결지된 혈장의 앞에서 솟아나는 샘물을 말하며, 영천(靈泉)이라고도 한다. 진응수는 골육수가 벌어지고 합쳐지는 과정을 거치며 혈을 결지하고, 혈장 앞 10시 방향에서 2시 방향 사이에서 솟아나게 된다. 그러나 모든 혈에 진응수가 있는 것은 아니기 때문에 진응수가 솟아나는 혈을 특별히 귀하게 여긴다. 『지리인자수지』는 진응수의 대소를 불문하고 물이 맑고 맛은 감미로워야 하며, 사계절 내내 물이 마르지 않아야 한다고 하였다.[12]

지당수(池塘水)

지당수란 혈장의 앞에 있는 자연 상태의 물웅덩이나 연못을 말한다. 진응수는 물이 모이는 규모가 작아 샘물 형태가 되는 것이고, 지당수는 제법 규모가 큰 것일 뿐, 혈장의 앞 지하에서 물이 솟아나오는 이치는 두 물이 다르지 않다. 『지리인자수지』는 지당수를 메우거나 더 넓게 파는 것은 용맥에 상처를 입혀 지기가 새나가도록 하는 것이어서 흉화를 당하게 된다고 하였다.[13]

---

12) 서선계 · 서선술 저, 김동규 역, 『지리인자수지』, p.851.
13) 서선계 · 서선술 저, 김동규 역, 『지리인자수지』, pp.840~842.

진응수

지당수

자연호수

호수(湖水)

호수란 자연 상태에서 앞에서 설명한 여러 종류의 물들이 모인 것을 말한다. 건류수, 구혁수, 계간수, 강하수 등의 물이 발원하여 흐르면서 용맥을 호종하거나 멈추게 하는 물이라면 호수는 도당과 취수의 상태에 있는 물이 되는 것이다.

다만 호수는 반드시 자연 상태의 고여 있는 물이어야 한다. 댐이나 저수지를 만들어 놓고 물을 가두게 되면 인공의 호수가 되는데, 이 물은 풍수적인 관점에서 물로 보는 것이 아니라 골짜기로 보아야 한다. 결국 인공의 호수를 직접 바라보게 되는 곳은 골짜기를 통하여 불어오는 바람을 맞게 되므로 장풍의 조건이 갖추어지지 않을 가능성이 높게 된다.

댐건설로 생긴 인공호수

송룡수(送龍水), 합금수(合襟水), 원진수(元辰水)

송룡수, 합금수, 원진수라는 명칭은 같은 물인데 주룡의 행도와 멈춤, 결혈과 결혈 이후의 과정 가운데 어느 지점에서 어떤 역할을 하였는지에 따라 각각 다른 이름이 붙여진 것이다. 주지할 점은 반드시 물이 흐르고 있어야 하는 것은 아니며, 물이 흘러갈 수 있는 구조로 되어 있으면 물로 본다는 것이다.

송룡수란 주룡과 내청룡, 주룡과 내백호 사이에서 발원한 물이 주룡의 좌우 양옆에서 호종하며 흐르는 물로 나중에는 용진처 앞에서 합쳐지는

---

14) 서선계 · 서선술 저, 김동규 역, 『지리인자수지』, pp.846~848.

송룡수, 합금수, 원진수

물을 말한다. 『지리인자수지』는 양쪽의 송룡수가 용진처의 정면에서 합쳐지는 것은 불길하다고 하였는데,[14) 이는 전면에서 불어오는 바람을 염두에 두었기 때문이다.

합금수란 송룡수가 흘러와 혈 앞에서 합해지는 물을 말하는 것으로, 앞가슴의 옷깃이 서로 겹치며 합쳐지는 모양과 닮았다 하여 붙여진 이름이다. 『지리인자수지』는 합금수를 설명하면서 물의 분합에 대하여 설명하였는데, 물의 분합을 크게 소분합과 대분합으로 나누고, 이것을 다시 혈 앞에서 합쳐지며 소명당(내명당)을 만드는 물의 분합을 첫째 분합(一分合), 내용호와 외용호 사이의 물이 합쳐지는 둘째 분합(二分合), 소조산에서 뻗어나간 외청룡과 외백호 바깥에서 물이 합쳐지는 셋째 분합(三分合)으로

직거하는 원진수

구분하였다. 이 세 가지 분합 중에서 혈 앞에서의 분합인 첫째 분합(一分合)만을 합금수라 하였다.[15]

원진수란 혈장 앞에서 합쳐진 송룡수, 즉 합금수가 앞으로 흘러나가는 물을 말한다. 송룡수는 용을 호종하며 흐르는 물의 명칭이고, 합금수는 용진처에서 용의 행도를 멈추게 하는 물을 말하며, 원진수는 용진혈적(龍盡穴的)[16]의 역할이 끝나고 앞으로 흘러나가는 물을 부르는 용어이다.

---

15) 서선계·서선술 저, 김동규 역, 『지리인자수지』, pp.847~849. 첫째 분합은 천취(天聚) 자연자웅회(自然雌雄會), 둘째 분합은 인취(人聚) 은연자웅회(隱然雌雄會), 셋째 분합은 지취(地聚) 현연자웅회(顯然雌雄會)라고도 설명하였다.

16) 용진혈적이란 용이 행도를 멈추고 혈이 결지되었다는 뜻이다.

『지리인자수지』는 원진수의 형태가 혈의 결지 여부에 가장 중요한 요소로, 좌우가 막혀 원진수가 굴곡하여 흐르거나, 혈 앞을 가로막는 횡사(橫砂)가 있어 원진수를 가로막아주면 길하다고 하였다.[17] 이것은 원진수가 직거(直去)하는 형상이면 용진처로 바람이 들이치기 때문에 혈이 결지되지 않음을 지적한 말이다.

그리고 특히 혈 앞 명당의 경사가 극심하고 아무것도 막아주는 것이 없어 원진수가 정면으로 급하게 흘러가는 경우를 견비수(牽鼻水)라 하며, 이는 견동토우(牽動土牛)하기 때문에 혈은 결지되지 못하고 삽시간에 가산(家産)이 좌탄하는 지극히 흉한 물이라 하였다.[18]

충심수(衝心水)

충심수란 '가슴을 치는 물'이라는 뜻으로 전면에서 직선으로 흘러드는 물을 말한다. 충심수가 있으면 그 물길을 통하여 움직이는 바람의 영향을 받게 되고, 안산이 없게 되므로 혈이 결지되지 않는다. 충심수를 수파천심(水破天心)이라고도 한다.

사협수(射脇水)

사협수란 옆구리를 치고 들어오는 형상의 물을 말한다. 충심수가 전면에서 보이는 물이라면 사협수는 옆에서 직선으로 치고 들어오는 물을 말

---

17) 서선계 · 서선술 저, 김동규 역, 『지리인자수지』, pp.849~851, p.537.
18) 서선계 · 서선술 저, 김동규 역, 『지리인자수지』, p.903. 견동토우란 '재산을 끌고 나간다.'는 의미이다.

충심수

사협수

반궁수

한다. 이 물길 역시 바람의 영향이 있으므로 사협수가 보이면 혈이 결지
되지 못하는 터인 것이다.

반궁수(反弓水), 요대수(腰帶水)

같은 물길을 바라보는데 물길을 경계로 어느 쪽에서 바라보느냐에 따
라 반궁수와 요대수로 구분한다. 반궁수는 물길이 굽어 흐를 때 굽은 물
길의 바깥에서 보이는 물길을 말하며, 요대수는 굽은 물길의 안쪽에서 보
이는 물길을 말한다. 반궁수가 보이는 곳은 물과 바람이 부딪히기 때문에
혈이 결지되지 않으나, 요대수가 보이는 곳은 물과 바람의 영향을 받지 않
으므로 혈이 결지될 수 있다. 반궁수를 반도수(反挑水)라 부르기도 한다.

임두수, 할각수

임두수(淋頭水), 할각수(割脚水)

임두수나 할각수는 땅에 작은 물길이 있는 것을 표현한 말이다. 작은 물
길이 있는 곳에 묘를 만들었을 경우에 그 물길에서 광중으로 물이 흘러 들
어오는 상황을 표현해서 묘의 위쪽에 있는 작은 물길은 '머리를 적신다.'
는 뜻의 임두수라 하고, 묘 아래쪽의 물길은 '다리쪽을 깎아내려간다.' 는
의미의 할각수라 부르는 것이다. 임두수가 있다면 할각수는 자동적으로
있게 되는 경우가 많다.

임두수나 할각수가 있는 땅은 지맥이 내려오지 않는 땅이므로 당연히
혈은 결지되지 않고 광중에 물이 고여 후손에게 큰 화가 미친다.

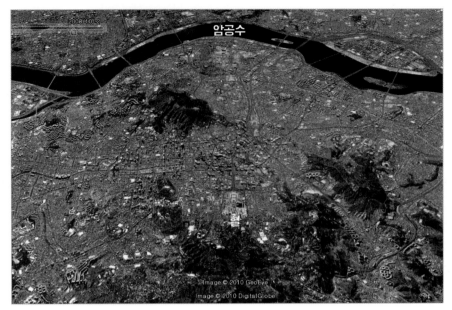

암공수(출처 : 포털 구글 지도)

암공수(暗拱水)

암공수란 실제로는 존재하지만 혈에서는 보이지 않는 물을 말한다. 위의 위성사진에서 보이는 것처럼 한강은 존재하지만 경복궁 혈처에서는 강물이 보이지 않을 때 이런 물을 암공수라 한다. 암공수는 내보국의 바깥에서 흐르는 물이기 때문에 혈과 직접적인 관련이 있거나 영향을 주는 것은 아니다. 다만 멀리서 보국을 감싸안아주며 흐르게 되면 보국의 기운이 좀 더 안정되는 것으로 생각하면 된다.

공배수

공배수(拱背水)

공배수란 혈 뒤에서 물이 감싸며 흘러가는 것을 말하며, 이를 수전현무
(水纏玄武)라 부르기도 한다. 공배수는 회룡포의 경우처럼 물이 휘돌아 나
가는 곳에 분맥이나 횡룡입수하여 혈을 결지하는 경우에 볼 수 있는 물이
다. 물이 현무봉 뒤를 때리기 때문에 바람도 친다고 보아야 하는데 따라
서 혈은 바람을 피해 물길이 치는 반대쪽에 만들어진다.

제3장 지표하(地表下)의 수세(水勢)

지구상에는 도랑, 계곡, 개울, 하천, 강, 호수, 바다 등 여러 종류의 물이 있는데, 이처럼 눈에 보이는 물을 지표수라 한다. 반면 우리의 눈에 보이지는 않지만 지표 아래에 흐르는 지하수(地下水)도 있다.

이 지하수 중에서 투수성이 뛰어난 흙이나 암석 속에서 지하수층을 이루면서 물줄기가 만들어져 움직일 때 이것을 수맥(水脈)이라 한다. 즉 지표에서 흐르는 물줄기처럼 땅속에서 흐르는 물줄기를 수맥이라 부르는 것이다.

지표하의 물줄기인 수맥은 지표상의 물과는 상대되는 개념이며, 지하에서 지층 사이로 흐르는 물줄기이다. 우리나라에서는 널리 사용되는 수맥이라는 용어를 서구사회에서는 'Water Vein, Underground Vein of Water' 또는 'Water flowing underground'라고 표현하기도 한다.

지금까지 쓰인 많은 풍수 서적들은 지표상의 수세에 대해서는 대체로 자세하게 설명하고 있으나 지표하의 수세에 대해서는 거의 언급하지 않고 있다. 그런데 혈이 만들어지는 곳은 지표가 아닌 지하이기 때문에 지표의 수세 역할 못지않게 지하의 수세도 중요한 것이다.

지표상의 수세를 판단하여 외형상의 용의 흐름과 멈춤, 바람길 등을 알 수는 있으나 땅속에 있는 지맥과 혈에 대해서는 지표상의 수세만을 살펴서는 정확히 알 수가 없다.

저자는 이런 한계성을 확인하고 다년간에 걸친 연구를 통하여 지표하의 물줄기인 수맥이 일정한 규칙을 가지고 있으며, 이 수맥이 혈을 결지하는 데 절대적인 역할을 한다는 것도 발견하였다. 혈 결지와 관련된 지표하 물줄기의 구성과 역할에 대하여 실체적으로 확인하였기에 여기에 자세히 소개하도록 한다.

1. 산줄기(龍)와 수맥의 관계

지구의 땅 모양을 크게 구분해 보면 능선과 물길로 나눌 수 있다. 능선이 있으면 그 양옆에 물길이 있고, 물길이 있으면 그 양옆에는 능선이 있는 것이 땅 생김의 원칙이다. 즉 두 개의 물줄기 사이에는 능선(龍)이 있고, 두 개의 능선 사이에는 물줄기가 있게 되어 있다(兩水之中必有山 兩山之中必有水). 이처럼 지표상의 수세는 산줄기(龍)와 절대적으로 불가분의 관계에 있음을 누구나 인지할 수 있다.

그런데 지표하의 수체계(水體系)는 아직 알려진 것이 그리 많지 않지만 일정한 규칙이 존재하는데, 지표상의 용(능선)과 물이 상호 연관이 있는 것처럼 지표아래 수맥의 경우에도 산줄기와 떼려야 뗄 수 없는 밀접한 관계로 되어 있다. 지금부터 지표하의 수맥 체계에 대하여 저자가 연구한 내용을 설명하기로 한다.

먼저 산의 용(능선)이 있으면 능선의 크기와 관계없이 각각의 능선마다

산줄기의 수맥구성—각 능선마다 조(組, set)로 수맥이 구성됨

수맥의 패턴이 만들어진다는 것이다. 하나의 능선일 때는 한 조(組, set)의 수맥으로 되어 있다가 산줄기가 분맥을 하거나 지각을 만들면서 능선이 갈리면 수맥도 나뉘어져 각각의 능선마다 수맥의 조(組, set)가 다시 만들어지는 것이다.

　능선의 크기에 따라 수맥의 개수(個數)는 다소 차이가 있지만 능선의 등성이를 기준으로 양 옆 비탈면에 여러 개의 수맥이 흐르는 것이다. 능선의 크기가 작은 경우에는 능선의 등성이 좌우로 적은 개수(個數)의 수맥이 있으나 능선이 펑퍼짐하고 폭이 넓은 경우에는 수십 개의 수맥이 있는 경우도 있다.

　다음으로 지표상에서 용(능선)의 모양대로 양옆의 물길이 굽이굽이 흐

산줄기(龍)와 수맥의 관계–산줄기가 굽으면 수맥도 굽음

르는 것처럼 지표하의 수맥 역시 능선의 모양대로 흐르는 구조로 되어 있는 것이다. 능선이 직선형으로 곧으면 수맥도 능선의 모양대로 곧게 흐르지만 능선이 굽어서 흘러가면 수맥도 굽어서 흐르는 것이다.

또 모든 지표하의 수맥은 능선이 끝나게 되면 지표상 물길에 있는 수맥과 합쳐지게 된다는 것이다. 이것은 마치 우리 몸의 심장에서 뻗어나간 동맥이 모세혈관부에서 정맥으로 이어져 다시 심장으로 이어지는 원리와 같다고 생각한다.

산줄기의 수맥분포[19)]

2. 산줄기(龍)의 수맥구성(水脈構成)

위의 사진에서는 산줄기의 수맥 구성 형태를 볼 수 있다. 능선의 중앙 등성이에 있는 좌우측 한 쌍의 ①번 수맥이 골육수(骨肉水)이고,[20)] 두 골육수 사이가 지맥(地脈)이며, 혈에 생기를 공급하는 통로가 된다.

지맥을 만드는 두 골육수의 간격은 약 50cm 정도로, 이 골육수가 장풍이 되는 용진처에서 혈을 결지하는 가장 중요한 수맥이다. 골육수의 양옆으로는 여러 개의 수맥이 따라온다.

①번 골육수와 ②번 수맥의 간격은 골육수의 간격인 50cm＋α가 된

다. 다시 ②번 수맥과 ③번 수맥의 간격은 ①번 골육수와 ②번 수맥의 간격+α가 되며, 다음의 ③번 수맥과 ④번 수맥의 간격은 ②번 수맥과 ③번 수맥의 간격+α가 된다.[21]

정리하자면 수맥은 능선의 등성이에서 비탈면으로 내려갈수록 간격이 α만큼씩 더 벌어진다는 것이다. 이렇게 모든 능선의 수맥과 수맥 사이의 간격은 등성이 중앙의 50cm부터 시작하여 능선 옆 비탈면으로 내려갈수록 계속 벌어지는데, 이렇게 간격이 벌어지는 수맥의 패턴은 능선 옆의 물길(지표수)을 만날 때까지 계속된다. 따라서 능선 옆의 물길 가까이에 있는 수맥의 간격은 같은 능선의 수맥들 중에서 가장 멀리 벌어지게 된다.

그러나 앞에서 설명한 내용은 생룡(生龍)의 경우를 기준으로 설명한 것으로 사룡(死龍)의 경우에는 생기의 통로인 지맥이 없기 때문에 앞의 사진에서 골육수인 두 개의 ①번 수맥이 없고 합쳐진 하나의 수맥만 있다. 따라서 등성이 중앙의 50cm 간격의 수맥은 없고 등성이 중앙에 수맥이 하나 있고 거기부터 50cm+α간격의 수맥이 만들어진다는 차이가 있다. 물론 혈을 결지하지 못하는 사룡이기 때문에 수맥이 용진처에서 원형의 패턴이 되는 경우도 없다.

---

19) 실제로는 더 많은 수맥이 분포되어 있으나 이해를 돕기위해 일부만 표현하였다.

20) 용맥의 등성이에 있는 한 쌍의 지하수맥(地下水脈)으로 용맥의 생기를 보호하며 혈장으로 인도하는 역할을 하고, 혈장에 이르러서는 혈을 결지하는 역할을 한다. 이 수맥을 『지리인자수지』에서는 '구첨수(毬簷水)'라 표현하고 있으나, 신광주의 『정통풍수지리학원전』에서는 '골육수(骨肉水)'와 '원운수(圓暈水)'로 설명하고 있으며, 정경연의 『정통풍수지리』에서는 '골육수(骨肉水)'와 '원진수(元辰水)'로 혼용(混用)하고 있다. 이 책에서는 '골육수(骨肉水)'라는 한 가지 표현을 사용하였다.

21) 여기서 'α'라고 표현한 것은 능선의 크기와 경사도에 따라 간격의 차이가 있기 때문이다.

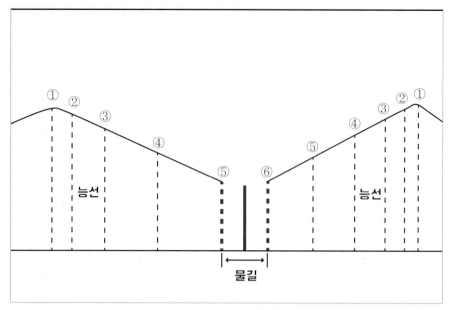

능선 사이 물길의 수맥 분포

    이처럼 점차 벌어지던 수맥간의 간격이 어느 지점에서는 이제까지 점차 벌어지던 간격과 다르게 가까운 곳에 하나의 수맥이 나타나는 지점이 있고, 이어서 똑같은 간격의 수맥이 하나 더 나타나고, 다시 다음 수맥은 간격이 뚝 떨어진 곳에 나타나는데, 이 간격이 좁은 수맥들이 있는 부분이 지표상의 물길이 있는 곳이 된다. 이 세 개 수맥간의 간격은 물길의 크기에 따라 차이가 나는데, 수맥간의 간격이 가까우면 작은 물길인 것이고 간격이 멀면 큰 물길인 것이다. (p.209 사진-중국 황제릉의 물길 폭에 따라 다른 수맥 간격 표시.)

물길-청 유릉

물길-청 태릉

물길-청 창릉

물길-명 현릉

물의 외적분합

3. 물의 분합(分合)

　풍수논리는 용맥을 통하여 지구에너지인 생기가 흐르고, 그 흐름은 물
(水氣)이 보호하며 인도하는 것이며, 생기가 멈추는 것은 합수(合水)가 있어
서 이루어진다는 것이다. 이처럼 물이 벌어지고 합해지는 자연현상을 '물
의 분합(分合)'이라 표현하는데 물의 분합에는 외적분합과 내적분합이 있다.

　먼저 물의 외적분합이란 앞서 설명한 외형상으로 볼 수 있는 물이 나뉘
었다가 합쳐지는 것을 말한다. 용(산줄기)이 가지를 나눠 내청룡이나 내백
호가 생겨난 곳에서 물의 발원이 되고, 주룡의 양옆으로 흐르다가 용진처

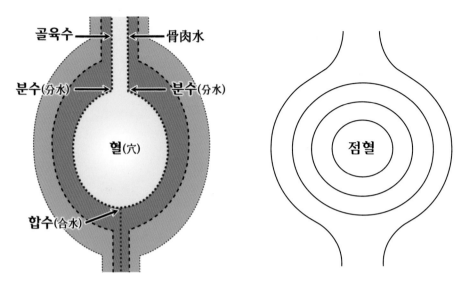

골육수 ←—— ——→ 骨肉水

분수(分水) ←—— ——→ 분수(分水)

혈(穴)

합수(合水)

점혈

물의 내적분합과 결혈도   혈 주변의 지자기 분포도22)

에 도달하여 합쳐져 도당과 취수가 되는 것을 물의 외적분합이라 한다.

물의 내적분합은 앞에서 설명한 혈의 결지에 결정적인 역할을 하는 골육수의 분합을 말한다. 골육수는 육안으로 보이지 않지만 땅속에 흐르는 수맥으로, 용맥의 등성이를 따라 생기를 보호하면서 장풍의 조건이 갖추어진 용진처 부근에서 양옆으로 벌어졌다가(분수), 다시 오므라지면서 합쳐지는(합수) 과정을 거치면서 혈을 결지한다.

이처럼 혈이 결지되는 과정에서 골육수가 위에서 벌어지고 아래에서 합해지는 상분하합(上分下合)을 물의 내적분합이라 하는 것이다.

---

22) 이문호, 『공학박사가 말하는 풍수과학 이야기』, 2001, 청양, p.114의 그림으로, 이문호 박사는 점혈지 주변의 원형 반응이 나오는 것은 수맥파가 아닌 지자기장(地磁氣場)이라고 설명하고 있다.

風水

혈세론

제1장 혈(穴)의 개요와 결지조건(結地條件)

1. 혈(穴)의 개요와 득수(得水)의 의미

지구는 우주 속에 있는 하나의 별이지만 엄청난 에너지를 품고 있다. 지금도 지구 곳곳에서 화산폭발과 지진활동이 일어나는 것을 볼 수 있는데, 이는 지구에너지의 작용에 의한 것이다. 풍수에서는 지구가 품고 있는 에너지 중에서 정제되고 순화되어 생물의 생장(生長)과 망자(亡者)의 유골(遺骨)을 보존하기에 가장 적합한 성질을 가지고 있는 에너지를 생기(生氣)라 하고, 이 생기가 뿜어져 나오는 위치(지점)를 혈(穴)이라 부른다. 즉 지구에너지의 분출이라는 오묘한 자연의 섭리에 의해 만들어지는 가장 존귀한 결정체가 혈인 것이다. 따라서 혈이란 풍수에서 가장 중요한 개념이고, 풍수의 궁극적인 목적이 된다. 옛글에는 혈의 중요성을 강조하여 '천리를 내려온 용도 결국 혈 하나를 만든다(千里來龍 僅有一席之地).' 라고 하였다.

앞에서 설명하였듯이 혈은 용맥을 통해 공급되는 생기가 지맥을 통해서 흐르다가 장풍의 조건이 갖추어지도록 보국이 짜인 용진처 부근에서 물(골육수)과 만나 더 이상 나가지 못하고 위로 분출되는 자리이다. 용맥과 혈에 대해 좀 더 이해를 쉽게 하기 위해 가정의 욕실에 있는 샤워기를 예로 들어본다. 샤워기는 헤드와 호스로 구성되는데, 호스를 통해 물이 들어와 헤드에서 물이 뿜어져 나온다. 호스를 타고 물이 들어오듯이 용맥을 타고 생기(生氣)가 흘러오고, 헤드를 통해서 물이 분출되듯이 혈(穴)에서 생기가 분출(噴出)되는 구조라 생각하면 크게 틀리지 않을 것 같다.

혈의 크기에 대해 『지리인자수지』는 옛사람들의 말을 인용하여 '천리 래룡(千里來龍)이 입수(入首)에서부터 팔 척(八尺)의 혈을 융결하여 생기를 시신에 주입시키는 것'이라고 설명하고 있다.[1]혈의 크기가 팔 척(八尺, 1尺 을 30cm로 길이를 계산하면 2.4m가 되고 면적은 약 1평이 됨) 정도이기 때문에 '정 혈(定穴)에 털끝 만큼의 차이가 나도 화복은 천리의 차이가 난다(毫釐之差 禍福千里).'고 하므로 혈에 대해서 정확히 알고 활용하여야 한다. 혈은 음 택의 경우는 관곽(棺槨)을 정확히 안치하여야 하고, 양택의 경우는 주된 건 물이 혈을 바닥에 두고 세워져야 생기를 제대로 얻을 수 있는 것이다.

혈의 모양은 앞의 〈수세론〉에서 설명하였듯이 용맥을 통해 혈장으로 전달되는 생기를 인도(引導)하는 역할을 하는 물의 내적분합과정(골육수가 혈을 결지하는 과정)을 통하여 알 수 있다. 골육수가 벌어지는 분수(分水)와 분수된 골육수가 다시 오므라지고 합쳐지는 합수(合水)의 과정의 모양을 그림으로 표현하면 계란 모양의 타원형이 된다. 자연 상태에서 지표상의 물줄기가 자연스럽게 굽듯이 골육수도 자연스럽게 움직이므로 혈의 모양 은 사각형이나 마름모 형태가 아닌 타원형이 되는 것이다.[2]

---

1) 서선계 · 서선술 저, 김 동규 역, 『지리인자수지』, p.471. '분합(分合)은 혈증의 지극히 비결인 것이다. 합 (合)이 있고 분(分)이 없으면 그 내려옴이 참될 수 없으므로 안으로 생기에 접할 수 없는 것이고, 분(分)이 있고 합(合)이 없으면 기맥의 그침이 불명하여 흩어져 버리므로 참된 결작이 될 수 없다.'고 하였다.

2) 사룡(死龍)은 지맥이 없어 혈을 결지하지 못하기 때문에 수맥이 용진처에서 원형의 패턴이 되는 경우도 없다.

지금부터는 풍수의 어원이 되는 득수현상(得水現象)에 의한 혈의 결지에 대하여 좀 더 구체적으로 설명을 하기로 한다. 저자가 주장하는 득수의 개념은 육안으로 보이지 않는 지표하의 수체계(水體系)에 의해서 이루어지는 자연현상인 것이다.

지맥은 한 쌍의 골육수로 만들어지는데, 지맥을 구성하는 한 쌍의 골육수는 혈이 결지되기 시작하기 전까지는 50㎝의 간격을 그대로 유지하다가 혈이 결지되기 시작하는 단계에서부터 변화가 나타난다. 장풍의 조건이 갖추어진 용진처 부근에 다다르면 혈을 결지하기 위하여 한 쌍의 골육수가 양옆으로 벌어졌다가(分水) 계란 모양의 타원형을 만들면서 약 2.5m 정도 앞에서 합쳐져(合水) 1평 남짓의 혈이 만들어지는 것이다. 이때 혈 결지의 주역인 한 쌍의 골육수를 제외한 같은 조(組)의 모든 수맥들도 동일한 중심점을 두고 양 옆으로 벌어졌다가 타원형을 그리며 다시 오므라지는 과정을 거친다.

이런 현상이 있을 때 지맥을 통하여 흘러온 생기는 골육수가 벌어짐(分水)과 합쳐짐(合水)의 과정을 거치게 되면서 앞이 가로막히는 내면적인 용진처(혈)에서 더 이상 흘러가지 못하고 지표상으로 분출되는 것이다. 생기가 물을 만나 경계를 이루는 것을 계수(界水)라 하고, '기(氣)는 물을 만나면 멈춘다.(氣 界水則止)'는 원칙에 의해서 혈이 결지되는 것이다.

즉 득수(得水)라는 단어에는 지표하에 있는 골육수의 분수와 합수, 그리고 합수된 골육수가 생기와 만나는 계수의 의미가 모두 담겨 있는 것이고, 골육수의 분수와 합수(계수)의 득수현상이 있을 때만 혈이 결지된 것이라는 의미가 담겨 있는 것이다.3)

골육수의 분수와 합수에 의한 혈의 결지형상[4]

　　그래서 『금낭경』「기감편」은 '풍수에서는 득수(분수/합수, 계수)가 가장 중요하고 장풍은 그 다음이다.(風水之法 得水爲上 藏風次之)' 라고 설명하고 있다. 이는 장풍이 되는 곳이라 하더라도 득수현상(분수/합수, 계수)이 없으면 혈이 아닌 것이므로 그만큼 득수가 혈이 만들어지는 데 결정적으로 중요하다는 의미가 된다. 다만 장풍이 되지 않는 곳에서는 당연히 분수와 합수(계수)가 이루어지지 않으므로 장풍과 득수라는 두 가지 조건은 혈이

---

3) 서선계·서선술저, 김동규 역, 『지리인자수지』, p.471. 분합(分合)은 혈증의 지극히 비결인 것이다. 합(合)이 있고 분(分)이 없으면 그 내려옴이 참될 수 없으므로 안으로 생기에 접할 수 없는 것이고, 분(分)이 있고 합(合)이 없으면 기맥의 그침이 불명하여 흩어져 버리므로 참된 결작이 될 수 없다.' 고 하였다.

4) 저자가 혈에서 탐지된 수맥파 일부를 표시한 것이다.

만들어지는 데 있어서 절대적 필요조건이자 충분조건인 것이다.

2. 혈의 결지조건

혈의 결지조건이란 혈이 만들어지기 위한 자연조건을 말한다. 혈은 우주섭리에 의하여 땅에 만들어진 오묘한 현상이기 때문에 완전한 조건이 갖추어진 곳에만 만들어진다.

첫째, 혈은 지맥이 있는 생룡을 통하여 생기를 공급받기 때문에 생룡(生龍)의 용맥(龍脈)과 연결된 곳에만 만들어진다. 생룡이란 앞서 〈용세론〉에서 학습하였듯이 용이 기복과 위이, 개장천심, 박환 등 활발히 변화를 하는 용(龍)으로 이런 용(龍)과 연결된 곳에 혈이 만들어진다는 것이다.

참고로 당나라 풍수가 구빈 양균송은 삼불장론5)에서 '유룡무혈 부장야(有龍無穴 不葬也)'라 하여 '용은 있어도 혈이 없으면 장사지내지 마라.'는 주장을 하였다. 이는 모든 산 능선이 혈을 맺을 수 있는 것이 아니고 지맥(地脈)이 들어 있어 혈을 맺을 수 있는 생룡(生龍)이 있고, 지맥이 없어 혈을 맺지 못하는 사룡(死龍)이 있다는 것을 설명하고 있는 것도 기억해야 한다.

둘째, 혈은 장풍(藏風)의 조건이 되도록 보국(保局)이 갖추어진 곳에서만 만들어진다. 용진처의 혈 주변 산들이 보국을 갖추면 사방에서 불어오는 바람을 막아주어 장풍의 조건이 되게 된다. '기(氣)는 바람을 만나면 흩어진다.(氣 乘風則散)'는 것이 풍수의 생각이다. 때문에 장풍이 되지 않는 곳, 즉 바람이 불어와 부딪히는 곳에는 절대로 혈이 만들어지지 않는다는 것이 풍수의 법칙인 것이다.

혈의 결지조건—생룡, 보국(장풍), 용진처(득수)

　셋째, 혈은 생룡의 용진처(龍盡處)에서 득수현상(得水現象)에 의해 결지된다. 용의 내면에 있는 지맥을 통하여 공급된 생기는 물과 경계를 이루는 용진처에서 골육수의 분합이 나타나면서 혈이 결지되는 것이다. 다만 외형상 용진처가 장풍의 조건이 갖추어지지 않은 경우에는 용의 갱진 또는 용진처 이전에 미리 옆으로 들어가 혈이 만들어지는 횡룡입수와 용진처에 다다르기 전 주룡의 등성이에 혈이 만들어지는 섬룡입수 등의 예외가 있음도 주지하여야 한다.6)

---

5) 〈양균송의 삼부장론〉p.312 참조.

6) 〈용의 갱진〉p.119, 〈횡룡입수〉p.126, 〈섬룡입수〉p.130 참조.

제2장 혈장(穴場)의 구성과
혈의 결지흔적(結地痕迹)

1. 혈장(穴場)의 구성(構成)

혈장(穴場)이란 풍수의 핵심인 혈이 위치한 자리의 주변을 총칭하는 말로 혈판 또는 당판이라고도 부른다. 앞에서 혈의 크기는 팔척이며 면적은 1평 정도에 불과하다고 하였는데 이것은 골육수가 벌어지고 합쳐지면서 만드는 타원형의 면적만을 말한 것이다. 실제로 혈은 골육수의 분합에 의해 만들어지지만 용맥을 따라온 같은 조(組)의 많은 수맥들이 함께 동원되어 이루어지는 것인데, 이처럼 골육수를 중심으로 만들어진 혈의 주위를 통틀어 혈장이라 부른다.

혈장은 생기를 전달해주는 용맥과 이어지며, 좌우의 청룡과 백호, 전면의 안산과 조산이 둘러싸 장풍의 조건이 갖추어지고, 앞으로는 명당이 펼쳐져 있다.

입수도두(入首倒頭)

입수도두(入首倒頭)[7]는 혈장의 위쪽에 있는 약간 볼록하고 단단한 흙무

---

7) 신광주, 『정통풍수지리학원전』, p.464. 입수도두를 두뇌(頭腦)라 표현하였다.

더기이다. 외형상으로는 용과 혈이 이어지는 지점이기 때문에 풍수에서는 매우 중요하게 본다.

용맥의 지표하에는 골육수를 비롯한 많은 수맥이 등성이 좌우 양쪽에서 지맥의 생기를 호위하며 따라온다. 혈의 결지 과정이 시작되면 능선의 등성이에 있는 한 쌍의 골육수가 자연스럽게 좌우로 벌어지는데, 지표하에서 골육수가 양옆으로 벌어지는 과정에서 지표면에 드러나는 흙무더기 흔적이 입수도두이다. 입수도두의 흙은 부드러우면서도 단단한 느낌을 준다. 입수도두를 승금(乘金)[8] 또는 구(毬)라고도 부른다.

선익(蟬翼)

선익(蟬翼)[9]은 입수도두의 양끝에서 아래로 연결된 작은 흙무더기로 입수도두에서 벌어진 한 쌍의 골육수가 타원형인 혈의 형태를 그리는 과정 중 지표면에 나타나는 흔적이다.

선익은 매미 날개를 지칭하는 단어로, 매미의 날개가 얇으면서 몸통에 바짝 붙어 있어 잘 보이지 않는 것처럼 선익도 작은 흙무더기인데다 입수도두 끝과 연결되어 있어서 눈에 잘 띄지 않기 때문에 붙여진 이름이다. 선익을 상수(相水) 또는 우각(牛角)이라고도 부른다.

---

8) 서선계·서선술 저, 김동규 역, 『지리인자수지』, p.499. '승금이란 태극의 원운을 타고 돌기한 곳(乘金者乘其太極之圓暈突起處也)'이라 하였는데, '태극의 원운을 타고'라는 말의 의미는 '태극운의 위쪽에 있다.'는 뜻이다.

9) 신광주, 『정통풍수지리학원전』, p.466. 선익을 사람 얼굴의 미골(眉骨)과 광대뼈(顴骨)에 비유하였고, 꽃술을 감싸주는 꽃잎에도 비유하였다.

혈장의 구성-뒤에서 본 혈장

혈장의 구성-옆에서 본 혈장

취순(嘴脣)과 전욕(氈褥)

일반적으로 혈장의 구성요소를 이야기할 때는 순전(脣氈) 또는 전순(氈脣)이라는 말을 많이 사용한다. 순전(脣氈)이나 전순(氈脣)은 취순(嘴脣)과 전욕(氈褥)을 합쳐서 부르는 말로 혈이 결지된 곳 앞의 지상에 토출된 흙무더기를 가리키는 말이다. 보통은 취순(嘴脣)과 전욕(氈褥)을 순전 또는 전순이라 하여 하나의 의미로 사용하고 있으나, 순(脣)과 전(氈)은 연접(連接)한 위치에 있지만 별개의 다른 개념이므로 구분하여야 한다.[10]

순(脣)을 『지리인자수지』는 취순(嘴脣)이라고 표현하였는데, 부리나 입술을 의미하는 한자이다. 순(脣)은 혈이 결지되었을 때 입수도두와 선익과 함께 태극운(太極暈)을 만드는 작은 흙무더기로 된 흔적 중의 하나이며, 순전(脣氈)에서 태극운을 만드는 순(脣)만을 따로 구분하여 취순(嘴脣)이라 표현한 것이다. 취순(嘴脣)을 인목(印木)[11]이라고도 부르며, 취순(嘴脣) 아래쪽으로 전(氈)이 시작되는 것이다.

다음으로 전(氈)이란 혈이 결지되었을 때 안정감이 있도록 혈의 앞쪽에 융단(氈)이나 담요(褥)를 펼쳐 놓은 것처럼 평평하게 만들어진 부분을 말하며,[12] 『지리인자수지』는 전(氈)을 전욕(氈褥)이라고도 표현하였다.

---

10) 서선계·서선술 저, 김동규 역, 『지리인자수지』, pp.464~467. 순전(脣氈)을 혈 앞에 반드시 나타나는 용의 여기(餘氣)라 설명하고, 부리(嘴)와 같이 작은 것은 순(脣)이라 하고, 요(褥)를 깔아 놓은 것처럼 큰 것은 전(氈)이라 하였다.

11) 서선계·서선술 저, 김동규 역, 『지리인자수지』, p.499. 인목이란 '혈 앞에 전순이 있어 첨원(尖圓)을 토출한 증거'라고 설명하였고, '승금, 상수, 혈토, 인목도 역시 태극의 운에 지나지 않는다.'고 하였다.

12) 혈에 만들어진 음택의 경우 제절(祭砌, 묘의 앞에서 제사를 모시거나 절을 하기 위한 공간)로 사용되는 자리가 전(氈)에 해당된다. 사람의 얼굴에 혈장을 비유하면 이마는 입수도두(入首到頭), 광대뼈는 선익(蟬翼), 입술은 순(脣), 턱은 전(氈)에 해당되며 인중이 혈의 중심(中心)이 된다.

주지할 점은 전욕이 혈이 결지되었을 때 자연적으로 나타나는 흔적인 것이지 사람이 축대를 쌓거나 흙으로 보토를 한다고 해서 만들어지는 것이 아니라는 것이다. 혈은 가장 안정감이 있는 곳에만 결지되는데, 자연이 만든 전욕이 있음으로 해서 혈의 앞부분에 공간이 확보되어 혈장이 안정감을 갖게 되는 것이다.

따라서 기존의 묘를 관찰할 때는 인위적으로 만든 제절(祭砌)을 전욕으로 보아서는 안 된다. 자연 상태의 전욕이 없다면 혈이 아닌 것이고, 생룡의 용진처가 분명한데 봉분 앞에 인위적으로 제절을 만들었다면 혈의 위치를 정확하게 찾지 못했을 가능성이 높다.

2. 혈의 결지흔적(結地痕迹)

혈의 결지흔적(結地痕迹)이란 조종산을 떠난 용맥이 기복, 위이 등의 변화 과정을 거치면서 행도하다 용진처에 이르러 혈을 결지하였을 때 혈장 주변에 외형상 나타나는 마무리 흔적을 말한다.

혈장의 주변에는 혈이 결지된 흔적들이 다양하게 나타난다. 혈의 결지흔적으로는 입수도두, 선익, 취순에 의해 오목하게 나타나는 태극운(혈운)이 있고, 용맥의 결인과 속기, 혈장 끝의 좌선이나 우선, 육후처, 하수사 등이 있다. 혈장과 주변에서 나타나는 이런 흔적들은 내적이나 외적으로 혈이 결지되는 과정과 직접적인 관련이 있는 것으로 혈의 결지 여부를 판단하는 중요한 기준이 된다.

혈장의 구성과 태극운

태극운(太極暈)

　태극운(太極暈)[13]이란 혈의 중심에 은은하고 미미하게 나타나는 흔적을 말하며 혈운(穴暈)이라고도 한다. 지표하에서 혈이 만들어지는 영향으로 지표상에 드러난 흙무더기들인 입수도두(入首到頭), 선익(蟬翼), 취순(嘴脣)에 둘

---

13) 동양학에서 음과 양이 교합되어 일체를 이룬 상태를 태극이라 하는데, 음인 용과 양인 물의 교합으로 만들어진 혈도 태극의 성질을 품고 있으며 이것이 밖으로 나타나는데, 이를 태극운(太極暈)이라 한다. 양균송은 『장법도장』에서 '혈장 주위의 물이 은은하게 둥근 원운이 있다면 태극인 것이다. 물이 흐릿하게 위에서는 나뉘고 아래에서는 합쳐지는 것이 소명당이 되는 것이고, 원운은 생기가 모인 것이고 혈인 것이다. 원운 주위에 초사흘에 뜨는 달과 같은 하나 또는 둘의 반운이 있으면 이를 천륜영(天輪影)이라 부르는데 천륜영이 세 개라면 대지인 것이다(穴場金魚水界圓暈, 在隱微之間者為太極, 上是微茫水分, 下是微茫水合, 合處為小名堂, 容人側臥便是穴場. 由此圓暈則生氣內聚, 故為真穴. 立標枕對, 與此而定, 無此者非也. 若暈頂再見一二半暈, 如初三夜月樣者, 名曰天輪影, 有三輪者,大地也).'라고 하여 혈에서는 반드시 태극운이 나타남을 강조하고 있다.

러싸여 있어 약간 오목하게 나타나는 흔적을 말하는 것이다.[14)

혈이 결지되는 과정의 지표하에서 골육수의 분합이 이루어지면 그 영향으로 지표면에는 입수도두, 선익, 취순이라는 흙무더기들이 살짝 볼록하게 나타난다. 골육수가 양옆으로 벌어지는 지점의 지표에는 입수도두라는 약간 두둑한 흙무더기가 생기고, 벌어진 골육수가 타원형을 만드는 지점의 지표에는 선익이라는 흙무더기가 나타나며, 벌어졌던 골육수가 합수되어 혈이 결지되는 지점의 지표에는 취순이라는 흙무더기가 생겨 혈의 중심부에는 오목하게 태극운이 나타나는 것이다.[15)

용맥의 결인(結咽)과 속기(束氣)

용의 변화 과정 중에 기복이 있으며, 기복의 변화 중에서 낮아지고 좁아지는 '복(伏)'하는 곳이 과협처라는 것을 앞에서 설명하였다. 그런데 수많은 과협처 중 혈이 결지되기 직전에 나타나는 마지막 과협처를 결인속기처(結咽束氣處)라 부르는데, 입수하는 용맥이 겉에서 잘록하게 묶이는 것을 결인(結咽)이라 하고, 결인이 되어 지맥으로 흐르는 생기의 흐름이 묶이는 것을 속기(束氣)라 한다.

결인속기처는 외형상의 용과 내면에 있는 지맥으로 흐르는 생기가 묶여 혈장에 자연스럽게 혈이 만들어지도록 하는 것이다. 결국 용맥을 통하여 내려오는 생기의 흐름을 안팎에서 조절하여 혈장에 혈이 안착되도록

---

14) 서선계 · 서선술 저, 김동규 역, 『지리인자수지』, pp.498~499.
15) 주지할 것은 입수도두, 선익, 취순이 있어서 혈이 결지되는 것이 아니라 혈이 결지된 곳에 입수도두, 선익, 취순의 흔적이 나타난다는 것이다.

결인속기 흔적

하는 것으로, 혈장의 뒤에서 용맥을 통하여 들어오는 생기의 압력을 조절하는 일종의 밸브(Valve)라고 생각하면 쉽게 이해될 것이다.

용이 결인속기처를 만들었다는 것은 용이 생룡이라는 것이며, 곧바로 용진처가 되었다면 이것은 혈이 결지되었다는 것이므로 이를 '결인속기 흔적'이라 표현한다.

혈장(穴場) 끝의 좌선(左旋)과 우선(右旋)

혈장(穴場) 끝의 좌선(左旋) 또는 우선(右旋)이란 생룡이 혈을 맺은 후 혈장 끝부분이 좌측 또는 우측으로 돌아가면서 마무리될 때 나타나는 흔적을 말한다. 용맥을 통하여 공급된 생기가 분출되는 혈이 만들어지면서 혈장의 끝부분이 좌측이나 우측으로 돌아서 혈장이 앞으로 밀려나지 않도록 가로막아주며 나타나는 경우가 있는데, 이것을 혈장 끝의 좌선 또는 우선이라 한다.

만약 혈장의 끝이 좌측이나 우측으로 돌아간 흔적이 있다면 곧 혈이 결지되었다는 흔적이 되는 것이다. 혈장의 끝이 백호 쪽에서 청룡 쪽으로 돌아갔으면, 즉 시계 반대방향으로 돌아갔으면 우선룡(右旋龍)으로 혈이 만들어졌다 하고, 반대로 혈장의 끝이 청룡 쪽에서 백호 쪽으로 돌아갔으면, 즉 시계방향으로 돌아갔으면 좌선룡(左旋龍)으로 혈이 만들어졌다 한다.

그리고 혈장 끝의 좌선이나 우선과 물의 관계는 우선룡에는 좌선수, 좌선룡에는 우선수가 혈을 결지하는 보편적인 원칙이지만 절대적인 것은 아니다.

결인속기처가 혈 뒤의 용맥에서 역할하는 압력조절 밸브라면 좌선이나

혈장 끝의 좌선 흔적

혈장 끝의 우선 흔적

우선의 형태는 혈장의 앞에서 용맥을 통하여 들어온 생기가 멈추도록 자연에서 옹벽을 쌓아놓았다고 생각하면 쉽게 이해될 것이다.

육후처(肉厚處)

육후처(肉厚處)[16]란 살이 통통하다는 의미로, 풍수에서는 일반적으로 유혈이나 돌혈의 혈장 옆면에 나타나는 상태를 표현한 말이다.

혈장으로 입수할 때는 가늘던 용맥이 혈장과 접속되어 혈이 결지되기 시작하면 혈장의 옆부분이 점차 넓어지다가 어느 지점에서부터는 다시 좁아지기 시작하는데, 이 과정에서 가장 넓어진 부분을 살이 통통하다는 의미의 육후처라 한다.[17]

유혈이나 돌혈에서 나타나는 육후처는 골육수의 분수와 합수의 과정에 의해 만들어진다. 혈의 결지 과정이 시작되면 용맥의 등성이에 있는 한 쌍의 골육수가 입수도두에서 벌어지고(분수), 선익을 따라 타원을 그린 다음, 취순에서 합수되어(합수) 혈이 결지되는데, 이처럼 골육수가 벌어질 때 골육수 양옆으로 따라 내려오는 같은 조(set)의 여러 수맥들도 벌어져 모두 타원형을 그리며 양옆으로 밀려나게 되어 혈장이 넓어지고 육후처가 나타나는 것이다.[18]

현장에서 육후처는 혈의 상하중심을 찾는 데 중요한 단서가 된다. 주의

---

16) 신광주, 『정통풍수지리학원전』, pp.476~477과 p.483에는 '혈장은 살이 도톰하게 붙어 있어야 한다(肌附, 豐肥圓滿).'고 하였는데, 정경연, 『정통풍수지리』, p.287와 p.306에서는 이것을 육후처라 표현하였고, 저자도 육후처라는 용어를 사용하였다.

17) 서선계·서선술 저, 김동규 역, 『지리인자수지』는 따로 육후처를 설명하지는 않았으나, p.483에서 용진처가 수삭(瘦削, 몹시 여윔)하여 살이 찌지 못한 곳은 혈이 결지되지 않는 기혈지라 하였다.

육
후
처

육
후
처

혈장의 육후처

위이하는 용의 형상

할 점은 용이 위이를 하거나 낮게라도 기복을 할 때는 능선의 양 옆이 벌어져 육후처인 것처럼 보이는데 만약 위이나 기복하는 곳을 육후처로 오판하면 혈이 아닌 과룡처를 선택하게 되므로 각별한 주의가 필요하다.

하수사(蝦鬚砂)

하수사(蝦鬚砂)[19]는 혈장 주변에 간간히 붙어 있는 작고 가느다란 능선을 말한다. 마치 새우의 몸통에서 길게 앞으로 뻗친 수염과 같다 하여 붙여진 이름이다. 혈의 뒤쪽 좌우측에서 고리처럼 혈을 감싸고 돌아 혈장

---

18) 〈혈의 개요와 결지조건〉(p.214) 참조.

혈장의 하수사

앞까지 이어져 있는데, 혈장을 감싸주어 혈의 생기가 쉽게 새나가지 못하
도록 한다.

하수사는 토막토막 끊어진 형태로 되어 있고, 두세 개 또는 여러 개가
계단식으로 되어 있다. 이 각각의 하수사 토막을 가지고 하나씩 가상의

---

19) 혈의 결지흔적인 하수사(蝦鬚砂)와 수구(水口)의 하수사(下手砂)는 구별하여야 한다. 하수사(蝦鬚砂)는
혈이 결지되었을 때 혈장에 작고 미미하게 나타나는 흔적을 말하는 것이다. 서선계 · 서선술 저, 김동규 역,
『지리인자수지』, pp.673~682. 하수사(下手砂)를 동서남북을 불문하고 물이 나가는 곳에 있으면서 물과 바
람의 흐름에 관여하는 것이라 하였다. 또 하수사(下手砂)와 혈의 관계는 긴밀하여 하수사가 있으면 혈이 결
지되나 하수사가 없으면 혈이 결지되지 않는다고도 하였다. 예컨대 밖에서 흐르는 물이 백호방에서 청룡방
으로 흐르는 경우에 청룡이 백호보다 길게 뻗고, 반대로 물이 청룡방에서 백호방으로 흐를 때 백호가 청룡
보다 길게 뻗는 것을 역관(逆關)이라 하여 길한 것이 되지만, 만약 밖에서 흐르는 물이 백호방에서 청룡방
으로 흐르는데 백호가 청룡보다 길게 뻗거나, 반대로 물이 청룡방에서 백호방으로 흐르는데 청룡이 백호보
다 길게 뻗은 것은 순관(順關)이라 하여 흉하다는 것이다. .

원을 그려보면 각 하수사로 그려지는 공통되는 원의 중심을 찾아낼 수 있는데, 그곳이 혈의 중심이 된다.[20] 계단처럼 나타나는 각각의 하수사 사이사이에 작은 물길이 생기는데, 이 물을 하수수(蝦鬚水)라고 부른다.

3. 혈토(穴土)

혈토(穴土)는 혈에서 나오는 흙을 말한다. 골육수가 타원형의 혈을 결지하면 혈장의 양옆이 넓어지는 육후처가 나타나고, 혈의 중심 부분은 약간 오목하게 태극운(혈운)이 나타나는데, 이곳 땅속에서 나오는 흙을 말하는 것이다.

우리나라의 많은 풍수학인들은 땅을 팠을 때 나오는 흙의 색을 혈의 결지 여부를 판단하는 중요한 기준으로 삼고 있다. 혈토는 홍(紅), 황(黃), 자(紫), 백(白), 흑(黑)의 오색토(五色土)라야 하고, 홍황자윤(紅黃紫潤)에 비석비토(非石非土)의 조건도 갖추어져야 한다고들 한다.

그러나 혈은 땅의 표면이 아니고 인간이 가늠하기 어려운 지구 속 깊은 곳에서 만들어지는 현상이기 때문에 표피의 흙을 보고 터를 판단하는 것은 절대 옳지 않은 것이다.

게다가 흙의 색상은 지역에 따라 다르고, 같은 지역에서도 땅을 파는 지점과 깊이에 따라 제각기 다르기 때문에 오로지 흙의 색상만을 보고 혈의

---

20) 〈심혈법과 정혈법〉(p.260) 참조

오색토

결지 여부를 판단하고 논하는 것은 바람직하지 않다.

『지리인자수지』에서는 '형세(形勢)가 불길(不吉)하면 토색(土色)이 구비되어 있어도 쓸 수 없음은 당연하니 색(色)에 구애되어서는 아니 될 것이다.' 라고 하여, 흙의 색상보다는 혈의 결지를 위한 용맥, 사격과 수세, 혈장 등의 형세가 더욱 중요한 것으로 보고 있다.[21]

다시 정리하면 생룡이 장풍이 되는 용진처 부근에 다다르면 골육수의 분합으로 혈이 결지되고 여기에서 생기가 분출되는 것이다. 풍수적 판단

---

21) 서선계·서선술 저, 김동규 역, 『지리인자수지』, p.963. '공자(孔子)의 조상 묘가 형세적으로는 좋은 땅이나 검은 흙이 나와 흑분(黑墳)이라 불렸는데, 세습하여 공작위(公爵位)를 받고 부귀를 누려온 사실을 예로 들면서, 토색은 문제될 것이 없음을 강조하고, 다만 조상의 장례를 치름에 있어 토색이 좋다면 자손의 마음이 평안해지는 것' 이라 하였다.

을 올바로 하기 위해서는 흙의 색상보다는 '혈의 결지조건'이 우선이 되어야 하는 것이다. 여기에 밝은 오색토(五色土)라면 기분 좋은 흙이라 할 수 있겠으나, 혈이 만들어진 다른 조건은 모두 갖추었는데 토색이 오색(五色)이 아니라 하더라도 크게 문제될 것은 없는 것이다.

터를 선택함에 있어서 용도별로 토질을 정리하면 양택의 땅은 습기가 적고 입자가 곱고 단단하면 좋으나 음택의 터는 습기는 적되 지나치게 입자가 곱고 단단하면 무덤속에 물이 찰 수 있으므로 입자는 적당히 곱고 부드러운 토질이 좋다.

제3장 혈의 사상(四象)과 혈성(穴星)

1. 혈의 사상(四象-와겸유돌) 분류

앞에서 혈의 개요와 혈이 만들어지는 외형적 요건인 혈의 결지조건, 내면적 원리인 물의 내적분합을 설명하였다.

모든 땅의 모양이 같지 않고 장풍과 득수의 환경 역시 제각각 다르기 때문에 혈이 결지되어 있는 곳 또한 다양한 형태로 되어 있다. 그런데 일반적으로 땅을 선택하는 데 있어서 능선 위를 주로 살펴보게 되지만 모든 땅이 눈에 확 띄일 정도로 능선의 형체가 뚜렷하지 않은 것도 현실이다.[22] 따라서 혈이 있는 곳의 다양한 윤곽을 정리한다면 좀 더 쉽게 혈을 찾아서 활용할 수 있을 뿐만 아니라, '혈은 이런 곳에만 있다.'는 경솔한 판단으로 혈을 놓치는 어리석은 행위를 피하게 될 것이다.

혈장이 위치한 주변의 형상에 따라 사상으로 분류한 것은 양균송에 의해서다.[23] 풍수에서는 생기를 얻을 수 있는 혈을 음(陰)인 용(龍)과 양(陽)

---

22) 지구 생성의 역사를 수십억 년 전이라고 한다. 이 오랜 기간 동안 지각의 침강과 융기 지진과 화산폭발, 큰 홍수로 인한 산사태 등 자연현상과 도시개발, 경지정리, 식목 등 인공작업으로 땅의 모양이 태초의 모습과는 많이 달라졌다.

23) 서선계 · 서선술 저, 김동규 역, 『지리인자수지』, pp.343~344.

인 물(水)이 조화를 이루었다 하여 태극(太極)이라 하고, 태극 속에 담겨 있는 음양(陰陽)의 양의(兩儀)가 요철(凹凸)로 나타나며, 혈장 주변의 요(凹)와 철(凸)의 구분에 의해서 나누는 것이 혈장의 와겸유돌(窩鉗乳突) 사상(四象)인데, 이를 혈의 사상(四象)이라고 부른다.

혈장(穴場)이 오목(凹)한 골짜기처럼 생긴 곳에 자리 잡은 형태는 양혈(陽穴)이라 하는데, 양혈에는 와혈과 겸혈이 있다. 반대로 볼록(凸)한 능선 위에 자리 잡은 형태는 음혈(陰穴)이라 하는데, 유혈과 돌혈이 해당된다.

일상생활이나 예술에서는 볼록(凸)하게 튀어나오는 것을 양(陽), 오목(凹)하게 패인 것을 음(陰)으로 보는데, 풍수에서는 주변에 형체가 뚜렷한 두 능선 사이의 공간에 있는 작은 능선에 혈이 결지되면 오목(凹)한 골짜기처럼 생긴 곳의 볼록(凸)한 능선 부분에 혈장이 자리 잡은 것이므로 양혈(陽穴)이라 한다. 반대로 혈장이 볼록(凸)한 능선 위에 있는 형태이면 혈의 중심에는 오목(凹)한 혈운이 나타나는 것이므로 음혈(陰穴)이라 부른다. 그러나 어차피 모든 혈은 크든 작든 능선 위에 있는 것이므로 음혈이나 양혈을 구분하는 실익은 거의 없다고 본다.[24]

와혈(窩穴)

와혈(窩穴)은 좌우의 현릉사(弦稜砂)[25]가 팔을 벌려 둥글게 원을 그리며 혈장을 끌어안듯이 둘러싼 혈상(穴象)을 말한다. 좌우의 현릉사 사이로 중

---

24) 촌산지순(村山智順) 저, 정현우 역, 『조선의 풍수』, 1991, 명문당, p.104.와 신광주, 『정통풍수지리학원전』, p.457.는 혈장이 오목(凹)한 형태인 와혈과 겸혈은 양혈이라 구분하고 혈장이 볼록(凸)한 곳에 있는 유혈과 돌혈은 음혈이라 구분하였다. 그러나 김종철, 『명당요결』, 1990, 용진문화사, pp.146~147.는 반대로 와혈과 겸혈은 음혈이고, 유혈과 돌혈은 양혈이라 구분하였다.

와혈-새 둥지 형상

출맥이 천심을 하여 비탈면을 내려와 평평한 곳에 이르면 곧바로 혈이 자리를 잡는다. 혈장이 둥글게 생긴 현릉사에 둘러싸여 있어 마치 새 둥지 안에 알이 놓여 있듯 혈이 자리 잡는 것이다.

얼핏 보면 혈장이 틀림없이 골짜기처럼 생긴 곳에 있으나 실제로는 그 안에 작은 용맥(능선)이 있어서 혈이 만들어진 것이다. 이 작은 능선의 양 옆에 물길이 있는데, 이 물길들은 멀지 않은 곳에서 합수되어 가운데에 있는 용맥의 용진처를 만들기 때문에 혈은 골짜기가 시작되는 지점 인근에 있고 물이 한참 흘러내려간 골짜기의 중간부분에 자리 잡는 것은 아니다.

---

25) 현릉사란 양혈인 와혈이나 겸혈에서 청룡이나 백호와 같은 역할을 하는 능선으로 유혈이나 돌혈에서 일반적으로 부르는 청룡과 백호와 구분하여 부르는 명칭이다.

양 옆의 현릉사 사이의 작은 능선에 혈이 있는 와혈은 안쪽의 작은 능선에서 폭이 가장 넓은 곳이 혈의 중심점이 된다.

이렇게 현릉사와 혈장의 모양이 마치 새집이 하늘을 향해 입을 열린 듯하다 하여 개구혈(開口穴)이라 하고, 굴혈(窟穴)이나 금분혈(金盆穴)이라고도 한다. 『지리인자수지』에서는 고산(高山)에서는 와혈을 진(眞)으로 하고 평지에서는 돌혈을 진(眞)으로 삼기 때문에, 와혈은 평지에도 있으나 고산에 더욱 많다고 하였다.[26]

와혈은 좌우의 현릉사 끝의 형태가 둥글거나 뾰족하거나 일자(一字)이거나 같은 형태로 균등하여야 정격으로 보며, 좌우가 같지 않은 것은 변격으로 본다. 또 혈장을 둘러싼 양쪽 현릉사 끝의 간격을 보고 좌우의 현릉사가 서로 교차하면 장구와(藏口窩)라 하고, 좌우의 현릉사가 서로 교차하지 않고 벌어져 있으면 장구와(張口窩)라 한다. 현릉사가 둘러싼 공간이 넓으면 대와(大窩) 또는 활와(闊窩)라 하고, 좁으면 소와(小窩) 또는 협와(狹窩)라 한다. 또 다른 분류로는 현릉사로부터 혈장까지의 깊이가 깊으면 심와(深窩)라 하고, 얕으면 천와(淺窩)라 한다. 천와 중에서 손바닥 중심처럼 아주 얕으면 장심혈(掌心穴)이라 한다.

와혈은 반드시 대소천심(大小淺深)이 적당하여야 하며, 너무 좁거나 너무 넓거나 너무 깊거나 너무 얕아서는 안 된다.

---

26) 〈자기보국혈〉 p.282 참조.

와혈-새 둥지 형상

와혈-장심혈

겸혈-집게형상

겸혈(鉗穴)

겸혈(鉗穴)은 와혈과 같이 현릉사보다 낮은곳에 혈장이 있는 형태이며, 현릉사의 모양이 '집게' 같다고 하여 붙여진 이름이다.[27]

겸혈의 현릉사 역시 현무봉에서 좌우로 개장하여 내려오고, 중출맥은 천심하여 작은 능선 형태로 비탈면을 내려오는데 이때는 역시 양쪽에 물길이 따르게 된다. 용맥이 비탈을 내려와 평평해지면 가까운 곳에서 양수가 합수되어 용진처가 만들어지기 때문에 혈은 골짜기가 시작되는 것처

---

27) 한자(漢字) 겸(鉗)의 일반적인 의미는 '죄인의 목에 씌우는 칼'이지만 '집다. 집게'라는 의미도 있다. 『지리인자수지』의 그림과 한자(漢字)의 뜻을 함께 새겨 보면 풍수의 혈상(穴象)에 겸혈(鉗穴)이라는 이름을 붙인 것은 '칼'의 의미보다는 '집게'의 의미가 더 부합한다.

현릉사
(내청룡)

현릉사
(내백호)

겸혈

럼 보이는 곳 가까운 근처에 있고 물이 흘러가고 있는 중간부분에는 없
다. 혈장은 와혈과 마찬가지로 현릉사가 감싸는 안쪽 작은 능선 중에서
폭이 가장 넓은 부분에 있다. 이런 자리를 묘역을 조성하고 나면 평평한
묘역보다 앞쪽이 한 단계가 낮아지는 대(臺)가 보이는 경우도 있다.

　겸혈은 현릉사(弦稜砂) 길이에 따라 장겸(長鉗)과 단겸(短鉗)으로 나누고,
현릉사의 형태에 따라 직겸(直鉗)과 곡겸(曲鉗)으로 나눈다.

　겸혈의 다른 이름으로는 좌우의 현릉사가 두 다리를 살짝 벌리고 쭉 뻗
은 듯하다 하여 개각혈(開脚穴)이라고도 하고, 차겸혈(釵鉗穴), 호구혈(虎口
穴), 합곡혈(合谷穴), 쌍비혈(雙臂穴)이라고도 한다. 겸혈의 현릉사는 앞으로
쭉 뻗다가 끝나는 지점에서는 그 끝이 안으로 살짝 꺾어지면서 혈장 앞에

유혈(乳穴)-젖가슴 형상

서 내려가는 골짜기를 통해 들어오는 바람을 막아주게 된다.

유혈(乳穴)

유혈(乳穴)은 주변에서 가장 흔하게 볼 수 있는 형태로, 현무봉을 떠난 입수룡이 뚜렷한 능선 형태로 평평하게 또는 약간 비탈지게 혈장으로 들어와서 용진처에서 혈을 결지하는 것을 말한다.

유혈을 여자의 젖가슴이 매달린 듯하다 하여 현유혈(縣乳穴)이라고도 하고, 젖가슴 중에서도 젖꼭지가 있는 자리에 혈이 있다는 의미로 유두혈(乳頭穴)이라고도 한다.

유혈은 좌우의 청룡과 백호의 끝이 교차되는 유회격(紐會格)과 청룡과

천심

혈

단유혈(短乳穴)

현무

혈

외형상 용진처

장유혈(長乳穴)

대유혈(大乳穴)

소유혈(小乳穴)

쌍유혈(雙乳穴)

삼유혈(三乳穴)

백호의 끝이 교차되지 않고 벌어져 있는 불유회격(不紐會格)으로 나눈다. 유회격의 경우는 청룡이나 백호의 끝이 안산이 되지만 불유회격의 경우는 대개 내보국 바깥의 다른 봉우리가 안산이 되는 것이다.

유혈은 혈장의 길이에 따라 장유혈(長乳穴)과 단유혈(短乳穴), 혈장의 크기에 따라 대유혈(大乳穴)과 소유혈(小乳穴)로 구분하고, 두 개의 유혈이 나란히 있으면 쌍유혈(雙乳穴), 세 개의 유혈이 나란히 있으면 삼유혈(三乳穴) 등으로 분류한다.

유혈이 결지되면 일반적으로 약간 오목하게 흔적이 나타나는데, 이를 유중미와(乳中微窩)라고 표현하고 이곳의 중앙이 혈의 중심이 된다.

돌혈(突穴)

돌혈(突穴)은 혈장이 입수룡보다 높은 곳에 위치하고 있는 혈을 말한다. 돌혈은 산곡(山谷)의 돌혈(突穴)과 평야(平野)의 돌혈로 구분할 수 있다. 산곡의 돌혈은 입수룡이 혈장 근처에 이르러 결인속기를 하고 위로 솟아오르는 비룡입수(飛龍入首) 형태로 혈을 결지한 것을 말하며, 평야의 돌혈은 잠룡입수(潛龍入首)하여 평지은맥(平地隱脈)으로 행도한 용맥이 양수(兩水)가 합수(合水)되는 곳 근처에서 홀연히 돌기(突起)하여 볼록한 곳에 혈을 결지하는 것을 말한다.

산곡에는 골바람이 강하게 불기 때문에 산곡의 돌혈은 반드시 장풍이 되도록 좌우에 혈장보다 높은 청룡과 백호가 있어야 하며, 홀로 우뚝 노출되어 생기가 흩어지는 곳은 혈이 될 수 없다.

평야의 돌혈은 바람이 지면을 따라 퍼져서 불어오므로 바람을 크게 두

돌혈(突穴)-볼록하게 돌출된 형상

러워할 필요는 없으나 볼록하게 돌기한 곳을 중심으로 수세가 모이고 둘러싸주어야 혈이 결지된다. 평지 돌혈은 포혈(泡穴), 아란혈(鵝卵穴), 용주혈(龍珠穴) 등으로도 불린다. 다른 한편으로는 혈장이 동종을 엎어 놓은 것처럼 위로 볼록 솟아 있으면 복종형(伏鐘形)이라 하고, 가마솥을 엎어 놓은 것과 비슷한 모양이면 복부형(伏釜形)이라 부른다.

또 돌기한 혈장이 높고 크면 대돌혈(大突穴)이라 하고, 혈장이 낮고 작으면 소돌혈(小突穴)이라 한다. 같은 보국 안에 돌혈이 나란히 두 개 있으면 쌍돌혈(雙突穴)이라 하고, 세 개가 있으면 삼돌혈(三突穴)이라 한다.

돌혈은 산곡에 있는 돌혈이든 평야의 돌혈이든 혈장이 볼록한 봉우리에 있기 때문에 바람의 영향을 받기 쉽다. 때문에 혈은 볼록한 곳 중에서

대돌혈(大突穴)

약간 오목한 혈운이 있는데, 이를 돌중미와(突中微窩)라고 한다.

　그리고 섬룡입수하는 기룡혈과 비룡입수하는 돌혈은 전혀 다른 개념이지만 현장에서는 유사하여 혼동이 되기 쉬우므로 각별히 주의하여야 한다. 섬룡입수하는 기룡혈이 결지되면 용진처에 해당하는 앞부분에 있는 봉우리가 비룡입수하는 돌혈처럼 보일 수도 있다. 반대로 용진처에 만들어진 볼록한 봉우리의 돌혈을 섬룡입수하는 기룡혈의 주룡 안산으로 잘못 본다면 과룡처를 선택하게 되는 것이다.

2. 혈성(穴星)의 개요

혈성(穴星)이란 혈이 결지되기 전에 만들어진 봉우리, 즉 현무봉이나 주산을 부르는 말이다. 혈성의 성체(星體)가 뚜렷하면 대개는 혈이 결지되는 것이므로 혈성을 살펴보는 것도 중요하다. 그런데 혈성에 관하여『용수정경』에서 지상구성(地上九星)에 따라 혈상(穴象)을 설명한 내용과『지리인자수지』에서 오성(五星)에 따라 혈상(穴象)을 설명한 내용에 차이가 있어 다루기로 한다.28)

『용수정경』에서는 혈성에 의하여 혈의 사상(四象)이 정해지고 거기에 합당(合當)하지 않은 혈상(穴象)은 가혈(假穴)이라고 설명하고 있다.29)

그러나『지리인자수지』에서는 목성, 토성, 금성, 수성의 혈성마다 와혈, 겸혈, 유혈, 돌혈 등 사상(四象)의 혈이 모두 결지되는 것으로 정리하고 자세한 설명을 달아놓았다. 그런데 성체를 구분하는 기준이 사람마다 달라 오성(五星)으로 보는 방법도 있고 구성(九星)으로 보는 방법도 있으나, 구성으로 보는 방법 역시 각각의 구성마다 다시 오행을 부여하므로 근본적으로 성체는 오성으로 구분된다는 것이다.30) 참고로『지리인자수지』는 '평강룡(平岡龍)이나 평지룡(平地龍)은 속기처(束氣處)가 있으면 무소조(無小祖)

---

28) 〈오성론과 구성론〉(p.162) 참조.

29) 장익호 저, 『용수정경』, p.159. '용상성봉(龍上星峰)이 구성(九星) 중(中) 하성(何星)이냐 기종류(其種類)에 따라 개화(開花)되는 것이다. 혈(穴)이란 기용맥(其龍脈)에서 생출(生出)되는 것이니, 만일 혈(穴)이 기용맥(其龍脈)에 따르지 않으면 기혈(其穴)은 허화(虛花)인 것이다. 그러므로 탐랑성(貪狼星)이 용상성봉(龍上星峰)의 근해(根荄)가 되면 기혈(其穴)은 유두혈(乳頭穴)이며, 거문성(巨文星)이면 겸혈(鉗穴)이며, 무곡성(武曲星)이면 기혈(其穴)은 와혈(窩穴)이니 이는 일정지법칙(一定之法則)인 것이다.'고 하였다.

30) 서선계 · 서선술 저, 김동규 역, 『지리인자수지』, pp.426~447.

의 경우에도 혈이 융결될 수 있다.'고 설명하였다.[31]

저자가 실제 현장에서 확인한 바에 의하면 『용수정경』의 주장보다는 『지리인자수지』의 내용이 더 옳다고 본다. 즉 무곡성의 혈성에서 유두혈이 결지한 곳도 있고, 거문성의 혈성에서 돌혈이 결지된 곳도 있다. 따라서 풍수학인들의 혼란을 줄여주고자 『지리인자수지』의 내용을 간단하게 정리하여 소개한다.

3. 혈성(穴星)의 종류와 특성

우리나라 지형에 맞는 혈성을 크게 나눠보면, 봉우리를 중심으로 좌우로 대칭이 되고 혈이 봉우리 중앙 아래에 결지하는 정체(正體) 혈성과, 봉우리를 중심으로 좌우 대칭이 되지 않고 한쪽으로 치우쳐 있고 혈은 봉우리의 중앙 아래가 아닌 곁 부분에 결지하는 측뇌(側腦) 혈성으로 나누어 볼 수 있다.

목성(木星)

목형의 혈성은 멀리서 보면 산형이 삼각형이다. 삼각형에서 산봉우리가 곧게 솟아올라 붓끝같이 뾰족한 것을 문필봉(文筆峰)이라 하고, 끝이 부드럽게 둥글면 귀인봉(貴人峰)이라 하는데, 구성(九星)으로는 이 두 목(木)의

---

31) 서선계 · 서선술 저, 김동규 역, 『지리인자수지』, p.170.

화성(염정) 불결혈

혈, 돌혈이 결지될 수 있는데, 각각의 혈성에서 와혈이 결지할 때는 와중(窩中)이 원정(圓淨, 둥글고 깨끗함)하고 현릉(弦稜)이 명백하여야 하며, 겸혈(鉗穴)을 결지할 때는 겸중(鉗中)이 장취(藏聚, 바람이 들지 않도록 숨겨짐)하여야 한다. 또 유혈(乳穴)을 결지할 때는 혈장(穴場)이 서창(舒暢, 넓게 펼쳐짐)하여야 하고, 돌혈(突穴)이 결지될 때는 돌면(突面)이 둥글고 형체가 뚜렷해야한다.[34)]

---

34) 서선계 · 서선술 저, 김동규 역, 『지리인자수지』, p.430.

제4장 심혈법(尋穴法)과 정혈법(定穴法)

1. 심혈법(尋穴法)

혈이란 땅속에서 이루어지는 지구에너지의 분출현상이 있는 장소로 혈 자체가 지표면에 노출되어 있는 것이 아니기 때문에 혈을 찾는 것은 결코 쉬운 일이 아니다. 앞에서 용세론, 사격론, 수세론과 혈에 대한 기본적인 이론을 공부하였지만 현장에 적용하는 좀 더 구체적인 방법을 알지 못한 다면 무작정 여기저기를 돌아다니며 시간과 노력을 낭비하게 될 것이다.

용이 생룡이면 용진처에서 혈이 결지되는 것이 풍수의 법칙인데, 혈이 결지되면 반드시 증좌(證左)[35]가 나타나게 되어 있다. 그런데 혈이 결지되 었다는 증좌는 여러 가지가 있어 정확하게 혈을 찾기 위해서는 혈의 증좌 에 대한 폭넓은 학습이 필요하다. 결국 혈이 결지된 곳에 나타나는 여러 형태의 증좌를 제대로 알게 된다면 혈을 쉽게 찾을 수 있는 것이다. 이를 소위 심혈법이라 하는 것이다.

현실적으로는 혈을 찾는 사람마다 각기 다른 증좌를 활용하고 있다. 여 기서는 혈의 증좌를 활용한 여러 가지 심혈법 중에서 대표적인 것을 소개

---

[35] 혈은 자연이 만들어 놓은 오묘한 자리인데, 혈이 있는 곳에는 여러 가지 흔적이 있다. 이 혈이 있는 흔 적을 증좌(證左)라 표현하였다. 형기풍수는 이 증좌들을 활용하여 혈을 찾는 기술을 정리해 놓은 이론이다.

하도록 한다.

먼저 보국(保局)이 갖추어진 곳에서 혈을 찾는 보국심혈법(保局尋穴法), 혈의 좌우에 있는 청룡과 백호의 형태를 보고 혈을 찾는 용호심혈법(龍虎 尋穴法), 혈 앞에 있는 작고 낮은 봉우리인 안산(案山)을 보고 혈을 찾는 안산심혈법(案山尋穴法), 주변에 흐르는 물길의 형태를 보고 혈을 찾는 수세심혈법(水勢尋穴法), 주변 산의 높고 낮음에 따라 혈의 위치를 가늠하는 삼세심혈법(三勢尋穴法), 주변 산들의 원근고저(遠近高低)에 따라 혈의 위치를 예측하는 삼정심혈법(三停尋穴法), 혈 앞 명당(明堂)이 원만하고 평탄한지를 보고 혈의 결지 여부를 판단하는 명당심혈법(明堂尋穴法), 혈장의 후면에 붙어 있는 귀성(鬼星)을 보고 혈의 위치를 파악하는 귀성심혈법(鬼星尋穴法), 낙산(樂山)을 보고 혈을 찾는 낙산심혈법(樂山尋穴法) 등이 있다. 이밖에도 사람의 경험과 노력에 따른 자기만의 독특한 심혈법이 있을 수 있다.

보국심혈법(保局尋穴法)

청룡 백호를 비롯한 주변 산들이 혈을 감싸 안아주듯이 만들어진 형태인 보국이 갖추어진 곳에서 혈을 찾는 방법을 보국심혈법이라 한다. 보국이 만들어지면 외부의 강한 바람이 직접 불어 들어오지 못하므로 보국 안의 공기가 안정된다. 이처럼 외부의 강한 바람이 직접 들어오지 않는 환경이 장풍이 되는 것이고, 장풍이 되는 곳에 혈이 결지되는 것이다.

보국이 갖추어진 곳을 찾아서 정룡과 방룡의 개념을 적용하면 더욱 쉽고 정확하게 혈을 찾을 수 있다. 정룡은 보호를 받는 용이고 방룡은 보호를 해주는 용이므로, 외형을 보면 정룡은 방룡보다 길이는 짧고 높이는 낮

보국심혈법

은 것이 원칙이다. 따라서 길이가 짧은 어느 능선을 주변의 다른 능선들이 감싸고 있다면 그 정룡의 용진처 부근에 혈이 있다고 보면 된다.

용호심혈법(龍虎尋穴法)

용호심혈법이란 보국을 만드는 청룡과 백호의 형태를 보고 혈을 찾는 법이다. 혈에서 가장 가까이에 있는 내청룡과 내백호의 형태를 보면 마치 양쪽에서 팔을 벌려 끌어안는 것처럼 보이는데, 내청룡과 내백호가 안으로 굽은 사람의 팔이라 가정하고 대입하였을 때 혈은 청룡과 백호에서 팔꿈치에 해당하는 선에 있는 것이다.

청룡이나 백호의 끝자락을 벗어난다면 사람의 손목에 해당하는 지점이

용호심혈법

되는데 이곳은 보국의 바람이 드나드는 수구처와 가까워져 바람에 노출될 가능성이 높아 혈이 자리 잡지 못한다. 또한 청룡과 백호를 보고 혈을 찾을 때는 청룡과 백호의 높이보다 높은 곳에는 혈이 결지되지 않는다는 것을 기억해야 한다. 만약 청룡이나 백호가 여러 겹으로 이루어져 있다면 내청룡이나 내백호가 낮아도 문제가 되지 않지만 청룡이나 백호가 여러 겹이 아닐 때는 혈은 청룡이나 백호를 넘어오는 바람을 두려워하기 때문에 반드시 청룡이나 백호보다 낮은 곳에 자리 잡는다는 것을 명심하여야 한다.[36]

36) 내청룡이나 내백호가 낮고 짧아 눈에 잘 띄지 않는 경우가 있으므로 세심한 주의를 기울여야 한다. 〈정룡과 방룡〉(p.105), 〈청룡과 백호의 개요〉(p.143)참조.

안산심혈법

안산심혈법(案山尋穴法)

안산심혈법이란 혈의 앞쪽에서 혈과 마주 대하는 작은 봉우리인 안산을 보고 혈처를 찾는 법이다. 이 법은 혈을 찾을 때 가장 유용하게 사용할 수 있는 방법 중 하나이다.

안산이란 혈과 가장 가까이에 있는 작고 낮은 봉우리이다. 이 안산은 혈과는 음양통교(陰陽通交)가 되는 관계로 태초에 혈이 형성될 때 자연에 의하여 짝지어진 봉우리라 보면 된다. 때문에 작고 단아한 안산을 보게 되면 맞은편에 그 안산과 짝이 되는 혈이 있다고 판단하고 심혈을 하는 것이다.

가장 대표적인 안산의 모양은 반원형의 무곡성, 초승달 모양의 아미사, 삼각형의 탐랑성이고, 간혹 거문성이 안산이 되는 경우도 있다.

요대수(혈O)

반궁수(혈X)

수세심혈법

　다만 단아한 모양이 갖추어졌다고 하여 어떤 봉우리이든 안산이 되는
것은 아니며, 인위적으로 안산을 정해서도 안 된다. 반드시 혈에서 보아
내청룡과 내백호가 만드는 내보국을 양분하는 정면에 있는 봉우리만이
안산이 된다는 것을 주지하여야 한다.

수세심혈법(水勢尋穴法)

　수세심혈법이란 보국 안과 혈장 주변의 물길을 보고 혈을 찾는 방법이
다. 물은 움직이는 양의 기운이고 용은 움직이지 않는 음의 기운으로 용
과 물이 서로 만나 음양교합을 이루는 곳에 혈이 결지되는 것이므로 물길
을 살펴서 혈을 찾고자 하는 것이 수세심혈법이다. 그러나 이것은 관념적

인 생각일 뿐이고 실제로는 풍수의 중요한 요소인 바람 길을 살펴야 올바른 심혈이 될 수 있다.[37]

자연 상태에서 물길은 바람이 지나다니는 통로가 되는데, 만약 물길이 굽어 있다면 굽은 부분을 지나던 바람이 어느 한쪽은 부딪히지 않고 흘러가지만 반대편은 부딪히게 된다.

다시 말하면 물길이 굽은 안쪽에는 바람이 부딪히지 않아 혈이 결지될 수 있지만, 물길이 등을 돌린 곳에는 바람이 부딪혀 장풍이 되지 않아 혈이 결지되지 않는다는 것이다.

이러한 관점에서 물길을 살펴보고 굽은 물길의 안쪽에서 혈을 찾아야 한다. 만약 어느 지점에서 물길을 보았을 때 물길이 등을 돌리고 있는 반궁수(反弓水) 형상이라면 그곳은 물길을 타고 온 바람이 들이치는 자리이므로 혈이 결지되지 못하는 것이다.

또 한 가지 살펴볼 것은 원진수(元辰水)의 흐름이다. 원진수란 주룡과 혈장의 좌우에서 발원하고 합금하여 수구처로 빠져나가는 물을 말하는데, 원진수가 흘러나가는 물길 역시 수구처를 들락거리는 바람 길이 되므로 심혈을 하는 데 있어서 반드시 고려하여야 한다.

만약 원진수가 있는 물길로 이동하는 바람이 혈이 있는 것으로 추정되는 지점에 영향을 주는 형상이라면 그곳은 혈이 아닌 것이다.[38]

---

37) 서선계·서선술 저, 김동규 역, 『지리인자수지』, pp.258~259. '땅을 찾는 법은 종이 한 장의 차이에 불과한데, 물의 소재를 알게 되면 혈의 소재를 저절로 알게 되는 것으로, 반드시 물이 활과 같이 감싸 안아 흐르며 명당으로 물이 모여드는 곳이라면 혈을 찾아볼 만하나 그렇지 못하다면 찾아볼 가치가 없는 것이라.' 하였다.

세 번째 고려해야 하는 수세는 충심수(衝心水)와 사협수(射脇水)이다. 이 물들은 혈장의 전면과 측면에서 직선으로 흘러드는 물길로 바람이 강하게 지나다니는 길이 되는 것이다. 바람이 직선으로 치고 들어오는데 혈이 결지되는 경우는 없다는 것을 명심하여야 한다.[39]

삼세심혈법(三勢尋穴法)

삼세심혈법은 주변 산의 높고 낮음에 따라 혈의 위치를 가늠하는 방법이다. 주산을 비롯해서 혈 주변의 산들이 모두 높으면 혈은 높은 산 위 평탄한 곳에 결지한다. 주변 산이 높은데 혈이 낮은 곳에 자리 잡게 되면 마치 산으로 둘러싸인 감옥에 갇힌 느낌이 들 것이기 때문에 혈은 낮은 곳에 자리 잡지 않는다. 만약 주변 산이 낮으면 혈도 산 아래 낮은 곳에 결지하는 것이 원칙이다. 이는 주변 산이 모두 낮을 때 주변 산세 중에 상대적으로 높은 곳은 돌출되어 바람을 타기 때문이다. 주변 산세가 높지도 낮지도 않다면 혈은 산의 중턱에서 찾는 것이 원칙이다.

이렇게 주변 산의 높이에 따라 천지인(天地人)으로 나누어 혈이 높은 곳에 있으면 천혈(天穴)이라 하고, 혈이 낮은 곳에 있는 것을 지혈(地穴), 혈이 산중턱에 있는 것을 인혈(人穴)이라 한다.

---

38) 서선계 · 서선술 저, 김동규 역, 『지리인자수지』, pp.849~850과 p.537은 '혈 앞에는 어디에나 원진수가 있게 되는데, 만약 원진수가 직출(直出)하는 형상이면 혈이 결지되지 않으나 원진수가 지현자(之玄字)로 굴곡하여 흐르거나 앞에 가로막는 사격이 있으면 혈이 결지된다.'고 하였다.

39) 신광주, 『정통풍수지리학원전』, p.747. '충심수를 직선으로 쏘듯이 급하게 명당으로 흘러드는 흉한 물이다.' 라고 하였다.

삼세심혈법-주변 산이 높으면 혈도 높은 곳에 있음

삼세심혈법-주변 산이 낮으면 혈도 낮은 곳에 있음

삼정심혈법(三停尋穴法)

삼정심혈법은 혈 주변의 사격인 청룡과 백호, 안산, 조산 등의 높고 낮음과 원근거리감을 감안하여 혈의 위치를 예측하는 심혈법이다.

삼세(三勢)심혈법이 주산을 비롯한 주변 산들의 높고 낮음만을 고려하여 혈의 위치를 예측하는 방법이라면, 삼정(三停)심혈법은 같은 산에서도 주변의 산이 높은데 가까이 있으면 혈은 높은 곳에서 찾아야 하고 주변의 산이 높은데 거리가 멀리 떨어져 있다면 혈은 낮은 곳에서 찾아야 한다는 것으로 원근거리감까지 고려하여 예측하는 방법이다.

높은 산이 가까이 있다면 낮은 곳에서는 압박을 받는 느낌을 받기 때문에 혈이 맺히지 않는 반면 산이 높더라도 멀리 있게 되면 낮은 곳에 있더라도 능압의 부담이 되지 않기 때문에 혈이 자리를 잡는 것이다.

명당심혈법(明堂尋穴法)

보국이 제대로 갖추어지게 되면 생룡의 용진처에 혈이 결지되고, 혈 앞에는 일정한 공간이 생기는데, 혈 앞의 공간인 명당을 보고 혈을 찾는 방법을 말한다. 보국 안의 명당 형태에 따라 보국 안 기운의 성질이 결정된다. 보국 안의 명당이 평평하고 둥근 형태로 되면 공기는 안정되고 그 흐름은 부드러워진다.

반면 명당의 폭이 좁고 긴 형태가 되면 하나의 넓은 골짜기처럼 되므로 바람의 흐름이 집중되고 빨라지게 된다. 게다가 기울어져 경사가 심하다면 공기는 더욱 불안정하게 된다. 혈은 바람을 타지 않고 공기가 안정된 곳에 결지하는 것이므로 혈을 찾고자 할 때는 명당이 평평하고 둥근 형태인지를 꼭 살펴야 한다.

귀성심혈법(鬼星尋穴法), 낙산심혈법(樂山尋穴法)

일반적으로 혈은 용맥이 끝나는 지점에 결지하는 것이 원칙이나, 바람의 영향으로 횡룡입수(橫龍入首)하는 경우와 섬룡입수(閃龍入首)하는 경우가 있다고 앞의 〈용의 입수〉에서 설명하였다.

그중에서 횡룡입수하여 혈이 결지될 때 주룡의 측면에 붙어서 지맥의 방향을 틀어주는 귀성(鬼星)을 보고 혈의 위치를 파악하는 방법이 귀성심혈법(鬼星尋穴法)이고, 혈장의 후면에서 바람을 막아주는 낙산을 보고 혈을 찾는 것을 낙산심혈법(樂山尋穴法)이라고 한다.

귀성이나 낙산이 횡룡입수하는 혈의 필수요건이라고 하여 중요하게 이야기하는 사람들이 많이 있으나 실제로 현장에서 귀성이나 낙산을 보고 혈을 찾는다는 것은 쉽지 않다. 오히려 먼저 현무봉에서 이어지는 내룡의 생사를 판단한 다음, 용진처에서의 장풍 여부를 가늠하고, 용진처 부분이 전면에서 불어오는 바람으로부터 장풍이 되지 않는다면 횡룡입수를 염두에 두고 심혈을 하여야 한다.

결론적으로 귀성이나 낙산은 혈을 찾는 데 있어서 큰 단서를 제공하는 것이 아니고, 횡룡입수하는 혈을 찾고 난 뒤에 혈을 결지하는 데 얼마만큼 역할을 하였는지를 참고하고 확인하는 정도로만 인식하는 것이 좋다고 본다.

2. 정혈법(定穴法)

정혈법[40]이란 혈을 바르게 활용할 수 있도록 정확하게 혈의 위치를 정하는 방법을 말한다. 앞에서 심혈법을 설명하였는데, 심혈법이 대략적인 혈의 위치를 파악하는 방법이라면 정혈법은 혈의 중심을 찾아서 용도에 맞게 활용하기 위한 방법이다.

앞에서도 강조하였듯이 혈의 크기는 팔 척이고 면적은 한 평 정도에 불과하기 때문에 『금낭경』에서도 '털끝만 한 차이로 화복이 천리만큼 달라진다(毫釐之差 禍福千里).' 고 하여 정확한 재혈(裁穴)이 중요하다는 것을 강조하고 있다. 아무리 공을 들여 심혈을 했어도 정확하게 혈의 중심을 찾아서 활용하지 못한다면 모든 것이 헛수고가 되고 만다는 것을 강조하고 있는 것이다.[41]

자연이 혈에 남겨놓은 일정한 증좌를 근거로 앞에서 설명한 심혈법을 바탕으로 하고, 정혈법을 숙지한 후 좀 더 섬세하게 땅을 살펴본다면 정확한 정혈도 크게 어려운 것은 아니다.

골육수에 의하여 만들어지는 혈의 크기는 길이2.5m, 폭1.8m, 면적 한 평 정도로 양택을 지을 자리나 음택을 만들 자리가 큰 차이가 없이 거의 비슷하다. 그런데 양택의 경우는 혈을 벗어나지 않은 곳에 건물의 바닥을

---

40) 정혈법은 점혈법(點穴法)과 혼용되고 있다. 서선계·서선술 저, 김동규 역, 『지리인자수지』, p.496은 정혈법이라 표현하였고, 촌산지순 저, 정현우 역, 『조선의 풍수』, p.102는 점혈법이라 표현하였다.

41) 넓고 넓은 산야에서 팔 척(한 평)의 혈을 찾는 것도 쉽지 않은데, 정확하게 혈의 중심을 정한다는 것은 더욱 어려운 것이다. 그래서 옛 사람들은 풍수에서 정혈의 어려움에 대하여 심룡삼년 점혈십년(尋龍三年 点穴十年)이라는 말로 표현하기도 하였다.

앉히면 되기 때문에 혈의 중심점을 기준으로 상하로 각각 2m, 좌우로 각각 1m 정도를 건물이 들어서야 하는 범위로 보고 건물의 자리를 잡으면 혈이 건물 바닥의 바깥으로 벗어나지 않게 된다.

그러나 음택은 광중을 파고 망인을 모셔야 하는데 골육수가 만드는 혈 밖으로 벗어나서는 안 되기 때문에 광중을 파는 데 있어서 각별한 주의를 기울여야 한다. 먼저 혈의 크기와 모양이 타원형임을 고려하여 아주 세밀하게 혈의 중앙을 찾아야 하며, 혈의 중심점에서 상하로 각각 1m, 좌우로 각각 90cm를 벗어나지 않도록 광중을 파야만 정확하게 정혈을 하게 된다.

일반적으로 알려진 정혈법으로는 태극정혈법(太極定穴法), 천심십도정혈법(天心十道定穴法), 요감정혈법(饒減定穴法), 근취제신정혈법(近取諸身定穴法), 원취제물정혈법(遠取諸物定穴法) 등이 있으나 포괄적으로 설명하는 내용만으로는 학습을 하는 사람들이 쉽게 이해하고 현장에서 보편적으로 적용하기에 애매한 경우가 많다. 따라서 먼저 저자가 현장에서 체득한 태극정혈법(太極定穴法), 육후처(肉厚處)를 활용한 정혈법, 하수사(蝦鬚砂)를 활용한 정혈법을 설명한 후, 그밖의 정혈법에 대하여 설명하기로 한다.

태극정혈법(太極定穴法)

태극정혈법(太極定穴法)이란 혈이 결지된 곳에서 나타나는 흔적인 태극운(太極暈)을 보고 태극운의 중앙에 정혈을 하는 방법을 말한다.

혈이 결지되고 나면 반드시 음양의 증좌(證左)가 나타나는데 능선 형태가 뚜렷한 유혈이나 돌혈에서는 입수도두, 선익, 취순으로 만들어진 증좌가 마치 오래전 파묘한 자리처럼 비교적 선명하게 혈운이 나타나고, 현릉

혈장의 태극운(혈운)을 활용한 정혈법

사 사이의 작은 능선에 혈이 결지되는 와혈이나 겸혈에서는 흐릿하게 혈운이 나타난다. 이를 고려하여 오목한 혈의 증좌를 찾아 가장 오목한 중앙을 혈의 중심으로 보고 정혈을 하는 방법이 태극정혈법이다.

육후처(肉厚處)를 활용한 정혈법

육후처(肉厚處)를 활용한 정혈법이란 혈장의 좌우에서 가장 넓게 벌어진 육후처(肉厚處)를 파악하여 정혈하는 방법이다. 앞에서 설명하였듯이 육후처란 혈장의 옆면이 가장 넓게 벌어지는 곳을 말하는 것으로, 혈장 양옆의 육후처를 연결하면 혈의 상하중심을 찾을 수 있다.

또 혈은 반드시 능선의 등성이에 자리 잡는 것이 원칙이므로 능선의 등

혈장의 육후처를 활용한 정혈법

성이가 혈의 좌우중심이 된다. 이렇게 육후처를 찾아 혈의 상하중심을 정하고 능선의 등성이를 좌우중심으로 삼아 살펴보면 그곳에 둥글면서 약간 오목한 태극운(혈운)이 나타나는데 이곳에 정혈을 하는 방법이 육후처를 활용한 정혈법이다.

　주의할 점은 육후처는 좌우가 비슷하게 살이 쪄야 되는 것으로, 용이 위이할 때는 한쪽만 육후처와 흡사하게 나타나므로 속지 않도록 해야 한다는 것이다. 만약 한쪽만 살이 통통한 것을 육후처로 판단하고 정혈한다면 앞에서 언급했듯이 자칫 위이하는 과룡처를 오판하게 된다.

하수사

혈장의 하수사를 활용한 정혈법

하수사(蝦鬚砂)를 활용한 정혈법

하수사(蝦鬚砂)를 활용한 정혈법이란 혈장 주변에 혈을 감싸며 나타나는 계단 형태의 작고 가느다란 능선인 하수사를 기준으로 삼아 정혈을 하는 방법을 말한다. 자연 상태에서 혈이 결지된 혈장의 주위에는 반드시 하수사가 나타나게 되는데, 이 혈장 주위에 미미하게 토막의 형태로 나타나는 하수사를 활용하여 정혈을 하는 것이다.

혈장 주위의 하수사는 얼핏 보면 질서가 없고 불규칙한 것처럼 보이나, 작은 토막 형태로 나타난 각각의 하수사로 가상의 원을 그려보면 중심점이 같은 곳을 찾을 수 있게 되는데, 이 중심점이 혈의 중심이 된다. 다시 말하면 각각의 하수사로 원을 그려서 공통적으로 찾게 되는 원의 중심이 혈의 중심인 것이므로 그곳에 정혈을 하는 것이다.

특히 간혹 혈운이나 육후처가 뚜렷하지 않은 곳에서도 하수사는 나타나고, 하수사를 활용한 정혈법은 대단히 정확하므로 저자는 이 정혈법을 적극적으로 활용할 것을 권한다. 주의할 점은 하수사가 여러 개 나타났을 때에는 반드시 모든 하수사로 각각 가상의 원을 만들어서 중심을 찾아야 정확하게 정혈을 할 수 있다는 것이다.

천심십도정혈법(天心十道定穴法)

천심십도(天心十道)란 혈장의 전후좌우에 있는 봉우리들이 서로 마주보며 부드럽게 응대하고 있는 것을 말한다. 혈장의 전면에는 안산과 조산이 있고 후면에는 현무와 주산이 있을 때, 혈장 앞과 뒤의 봉우리를 일직선으로 연결하면 그 선이 혈의 좌우중심선이 된다. 또한 왼쪽(청룡)에 있는 봉우리와 오른쪽(백호)에 있는 봉우리를 일직선으로 연결하면 혈의 상하중심선이 된다. 이렇게 얻어진 좌우중심선과 상하중심선이 서로 교차하는 지점을 혈의 중심으로 보고 정혈하는 방법이 천심십도정혈법(天心十道定穴法)[42]이다.

이 정혈법은 이론상으로는 물론 실제로도 약간의 타당성은 있다. 다만 주의하여야 할 점은 좌우중심선이나 상하중심선을 육안으로 확인할 때 각 개인마다 차이가 발생할 가능성이 높아 정확도가 떨어질 수 있다는 것으로 반드시 다른 정혈법과 병용(竝用)하여야 한다. 그리고 모든 혈처에서

---

42) 서선계 · 서선술 저, 김동규 역, 『지리인자수지』, pp.468~470. 「증혈론」에서 설명한 내용을 응용하여 정혈에 사용하는 법이다.

천심십도가 나타나지 않는다는 점도 감안하여야 한다.

요감정혈법(饒減定穴法)

요감정혈법(饒減定穴法)이란 혈장 좌우의 사격이나 수세의 길고 짧음을 견주어 정혈을 하는 방법이다. 즉 청룡이 혈 앞에 먼저오면 청룡을 감(減)이라 표현하고 이때 백호는 요(饒)라 부르는데, 이런 지형에서 혈은 청룡 쪽으로 쏠리는 것이므로 청룡 쪽으로 약간 치우쳐서 정혈을 하여야 한다는 것이다. 반대로 백호가 혈 앞에 먼저 오면 백호를 감(減)이라 부르고 이때 청룡은 요(饒)라 표현하는데, 이런 지형에서 혈은 백호 쪽에 당겨지므로 백호 쪽으로 약간 치우쳐서 정혈을 하여야 한다는 것이다. 만약 청룡이나 백호 모두 혈의 앞을 막아주지 못하는 형상이면 혈은 중앙에 있게 된다는 이론이다.[43]

요감정혈법은 단지 청룡과 백호의 형태만을 보고 정혈을 한다는 구체적이지 못하고 막연한 설명으로, 이 방법만으로 정혈을 한다는 것은 정확한 혈처를 놓치는 실수를 범할 가능성이 높다.

근취제신정혈법(近取諸身定穴法)

근취제신정혈법(近取諸身定穴法)[44]은 요금정이 주장한 이론으로 인체의 급소에 해당하는 곳, 즉 한의학에서 인체의 경혈이라고 부르는 곳에 정혈

---

43) 서선계 · 서선술 저, 김동규 역, 『지리인자수지』, pp.516~517.
44) 서선계 · 서선술 저, 김동규 역, 『지리인자수지』, pp.526~531.

을 한다는 법이다. 황제내경에는 사람의 몸에 365개의 경혈이 있다고 하였는데 대표적인 것을 정리하면 정수리의 정문백회혈부터 이마의 수두혈, 코 밑 입술 위의 인중혈, 목 아래의 견정혈, 가슴의 내유혈, 명치의 당심혈, 배꼽의 제륜혈, 배꼽 아래의 단전혈, 성기 부분인 음낭혈, 사타구니의 과두혈, 손가락 엄지와 검지 사이의 합곡혈, 손바닥의 장심혈 등이 있다.

요금정의 이 정혈법은 인체의 머리부터 발끝까지 경혈이 분포되어 있듯이 땅에도 비슷하게 혈이 분포되었다고 보고 정혈법을 설명하였다. 그러나 사람의 몸에 경혈이 분포되어 있는 것과 똑같이 땅에 혈이 분포되어 있는 것은 아니므로 이 방법은 정혈법이라 할 수가 없고 인체를 적용한 형국론(形局論)[45)에 가까운 설명이라 하겠다.

원취제물정혈법(遠取諸物定穴法)

원취제물정혈법(遠取諸物定穴法)[46)은 당대(唐代) 이후에 나타난 이론으로 자연의 물상(物象)을 보고 정혈을 하는 방법이다. 이를 형국론(形局論) 또는 물형론(物形論)이라고도 하는데, 산의 생김새를 사람이나 동물, 식물 등의 물체와 연관시키고, 그 물체의 가장 중요한 부분에 해당하는 곳에 에너지가 모이기 때문에 땅에서도 거기에 해당하는 위치가 혈이 되는 것이므로 그곳에 정혈을 해야 한다는 것이다.

그러나 『지리인자수지』에서는 '땅의 형상만을 보면 호랑이가 사자나

---

45) 〈형국론〉(p.314) 참조.
46) 서선계·서선술 저, 김동규 역, 『지리인자수지』, p.538.

표범과 서로 같고 기러기는 봉황과 다르지 않으며, 지렁이를 뱀이라 할 수도 있고 사슴을 말로도 볼 수 있는 것이기 때문에 형상만을 보고 정혈을 하여서는 안 된다.' 고 하였다.

앞에서 여러 가지 심혈법과 정혈법을 설명하였으나 넓디넓은 땅에서 자연현상에 의해 만들어지는 혈을 찾고 정확하게 정혈하는 것은 결코 쉽지 않다. 그러나 한 평의 혈을 정확히 찾아 활용하는 것이 풍수의 궁극적인 목적이므로 현장에서 혈을 찾거나 점혈을 할 때는 어느 한 가지 법만을 적용하는 것은 옳지 않다. 심혈법이나 정혈법을 따로 분리하기보다는 상호보완적으로 적용하여 혈을 찾고 정혈을 하는 것이 바람직하다 하겠다.

덧붙여 풍수라는 학술(學術)이 이론으로만 하는 단순한 공부가 아니라는 것을 강조하고자 한다. 풍수가(風水家)의 올바른 소임은 정확하게 혈을 찾아서 활용하게하는 것이므로 먼저 이론(理論)으로 충분히 이해한 다음, 많은 현장체험(現場體驗)을 바탕으로 자연 지형을 면밀히 살펴 정확히 혈을 찾고 활용하는 기술적 능력을 갖추어야 한다.[47]

결국 혈을 이해하지 못하는 풍수, 혈을 찾지 못하는 풍수, 혈을 제대로 활용하지 못하는 풍수는 아무 의미가 없을 뿐만 아니라 오히려 개인이나 사회, 국가에 엄청난 해악을 끼치는 것은 물론 사람들이 풍수를 불신하게 만드는 원인이 되는 것이다.[48]

---

[47] 풍수는 세심한 관찰이 필요하므로 망원경으로 보지 말고 돋보기로 보아야 한다고 저자는 강조한다.

[48] 풍수의 문제로 인하여 사람들에게 질병이나 사고 등이 발생한다면 개인이나 가정에는 심적 고통과 경제적인 부담이 따르고 사회나 국가적으로는 기회비용이 발생하게 된다.

제5장 은교혈(隱巧穴)과 혈의 연주(連珠)

1. 은교혈(隱巧穴)[49]의 개요와 종류

지금까지 용세론, 사격론, 수세론을 공부하고 혈의 결지 조건이나 심혈법, 정혈법 등을 숙지하였다. 앞에서 여러 차례 설명하였듯이 풍수는 장풍과 득수의 큰 원칙하에 만들어진 자연현상을 학문적, 기술적으로 정리한 자연과학이다. 다시 말하면 풍수란 일정한 자연의 공식에 의하여 혈이 결지되는 것이므로 그 공식을 알게 된다면 누구나 어렵지 않게 혈을 찾을 수 있다는 뜻이다.

그런데 때로는 원칙적인 풍수논리로는 도저히 설명할 수 없는 곳에 혈이 결지된 것을 볼 수 있다. 보국이 갖추어지지 않은 것처럼 보이기도 하고, 용맥에 거칠고 험한 바위가 박혀 있는 곳도 있으며, 증좌(태극운, 육후처, 하수사)가 뚜렷하게 나타나지 않는 곳도 있는데 이렇게 밖으로 쉽게 드러나지 않는 혈을 은교혈(隱巧穴)[50]이라 한다.

---

49) 서선계·서선술 저, 김동규 역, 『지리인자수지』, p.567은 '괴상한 혈'의 의미로 '괴혈(怪穴)'이라 표현하였으나, 저자는 '쉽게 찾지 못하도록 교묘하게 숨겨진 혈'의 의미로 은교혈이라 표현하였다.

50) 은교혈은 풍수의 논리에 맞지 않는 곳에 혈이 결지된 교혈(巧穴)과 혈이 결지가 되었으나 속이기 위하여 지저분하게 보이는 형상(궤추형 詭醜形)으로 되어 있는 졸혈(拙穴)을 합쳐서 부르는 말이다.

은교혈은 장행혈(藏倖穴)이라고도 한다. 여기서 장(藏)이라 함은 어두운 곳에 숨겨지고(晦) 감추어진(隱) 것을 말하며, 행(倖)이란 음흉하게(譎) 속인다는(險) 의미로 용맥이 활발하게 변화하며 용진처로 입수를 한 듯한데, 갑자기 자취를 감춰 일반적인 기준으로는 심혈이나 정혈이 어려운 이해할 수 없는 혈을 말한다.

이러한 자리는 '하늘이 감추고 땅이 숨겨 놓아 쉽게 눈에 띄지 않기 때문에 심혈과 정혈이 아주 어려운 자리'라는 뜻으로 '천장지비지(天藏地秘地)'라고 하며, 천지신명(天地神明)의 가호(加護)가 있으면 적덕(積德)을 한 사람이 후덕(厚德)한 명사(明師)를 통하여 점지(點指)받게 된다고 한다.[51]

앞에서 풍수의 핵심은 혈이고, 혈을 구하는 것은 생기를 얻기 위함이라고 여러 번 강조하였다. 그런데 자연의 이치는 무궁무진하기 때문에 혈이 결지되는 위치도 제각각이다. 그렇지만 혈이 어디에 결지가 되었든, 또 어떤 형태로 결지가 되었든 근본적인 것은 장풍과 득수의 원칙이 적용되는 것이라는 사실을 기억한다면 은교혈에 대한 이해도 크게 어려운 것은 아니다. 용맥은 생기의 전달통로이기 때문에 생왕한 용맥의 용진처에는 반드시 생기가 분출되는 혈이 결지된다는 자연의 이치를 되새기면서 은교혈에 대하여 설명하기로 한다.[52]

---

51) 자연의 섭리로 결지된 혈을 소중하게 생각하여 흔히 '삼대(三代)가 적덕(積德)을 해야 하나의 혈을 얻을 수 있다.'고 말한다.

52) 서선계 · 서선술 저, 김동규 역, 『지리인자수지』, pp.567~623.

자기보국혈(自己保局穴)

풍수에서 혈은 장풍의 조건이 갖추어진 곳에서만 결지되는 것이 절대 원칙이다. 그런데 청룡과 백호의 거리가 균등하지 않거나 안산이 없어 보이는 등 조건이 완벽하게 갖추어지지 않았음에도 유명한 풍수답사지로 손꼽히는 곳이 국내외에 상당수가 있다. 이럴 때 멀리 있는 사격들을 이용하여 이현령비현령 식으로 꿰맞추기 설명을 하거나 그마저도 안 되면 '무용호 무안산 혈(無龍虎 無案山 穴)' 이라고 하고 넘어가는 경우가 많다.

자기보국혈의 용어상 의미는 '용맥이 자기 스스로 보국을 만들고 혈을 결지한다.' 는 것이다. 이런 형태의 혈은 주룡 이외의 주변 사격이 큰 틀에서는 갖추어졌으나 수구가 벌어지는 등 장풍의 조건이 완벽히 갖추어지지 못했을때, 혈을 결지하는 단계에서 용맥 스스로가 과속방지턱 정도 높이의 서너 개 능선으로 나뉘어 보국을 만들고 혈 결지에 필요한 장풍조건을 만드는 것이다.

이때 나뉜 능선들 중에서 가운데 능선은 혈을 결지하고, 양쪽 바깥에 있는 능선은 청룡과 백호가 되어 옆바람을 막아주면서 좀 더 길게 뻗고 안으로 굽으면서 안산의 역할까지 하는 형태로 이루어진다.[53]

그러나 현재 자연 상태에서 이런 지형은 찾아보기가 쉽지 않다. 그 이유는 자기보국혈이 되는 곳은 본래 나뉘어진 능선이 그리 크지 않은데 지구가 생겨난 이후 긴 시간동안 바람에 깎이고 메워져서 그럴 수도 있고, 묘

---

[53] 저자의 연구에 의하면 자기보국혈에서 수구가 있는 쪽의 능선이 길게 뻗어 안산의 역할까지 한다. 예컨대 수구가 청룡쪽에 있으면 청룡쪽 능선이 길게 앞을 감싸며 안산이 되고 수구가 백호쪽에 있으면 백호쪽 능선이 길게 안으로 굽으며 안산이 되는 것이다.

자기보국혈-수구가 열린 듯함

자기보국혈-청룡백호가 불완전함

자기보국혈(스스로 보국을 만듦)

자기보국혈(스스로 보국을 만듦)

역 등을 조성하는 과정에서 그 흔적이 사라져서 일 수도 있다.

그런데 청룡이나 백호가 없거나 안산이 없어도 혈이 결지된다는 이른바 무용호 무안산 혈에 대하여 이야기하는 이들이 있다. 『지리인자수지』에는 혈은 안산이 없이는 결지되지 않는 것이라 설명하고, '가까이에 낮고 작은 안산도 없고 청룡과 백호가 교회(交會)도 되지 않은 지형은 전면이 텅 비게 되어 생기(生氣)가 융취(融聚)될 수 없으니 혈이 결지되지 않는다.'고 하였다. 또한 평원에서 혈이 결지되는 평지룡의 경우에도 산봉우리 형태의 안산은 아니어도 낮은 밭 언덕이 안산이 되는 것이며, 어떠한 경우에도 안산이 없으면 혈의 결지는 불가하다고 주장하고 있다.[54]

『지리인자수지』의 이 주장에 대하여 저자 역시 같은 생각이다. 그러나 간혹 청룡이나 백호 또는 안산이 없는 것처럼 보이는 무용호(無龍虎) 무안산(無案山) 형태의 혈지를 볼 수 있는데,[55] 이런 곳은 원래는 작지만 청룡이나 백호가 있고 또한 안산도 있었는데 자연적 또는 인간의 작업에 의해 그 형체가 감추어진 자기보국혈이라고 보아야 한다.

강조하건데 풍수는 장풍이 혈 결지의 기본조건임을 전제로 혈이 결지된 곳이라면 반드시 보국이 갖추어졌다고 보고 접근하여야 하고, 만약 무용호 무안산 혈에 대하여 지나치게 확대 적용을 하면 적당히 꿰맞추는 풍수오류를 범하게 된다는 것을 명심하여야 한다.

---

54) 서선계 · 서선술 저, 김동규 역, 『지리인자수지』, pp.638~639, pp.646~647.

55) 전북 순창군 쌍치면 금평리에 있는 울산김씨 문중의 묘지 바로 옆에 제법 규모가 큰 하천이 흐르는데, 백호역할을 하여야 할 능선은 하천 건너 멀리에 있어서 백호라 하기에는 적합하지 않음에도 혈이 결지된 특이한 곳이다. 이와 흡사한 혈처로 충북 음성의 채신보 선생 묘 등이 있는데 대표적인 자기보국혈이다.

자기보국혈을 일명 연소혈(燕巢穴)이라고도 부르며, 아래에서 소개되는
은교혈의 대부분이 자보혈(自保穴)의 형태라고 볼 수도 있다.

천교혈(天巧穴)

천교혈(天巧穴)이란 하늘 높이 솟아올라 천상(天上)에 있는 듯 아주 높은
산 정상 부근에 혈이 결지한 것을 말한다. 아주 높은 산의 정상 부근이기
때문에 풍한(風寒)을 막아줄 청룡과 백호가 팔을 벌려 보국을 만들어 좌우
를 감싸주고, 사면팔방으로 수려한 봉우리들이 감싸주어 높은 산중임에
도 평지에 있는 듯 평평한 느낌을 주는 곳에 결지한 혈을 말한다.

팔풍취혈(八風吹穴)

팔풍취혈(八風吹穴)이란 멀리서 보기에는 팔풍(八風)을 맞아 바람이 드세
고 추울 것 같은 자리인데, 막상 혈처에 가 보면 작게라도 보국이 갖추어
지고 바람이 없이 온화한 자리여서 결지된 혈을 말한다.

혈은 바람을 두려워하기 때문에 어떠한 경우에도 장풍의 조건이 갖추
어지지 않은 곳에는 결지되지 않는다. 다만 멀리서 보는 것과 실제로 현
장에서 보았을 때의 조건은 다른 경우도 있으므로 멀리서 보는 것과 달리
생룡이 있고 장풍이 되는 곳이라면 팔풍취혈을 염두에 두고 살펴볼 필요
가 있다.

천교혈-경남 합천[56)](#)

천교혈-경남 하동 칠불사

팔풍취혈-충북 충주

팔풍취혈-전북 완주

수충사협혈-전북 순창

수충사협혈(水沖射脇穴)

수충사협혈(水沖射脇穴)이란 혈장의 뒤나 옆구리를 물줄기가 치고 들어오는 형세의 자리에 결지된 혈을 말한다. 자연 상태에서의 계곡, 하천, 강 등의 물길은 물과 바람의 길이다. 물이 흐르면서 혈장을 치고 들어온다면 땅이 깎여나가므로 혈을 결지하지 못하게 된다. 또한 물길이 혈장으로 들이치는 형세라면 혈장에 바람이 들이치는 것이므로 절대로 혈이 결지하지 못한다. 그러나 물이 부딪히는 부분에 석요(石曜)라는 큰 암반이 붙어 있어서 부딪히는 물이 땅을 깎아내는 것을 막아주고 작은 스스로 보국

---

56) 사진에 보이는 연못은 높은 산봉우리 정상 부근에 자연 상태로 만들어진 것이다.

을 만들어 바람으로부터 숨으면 혈이 결지되는 것이다.

기룡혈(騎龍穴)

기룡혈(騎龍穴)이란 마치 용의 등에 올라탄 듯한 자리에 결지된 혈을 말한다. 일반적인 풍수의 논리는 용이 끝나는 용진처에 혈을 결지하는 것이지만, 기룡혈은 용진처가 되기 전 과룡처 같이 보이는 곳에 혈이 결지되고 더 앞으로 뻗어나간 용이 용진처 같이 보이는 언덕을 만들어 그 언덕을 안산으로 삼는 혈을 말한다. 기룡혈은 생룡이 왔으나 안산이 되는 용진처 부근으로 바람이 강하게 불어오는 지형일 때 섬룡입수하는 형태로 만들어진다.

『지리인자수지』에서는 기룡혈이 일반적으로 혈이 결지되는 곳이 아닌 과룡처와 유사한 자리에 결지된 혈이기 때문에 찾기가 어렵다 보니 혈의 역량이 아주 큰 것으로 설명하고 있다. 그러나 저자의 판단으로는 용혈의 역량이 커서 용진처가 아닌 용척(龍脊)에 혈이 결지된 것이 아니라 단지 능선이 끝나는 지점에는 바람이 불어오므로 그 바람을 피하기 위하여 뒤로 들어앉은 것이라고 본다.

기룡혈-전북 김제

기룡혈-충북 청주

장지중요혈-경기 여주

장지중요혈(長枝中腰穴)

장지중요혈(長枝中腰穴)이란 용맥의 용진처에 혈을 결지한 것이 아니고, 용맥의 중간에 혈을 결지하고 나서 용이 앞으로 길게 더 뻗어나가는 형세의 혈을 말한다. 이는 섬룡입수하는 기룡혈과 거의 비슷하다. 다만 기룡혈은 혈을 결지하고 용이 갱진으로 뻗어나가 앞에 언덕을 만들어 안산으로 삼은 후 마무리 되지만, 장지중요혈은 혈을 결지하고 나서 갱진으로 뻗어나간 능선이 한참을 더 뻗어나간다는 점이 다르다.

추졸혈-강원 정선 정암사

추졸혈(醜拙穴)

추졸혈(醜拙穴)이란 땅이 지저분하고 거칠어 도저히 혈을 결지할 수 없을 것 같아 버려야 할 것 같은 자리에 만들어진 혈을 말한다. 『지리인자수지』에서는 추녀라도 덕이 있으면 집안을 번성케 할 수 있는 것처럼, 용이 생룡이라면 땅의 외형이 비록 추졸하더라도 안으로는 생기가 융결된다고 설명하고 있다.

멀리서 본 비아부벽혈-전남 화순

가까이서 본 비아부벽혈

석중혈-강원 원주

비아부벽혈(飛蛾附壁穴)

비아부벽혈(飛蛾附壁穴)이란 나방이 벽에 붙어 있는 것처럼 가파른 곳에 결지된 혈을 말한다. 보통의 혈은 안온한 곳에 결지하는 것이 원칙이지만 용맥이 가파르게 내려와 비탈져서 안정감이 부족한 곳에 지극히 작고 협소한 평지를 만들고 급하게 결지한 혈이다.

석중혈(石中穴)

석중혈(石中穴)이란 혈장 주변에 돌이 많거나 바위가 박혀 있는 혈을 말한다. 중국의『금낭경』에는 '오기행어지중(五氣行於地中)' '토형기행 발이 생호만물(土形氣行 發而生乎萬物)'이라 하여 생기가 흙으로 흐르고 흙에서 피어나 만물을 생해준다고 설명하고 있다.

그러나 혈은 지구 속 깊은 곳에서 만들어지는 것이지 땅 표면 가까이에 생기는 것이 아니므로 지표면에 돌이 많고 적음이나 토질과는 직접적인 관련은 없다고 보아야 한다.

2. 혈의 연주(連珠)

풍수의 핵심인 혈은 용진처에 결지하는 것이 원칙이다. 그렇다고 해서 모든 용진처(龍盡處)에 반드시 하나씩의 혈을 맺는 것은 아니다. 기복, 위이, 개장천심 등의 변화가 없는 용은 지맥이 없는 것이고, 지맥이 없는 용은 생기의 공급이 없는 것이므로 하나의 혈도 맺지 못하게 된다.

그런데 간혹 하나의 능선에 두 개 이상의 혈을 맺는 경우도 있다. 이렇게 같은 능선에 두 개 이상의 혈을 상하로 맺게 되는 경우 이를 혈의 연주(連珠) 또는 연주혈(連珠穴)[57]이라 한다. 이 연주혈은 주산에서 뻗어 내려오는 용의 기세가 왕성하고 공급되는 생기가 충분할 때 하나의 혈을 맺은 후에 다시 남은 기운을 이용하여 먼저 결지한 혈장(穴場) 아래에 또 다른 혈을 맺는다.

연주혈에 대하여 저자가 수맥파 탐사법을 활용하여 연구한 결과를 정

---

57) 연주혈(連珠穴)이란 구슬을 연결한 것처럼 하나의 용맥에 두 개 이상 여러 개의 혈이 있다는 뜻으로, 혈의 사상 중에서 주로 유혈에 있다. 와혈이나 겸혈의 경우는 하나의 혈이 결지되고 나면 혈 앞에 물길(골)이 만들어지기 때문에 연주혈이 만들어질 수 없다.

리하도록 한다.

모든 혈은 기복, 위이, 개장천심 등의 변화를 하는 생룡이 장풍의 조건이 갖추어진 용진처 부근에서 맺는다. 생룡은 지맥을 통하여 생기를 공급받는데 연주혈의 경우도 다른 보통의 혈과 마찬가지로 각각의 혈마다 각각의 지맥으로부터 생기를 공급받는 것으로 판단된다.

연주혈을 맺는 주룡의 지맥은 현무봉에서 출맥하여 연주혈의 혈장이 시작되는 곳까지는 연주혈이 아닌 한 개의 혈이 결지되는 경우와 동일하게 하나의 지맥

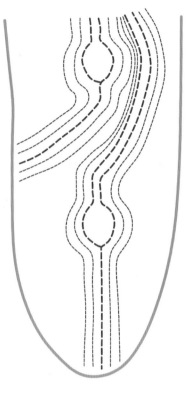

연주혈에서의 수맥 구조

으로 이어진다. 첫 번째 혈이 결지되는 단계에서 골육수가 벌어지고 합쳐지는 과정은 앞에서 설명한 것과 같다. 첫 번째 혈을 결지하고 나면 첫 번째 혈을 결지하는 데 역할을 하였던 골육수를 포함한 모든 수맥들이 좌측(청룡)이나 우측(백호)으로 급하게 빠져나간다. 첫 번째 혈을 결지하는 데 역할을 한 수맥들이 옆으로 비켜나면 첫 번째 혈을 결지하는 데 역할을 한 수맥들이 빠져나간 방향의 반대쪽으로 다른 지맥이 첫 번째 혈을 돌아서 아래로 내려와 능선의 등성이로 들어서서 혈을 결지하는 과정을 똑같이

연주혈의 수맥구조–청룡방으로 물빠짐

밟는다. 그리고 두 번째 혈 아래로 또 혈을 결지하는 경우 두 번째 혈을 결
지하는 과정에서 역할을 했던 수맥들은 다시 첫 번째 혈을 결지하는 데 역
할을 하였던 수맥들이 빠져나간 방향으로 급하게 빠져준다. 세 번째 혈을
결지하는 지맥은 위의 혈이 결지되고 수맥들이 빠져나간 방향의 반대쪽
으로 첫 번째 혈과 두 번째 혈의 바깥을 돌아 등성이로 올라서서 세 번째
혈을 결지하게 된다.

연주혈은 주룡의 기세와 혈장의 형태, 보국과 장풍의 조건 등에 따라 자
연의 판단에 의해서 결지되는 것으로 추측되고, 혈의 개수(個數)와 관계없
이 앞에서 설명한 것과 똑같은 방식으로 연주혈이 결지된다.58)

연주혈의 수맥구조–백호방으로 물빠짐

    연주혈에서 상혈(上穴)을 결지하고 그 혈을 결지하는 데 역할을 하였던 수맥들은 혈 앞을 지나는 물길이 있는 방향으로 빠져나간다. 다시 말하면 청룡쪽 물이 혈 앞을 지나가면 수맥들은 청룡 쪽으로 빠져나가고 백호 쪽 물이 혈 앞을 지나면 백호 쪽으로 비켜주는 것이다. 이는 어느 능선이 안산이 되느냐를 설명하는 것이기도 하다. 즉 수맥들이 청룡 쪽으로 빠지면 청룡안산인 것이고 백호 쪽으로 비키면 백호안산인 것이다.

    또 연주혈에서 먼저 결지된 혈과 다음에 결지된 혈과의 간격이 일정한

---

58) 저자는 하나의 능선에 다섯 개의 연주혈이 결지된 경우도 확인하였다.

것도 아니다. 다만 상혈 결지 후에 수맥이 옆으로 비켜나는 각도(속도) 차이에 따라 다음 혈의 위치를 가늠할 수는 있다.

그러나 평평하고 긴 능선이 있다고 해서 모두 연주혈이 결지되는 것은 아니므로 육안으로 혈의 연주를 확인하는 것은 매우 어렵다. 그러나 용진처 부근에 평평하고 긴 능선이 있는 경우에 한턱이 낮아지는 차이와 각각의 혈이 만드는 태극운과 육후처가 있는지 등을 확인하면 연주혈을 찾을 수도 있다.

여기서 주의할 점은 연주혈은 주룡(主龍)의 상하(上下)로 혈이 결지되는 것이지 좌우로 나란히 결지되는 경우는 없다는 점이다.[59] 앞에서 설명하였듯이 혈은 여러 개의 수맥이 계란 모양의 타원을 그리며 결지되고, 하나의 혈을 만드는 수맥들의 타원은 능선의 전체에 미쳐 혈장의 양옆에 육후처로 나타나는 것이다. 만약 한 능선에 좌우로 나란히 두 개의 혈이 결지된다고 가정한다면 두 개의 타원이 그려져야 되는데, 그렇게 되면 두 개의 타원이 서로 충돌되기 때문에 같은 지점에 좌우로 나란히 두 개의 혈이 결지되지 못한다.

골육수가 만드는 혈은 능선의 등성이에 한 평 정도의 크기로 결지되지만 골육수 양옆에 있는 수맥들은 능선 옆에 있는 물길(골)이 있는 곳까지 타원을 그리기 때문에 하나의 능선에 두 개의 혈이 결지되지 않는다는 것을 알아야 한다.

---

59) 〈혈의 연주〉(p.296) 참조. 두 개의 혈이 나란히 결지되는 경우를 쌍유혈(雙乳穴)이라 한다. 그러나 쌍유혈은 하나의 혈장에 두 개의 혈이 결지되는 것이 아니고, 나란히 내려온 두 개 능선의 비슷한 지점에 각각 혈이 결지된 것을 말하는 것이다.

제6장 기혈지(忌穴地)

1. 기혈지(忌穴地)의 의의

기혈지(忌穴地)란 혈이 결지되지 못하는 곳을 말한다. 혈은 장풍과 득수가 되는 곳에 결지하는 것이다. 각각의 위치마다 주룡, 청룡, 백호, 안산, 조산 등 형세가 이루어지고, 이 형세에 따라 물길과 바람 길이 만들어진다. 혈은 지형지세가 평온하게 조화를 이루지 못했을 때, 주변 산세가 거칠고 험준할 때, 또 물이나 바람이 부딪히는 곳에는 결지하지 못한다.

앞에서 여러 차례 언급하였듯이 풍수에서 가장 중요한 부분은 혈이다. 혈에서는 만물을 생해주는 생기가 분출되기 때문에 예로부터 혈처를 찾아 돌아가신 조상을 모시는 음택으로 사용하거나 집을 짓고 살아가기를 갈구하였던 것이다.

우리는 앞에서 혈에 대해서 학습하고 혈을 찾아 접근해가는 심혈법, 정확히 혈처의 중심을 정하는 정혈법 등을 알아보았다. 이제 심혈법과 정혈법을 보완하는 차원에서 기혈지를 정리하고자 한다. 기혈지를 알아둔다면 심혈과 정혈을 하는 데 있어서 좀 더 쉽게 그리고 확실하게 혈을 찾아 활용할 수 있게 된다.

2. 기본적으로 혈이 맺히지 않는 기혈지(忌穴地)

산고곡심(山高谷深)한 땅

산고곡심(山高谷深)이란 실제로 산이 높고 골짜기가 깊다는 의미가 아니라 어느 자리에 섰을 때 높은 곳에 올라서 있다는 느낌이 들고 옆에 있는 골짜기가 깊게 느껴지는 것을 말한다. 오묘한 자연의 결정체인 혈은 산고곡심한 느낌이 들거나 안정감이 없는 곳에는 결지되지 않는다.

혈이 결지된 곳은 해발고도가 수백 미터일지라도 평지에 있는 느낌을 받게 된다. 또 자연 상태에서 용의 갱진(更進)[60]이 있어 앞쪽이 안정감이 들고, 육후처(肉厚處)가 있어 옆에 흐르는 물길이 깊다는 느낌이 들지 않게 되는 것이다.

산만(散漫)한 땅

혈은 청룡과 백호, 안산 등 주변의 산수가 장풍이 되는 틀을 갖춘 곳에서 결지한다. 그러나 주변 산수가 보국을 만들지 못하여 장풍이 되지 않거나 일정한 질서가 없이 중구난방으로 흩어져서 정룡과 방룡의 구분이 없으면 혈이 결지되지 않는다.

곡살(谷殺)받는 땅

곡살(谷殺)이란 전면이나 측면에 일직선으로 길게 뻗은 물길인 충심수

---

60) 전순(氈脣)이라고 부르는 사람도 있다.

합수

완경사　급경사

묘

물길

마바

산고곡심-높은 곳에 있다는 느낌

산만-무질서힌 능선들

곡살받는 땅

(衝心水)나 사협수(射脇水)가 있을 때 받게 되는 살기를 말한다. 물길인 골짜기는 언제나 바람이 오르내리는 길이기 때문에 주변에 일직선의 골짜기가 뻗쳐 있으면 바람의 피해를 받는 것이므로 곡살을 받는 곳은 혈이 결지되지 않는다.

가포(假抱)의 땅

가포(假抱)란 좌측의 산 청룡이 있고 우측의 산 백호도 있지만 수구가 관쇄가 되지 않고 헤벌어져 보국 안으로 들어오는 바람이 제대로 갈무리되지 않는 것을 말한다. 얼핏 보기에는 청룡 백호가 있는 듯하지만 청룡 백호의 양끝이 넓게 벌어졌거나 등을 돌려 배반하고 높이가 낮아 바람이 불

가포의 땅-청룡, 백호의 높이나 길이에 흠결

어들게 되어 있는 형세인 곳은 장풍이 되지 않기 때문에 혈이 결지되지 않는다.

유냉(幽冷)한 땅

풍수고전에서는 지구에너지인 생기가 분출되는 곳이 혈이며, 생기는 만물을 생(生)해 준다고 설명하고 있다. 그런데 혈은 장풍의 조건이 갖추어지고 평안하며 포근한 곳에만 결지되는 특성이 있다. 만약 남쪽의 산이 높으면서 가까우면 햇볕이 들지 않고 그늘지는 차가운 음지에는 혈이 결지되지 않는다.

반주(反肘)의 땅

반주(反肘)란 굽은 팔의 팔꿈치에 해당하는 자리를 가리키는 말로, 능선이 굽었을 때 꺾인 바깥쪽을 지칭하는 것이다. 굽은 능선의 바깥쪽은 장풍이 되지 않는데 특히나 꺾인 부분은 바람의 영향을 더 심하게 받아 혈은 결지되지 않을 뿐만 아니라 앙와(작은 물길들)의 물길이 생기는 경우도 많다.

3. 선사(先師)들이 말하는 기혈지

여기에서는 『지리인자수지』에 열거된 기혈지 중에서 일반적이면서 중요하다고 판단되는 부분을 중복되는 내용은 피하면서 정리해 설명하도록 한다.[61]

『금낭경』의 오불가장지(五不可葬地)[62]

『금낭경』 「기감편」은 첫 문구로 '장자승생기야(葬者乘生氣也)'라 하여 장사를 지냄에 있어서는 생기를 타도록 혈처에 모셔야 한다고 강조하였고, 「산세편」에서는 동산(童山), 단산(斷山), 석산(石山), 과산(過山), 독산(獨山)은 장사를 지낼 수 없는 다섯 곳이라 설명하고 있다. 사람들은 이를 일컬어

---

61) 서선계 · 서선술 저, 김동규 역, 『지리인자수지』, pp.541~566.
62) 서선계 · 서선술 저, 김동규 역, 『지리인자수지』, pp.542~543에는 '곽박의 오불가장지'를 소개하고 있으나, 이 책(p.46)에서 언급하였듯이 중국의 학자들이 『금낭경』을 곽박이 저술하지 않았다고 강하게 주장하고 있기 때문에 '곽박의 오불가장지'라 표현하지 않고 「금낭경」의 오불가장지'라 표현하였다.

유냉한 땅-눈이 녹지 않는 응달

묘

반주의 땅-팔꿈치 바깥

'『금낭경』의 오불가장지(五不可葬地)'라 하는데, 결국 불가장지라는 곳은 혈이 결지되지 않는 곳을 말하는 것이다. 참고로 『청오경』에도 동산(童山), 단산(斷山), 석산(石山), 과산(過山), 독산(獨山), 핍산(逼山), 측산(側山)에 장사지내면 흉한 것이라는 『금낭경』의 오불가장지와 아주 유사한 문구가 나온다.[63]

1) 동산(童山)은 불가장(不可葬)이다

땅이 기름지고 생기가 있으면 풀과 나무가 잘 자라지만, 반대로 초목이 자라지 못하는 곳은 생기가 없는 곳이다. 흙의 색깔이 윤택하지 못하고 초목이 자라지 못하는 민둥산에는 혈이 없으므로 장사지내지 못한다고 하였다.

2) 단산(斷山)은 불가장(不可葬)이다[64]

생기는 용맥을 통하여 혈로 전달되는데, 용맥이 끊어지면 생기가 전달되는 통로가 절단된 것이므로 더 이상 혈에서 생기가 분출되지 않는다고 판단하고, 이런 곳에는 장사를 지내면 안 된다는 것이 전통적 풍수 생각이다.

---

63) 『금낭경』의 문구는 '경왈 동단석과독 생신흉 소이복(經曰 童斷石過獨 生新凶 消已福)'이며, 『청오경』의 문구는 '동단여석독과핍측 능생신흉 능소이복(童斷與石過獨逼側 能生新凶 能消已福)'이다.

64) 산업화 이후 기계와 기술의 발달로 산줄기를 자르고 터널을 뚫는 일이 당연한 것처럼 되었다. 서울 4대문 안에도 여러 개의 지하철 노선이 만들어져 지하철 건설 과정에서 시내에 있는 거의 모든 용맥이 잘렸다고 보아야 한다. 산줄기가 잘리면 길지(吉地)도 흉지(凶地)로 변하게 된다는 풍수논리를 곧이곧대로 적용한다면 서울 4대문 안에는 잘되는 터가 한군데도 없어야 한다. 그러나 일정 부분 영향은 있었을지 모르나 현실은 그렇지 않게 보이므로 단산(斷山)에 대해서는 지나치게 염려를 하지 않아도 될 것으로 본다.

3) 석산(石山)은 불가장(不可葬)이다

생기는 흙을 통해서만 흘러가고 흙에서만 혈이 결지(結地)되는 것이다. 생기는 돌을 통해서는 전달되지 않고, 석산(石山)에는 생기가 없으므로 장사지내면 안 된다는 의미이다.

4) 과산(過山)에는 불가장(不可葬)이다

용맥이 용진처에 이르면 혈을 결지하고 생기가 위로 분출되는 것인데, 혈이 결지되는 용진처 이전인 과룡(過龍)의 용맥을 과산(過山)이라 한다.

앞에서 과룡처라 설명하였는데, 과룡처는 생기가 멈춘 상태가 아니고 아래로 계속 흘러가는 과정이다. 과룡처에 장사하면 삼대내절향화(三代內絶香火)라 하여 절손(絶孫) 될 우려가 있으니 장사지내면 안 된다는 의미이다.

5) 독산(獨山)에는 불가장(不可葬)이다

생기가 분출되는 혈은 보국이 갖추어져 바람이 갈무리된 곳, 즉 장풍이 되는 곳에 결지한다. 만약 청룡과 백호, 안산과 조산이 없이 홀로 외롭게 있는 독산이라면 사방에서 불어오는 바람에 시달리는 자리이기 때문에 이런 곳에는 장사지내면 안 된다는 의미이다.

청오선(靑烏仙)의 십불상(十不相)

청오선이 십불상(十不相)을 설명하였는데, 그 중에서 핵심적인 내용만을 정리한다.

1) 조완추석(粗頑醜石)한 곳은 피하라

조완추석(粗頑醜石)이란 용맥이나 혈장의 주변 산세가 거칠고 웅대하고 추악하고 흉한 암석이 많은 것을 말하며, 조완추석(粗頑醜石)이 있는 곳은 혈을 결지하지 못한다.

2) 풍수비수(風水悲愁) 급수쟁류(急水爭流)하는 곳은 피하라

풍수비수(風水悲愁)란 산은 거칠고 웅장하며 물은 준급하여 심하게 소리가 나고 바람이 울부짖는 것과 같은 것을 말하며, 급수쟁류(急水爭流)란 전면에서 급하게 흐르는 물길이 서로 다투듯이 합해지며 흘러가는 것을 말한다. 이렇게 풍수비수(風水悲愁)하고 급수쟁류(急水爭流)하는 곳에는 혈을 결지하지 못한다.

3) 단독용두(單獨龍頭)는 피하라

단독용두(單獨龍頭)란 『금낭경』의 오불가장지에서 설명하였던 독산(單寒)과 같은 의미이다. 용맥이 주위 산줄기의 호위를 받지 못하고 외롭고 쓸쓸하게 행도하는 곳은 혈을 결지하지 못한다. 다만 단독용두(單獨龍頭) 용맥이 자체적으로 용호의 보국을 만들고 자기보국혈을 결지하는 경우는 간혹 있다.

4) 산강요난(山岡療亂)한 곳을 피하라

산강요난(山岡療亂)이란 주변의 모든 산세가 서로 무정하게 등을 돌리고 흩어져 있는 형상을 말한다. 이러한 곳은 정룡과 방룡의 구분도 없을 뿐만 아니라 바람이 난잡하게 흩어져 불기 때문에 혈을 결지하지 못한다.

자경장진인(紫瓊張眞人)의 혈파(穴怕)

자경장진인은 혈이 두려워하기 때문에 결지되지 않는 곳 서른여섯 가지를 설명하였는데 앞에서 설명한 내용과 중복된 내용은 생략하고, 서른여섯 가지 중에서 내용이 유사한 것들은 묶어서 설명하도록 한다.[65]

1) 혈파투살직천(穴怕鬪煞直扞)

투살직천(鬪煞直扞)이란 '싸워서 죽일 듯이 직접 꽂힌다.'는 의미이다. 이것은 주변의 사납고 날카로운 사격이 사방에서 공격을 하는 형상을 말하며 이를 능침살(稜侵殺) 또는 찬회(鑽懷)라고도 한다. 이러한 곳에는 혈을 결지하지 못한다는 것이다.

2) 혈파악석참암(穴怕惡石巉巖)

참암(巉巖)이이란 용의 등성이에 박혀 있는 거칠고 커다란 바위를 말한다. 용의 마루에 지맥이 있는 것인데 참암이 박혀 있다면 지맥이 막힌 것이기 때문에 참암 아래에는 혈이 결지되지 않는다고 본다. 또한 혈장 주변 여기저기에 지저분한 바위가 박혀있는 것을 옹종(臃腫)이라 하는데 땅에 종기 또는 부스럼이 생겼다고 보는 것이다. 옹종이 박혀있는 곳도 혈이 아닌 경우가 많다고 생각한다.

그러나 혈장의 앞에 박혀있는 돌이나 바위는 요석(曜石)라 하여 혈이

---

65) 서선계 · 서선술 저, 김동규 역, 『지리인자수지』, p.564.

결지된 증좌로 삼고 귀하게 여기기도 한다.[66]

3) 혈파붕파착상(穴怕崩破鑿傷) – 파면(破面)

혈은 자연의 오묘한 조화로 만들어진 진귀한 결정체이기 때문에 혈이
자리 잡은 곳은 육후처나 하수사 등 형체가 단단하면서도 부드럽고 유정
하게 나타나게 된다. 만약 용맥이나 혈장이 무너지고 깨지고 뚫리고 상처
가 난 곳이라면 혈을 결정하는 가장 중요한 땅이 훼손된 것이므로 이러한
곳에는 혈을 결지하지 못한다는 의미다.

4) 혈파사산압기(穴怕四山壓欺)

주변의 산세가 드높아 압박하며 업신여김을 받는 자리에는 혈을 결지
하지 못한다. 이런 자리를 천옥(天獄)이라고 표현하는데, 주변의 산에 갇
힌 듯한 곳에는 혈이 없다는 의미이다.

5) 혈파좌공우결(穴怕左空右缺)

혈은 보국이 갖추어져 장풍이 되는 곳에 결지하는 것이다. 만약 청룡이
나 백호가 처음부터 아예 없거나, 있으되 푹 꺼져 요함(凹陷)한 곳은 장풍
이 되지 않고 보국 안으로 강한 바람이 불어와 풍살을 받기 때문에 혈을

---

66) 〈석중혈〉(p.295) 참조. 동일한 바위를 두고 어떤 사람은 참암이라 하고 다른 사람은 석맥(石脈)이라
고 해석을 달리하는 경우가 많아 혼란스럽고 그로인해 풍수가 불신을 받는 것이다. 혈은 땅속 깊은 곳에
서 만들어지는 자연현상이기 때문에 지표면에 아주 조금 드러난 돌이나 바위만을 보고 판단하지 말고
외형상 용진처가 장풍의 조건이 갖추어진 곳인지, 혈증이 있는지부터 판단해 보아야 한다.

결지하지 못한다는 것이다.

6) 혈파고산준령(穴怕高山峻嶺)

고산준령(高山峻嶺)이란 산이 높고 산세가 험하고 급하여 경사가 매우 심한 곳으로 나무와 비교하면 뿌리와 이어지는 굵은 줄기 부분에 해당한다고 볼 수 있다. 과일나무의 열매가 가느다란 가지의 끝에 열리는 것과 마찬가지로 땅에서도 큰 산줄기가 아닌 작은 능선의 끝 부분에 혈이 만들어지는 것이다. 높은 산이나 큰 산줄기는 대부분 과룡처로서 탈살이 되지 않은 곳으로 혈이 결지될 수 없는 곳이다.

7) 혈파수주사비(穴怕水走沙飛)

자연 상태의 물길은 땅 모양 때문에 만들어지고, 이 물길은 곧 바람이 지나다니는 길이 된다. 만약 물길이 급하게 빠져나가는 형태로 만들어졌다면 이것은 청룡과 백호, 안산 등의 사격이 감싸 안아주지 못하거나 배반하는 형태이기 때문인 것이다. 이렇게 물길이 빠르게 흘러나가게 되면 음인 용과 양인 물의 교합이 이루어지지 않을 뿐만 아니라 바람을 타게 되어 혈을 결지하지 못한다는 의미이다.

8) 혈파당기불수(穴怕當氣不收)

보국이 갖추어지고 혈이 결지되면 보국과 주변 사격의 규모에 맞는 명당이 만들어져야 음양의 조화가 어우러지는 것이 자연의 이치에 맞는 것이다. 그런데 명당이 지나치게 광활(廣闊)하거나 거꾸러지듯 경사가 심한 곳은 음인 용혈이 명당의 기를 거두어들이지 못하게 된다는 것이다.

9) 혈파팔풍교취(穴怕八風交吹)

팔풍교취(八風交吹)란 사방팔방에서 계속하여 바람이 불어오는 것을 말한다. 주변의 사격이 보국을 만들고 보국 안의 아늑한 곳이라면 강한 바람이 불어오지 않게 되지만, 보국이 갖추어지지 않고 주변의 사격보다 우뚝 높이 솟아올라 돌출된 곳에는 혈이 결지되지 못한다는 의미이다.

10) 혈후파시앙와(穴後怕是仰瓦)

앙와(仰瓦)란 기와지붕의 고랑을 말한다. 기와지붕 위에 많은 고랑이 있는 것처럼 땅에도 작은 고랑이 많이 패어 있는 것을 표현한 것이다. 생룡은 용맥이 튼실하고 깨끗한 것이다. 작은 고랑이 많이 생긴 땅은 반드시 사룡인 것이고 이러한 땅에는 생기가 없으므로 혈이 결지되지 않는다.

양균송(楊筠松)의 삼부장론(三不葬論)

1) 유룡무혈 부장야(有龍無穴 不葬也)
용은 있는데 혈이 없으면 장사하지 마라.

2) 유혈무인 부장야(有穴無人 不葬也)
혈은 있는데 사람이 없으면 장사하지 마라.

3) 유인무시 부장야(有人無時 不葬也)
혈도 있고 사람도 있는데 장사 시간이 맞지 않으면 장사하지 마라.

혈후파시앙와—기와 지붕의 암키와

혈후파시앙와—작은 물길 아래

風水

형국론

제1장 형국론의 개요

풍수가 자연환경을 분석하는 학문이자 기술이라는 것은 앞에서 언급하였다. 그런데 이 자연분석 학술의 방법은 형기, 이기, 형국 등으로 다양성을 가지고 있다. 형기풍수가 용세, 사격, 수세를 살펴서 분석하는 방법이라면, 이기풍수는 방위와 시간 등으로 분석하는 방법이다. 또 다른 방법은 용혈이나 주변 산수 등을 관찰한 다음, 동물이나 식물 등 물체와 결부시켜 자연환경을 분석하는 형국론(물형론)이 있는데 대체적인 내용과 종류에 대하여 설명하기로 한다.

형국론이란 산수(山水)의 모양을 어느 동물이나 식물 등 물체에 비유하여 혈을 찾거나 설명하는 이론으로 물형론(物形論)이라고도 한다. 보국이나 혈을 중심으로 주산이나 현무봉, 안산, 조산 등의 사격과 연결하여 분석을 하거나 주위의 여러 산을 종합하여 유형을 논하는 것이다.

형국론은 우주의 이법에 따라 우주의 기운은 각각의 물체마다 형체를 갖게 하는데, 소우주인 땅에도 어느 지점에 생기가 분출되는 혈이 맺히면 물체의 형상과 유사한 지형이 만들어진다는 데 근거를 가지고 있다. 따라서 먼저 물체의 형상을 찾고 그 형상을 기본으로 혈을 찾거나 설명하는 풍수이론이다.

중국의 옛 문헌에는 '목성과 화성은 사람과 관련된 혈을 심장과 배꼽과

음부에 많이 맺고, 금성은 날짐승과 관련한 혈을 날개와 둥지, 벼슬에 많이 맺으며, 토성은 네 발 짐승과 관련한 혈을 코, 이마, 귀, 배(젖), 머리, 꼬리에 많이 맺고, 수성은 용이나 뱀과 관련한 혈을 머리나 꼬리에 많이 맺는다.'[1]고 설명하고 있으나, 이 이론은 현재 우리나라의 형국론과는 다소 차이가 있다.

우리나라에서 목성(귀인봉)은 사람과 관련한 형국을 설명하는 '장군대좌형', '옥녀단좌형', '군신조회형', '선녀등공형', '선인독서형' 등으로 불리지만, 금성의 경우는 여자(옥녀)와 관련하여 설명하는 경우가 대부분이다. '비룡승천형', '갈룡음수형', '오룡쟁주형', '비룡함주형', '회룡은산형', '생사취와형' 등 용과 뱀에 비유한 형국론은 수성의 산형이 아니라도 비룡입수하는 경우는 비룡승천형, 낮게 숙이며 입수하는 경우는 갈룡음수형, 여의주 역할을 하는 작고 둥근 봉우리가 주변에 있는 경우에는 쟁주형, 농주형, 함주형 등으로 분류한다. 또한 '금계포란형', '봉황귀소형', '평사낙안형', '복치혈', '금오탁시형' 등 날짐승에 비유한 형국은 금성의 산형에 따라 분류하기보다는 비봉(飛鳳), 응봉(鷹峰) 등의 산 이름이나 해당 지방의 지명에 의하여 분류되는 경우가 대부분이다. 그리고 '갈마음수형', '천마등공형', '와우형', '복호형', '맹호출림형' 등 네 발 달린 짐승의 유형에 비유한 형국도 우리나라에서는 토성(거문)을 관련시키지 않는다.

그런데 형국은 산을 보는 위치와 관찰하는 사람의 주관에 따라 크게 차

---

1) 『설심부 속(雪心賦 續)』에 있는 내용으로 원문은 '如木火二星多結人形, 穴取臍心陰. 金星多結禽形穴, 取翼窩冠尾. 土星多結獸形, 水星多結龍蛇形, 其穴雖以鼻　耳腹頭尾名之'이다.

이가 나타난다. 예를 들어 어떤 사람은 산의 형태를 뱀으로 보았는데 다른 사람은 지렁이로 볼 수 있으며, 어떤 사람은 호랑이로 보았는데 다른 사람은 사자나 개로 볼 수 있다. 이처럼 형국이 산을 보는 위치와 보는 사람의 주관에 따라 달라지는 점을 염두에 두고 『지리인자수지』는 '용혈의 융결이 어떤 형상에 우연히 부합되는 것은 있을 수 있지만 반드시 지형을 어떤 형상에 부합시키려 하는 것은 옳지 않으므로 자연의 이치를 터득하는 데 힘 쓸 것이고 물형에 관한 것은 구애받지 말고 버리라.'고 주장하고 있다.[2]

우리나라의 풍수학인들이나 일반인들이 형국론에 많은 관심을 가지고 있는 것이 현실이다. 하지만 저자는 형국론이 산수의 대체적인 윤곽만을 가지고 풍수를 논하는 것이기 때문에 전적으로 형국론에만 의지하여 혈을 찾고 설명한다는 것은 옳지 않으며, 앞에서 설명한 형기풍수의 원칙을 적용한 학습과 심혈, 정혈이 바람직한 것이라 본다. 따라서 체계적이고 깊이 있게 풍수를 공부하고자 하는 사람은 형국론을 참고로만 알아두기를 바란다.

다음에서 제시하는 곳들은 특정 형국이라고 흔히 알려졌기 때문에 소개하는 것뿐이지 모두가 저자의 형기풍수적인 주관과 일치하는 혈이라거나 정혈(定穴)이 바르게 되었다는 것은 아님을 미리 밝혀둔다.

---

2) 서선계 · 서선술 저, 김동규 역, 『지리인자수지』, p.343, p.645.

제2장 형국의 종류

1. 사람과 관계되는 형국

산의 형태를 사람에 비유하여 혈처를 추정하거나 설명한다. 주로 목성 (탐랑 귀인봉)의 봉우리는 신선이나 귀인과 연관시키고, 금성(무곡)의 봉우리는 옥녀 등 여인과 연관시키는 것이 보통이다. 사람과 연관을 시키기 때문에 사람의 정수리, 이마, 젖가슴, 명치, 배꼽, 단전, 음부 등에 혈처가 있다고 본다.

선인독서형(仙人讀書形)

주산이나 현무봉이 목성(귀인봉)이고 그 아래에 혈이 맺혔는데, 안산이 책상 역할을 할 작은 토성(거문성)으로 이루어진 형국을 선인독서형이라 부른다. 선인독서형은 신선이 책을 읽고 있다는 의미로 해석하고, 발복의 방향은 학식이 높고 문장력이 당대 제일인 인물이 배출되며 부귀도 얻는 다. 『조선의 풍수』는 선인독서형의 형국명이 충북 보은과 영동, 경남 진주, 전북 김제 등의 지방에서 많이 선호되고 있다고 정리하였다.[3]

---

3) 촌산지순 저, 정현우 역, 『조선의 풍수』, pp.238~244에는 1929년 5월 각 도에서 5~6개 군에 대해 경찰관서의 도움으로 조사한 총 70개 군에 분포된 자료라고 밝히고 있다. 이 책에서는 각 지역별로 선호되는 형국명을 소개하고 있다.

병바위

선인취와형-전북 고창군 영일 정씨부인 묘

선인취와형(仙人醉臥形)

선인취와형은 신선이 술을 흠뻑 마시고 취해서 누워 있다는 형국이다. 목성(귀인봉)의 주산이나 현무봉에서 출맥한 주룡이 마치 사람이 드러누워 있는 것처럼 길게 내려오다 혈을 맺었는데, 주변에 술병 모양의 사격과 술상에 해당하는 사격이 있는 경우에 이름 붙여진다.

현재 우리나라에서 가장 대표적인 선인취와형은 전북 고창군 아산면 반암리에 위치한 인촌 김성수 선생의 할머니 산소로 알려져 있다.

선인무수형(仙人舞袖形)

선인무수형은 선인이 옷소매를 늘어뜨리고 춤추는 형국이다. 목성(귀인

선인무수형-경기 용인시

봉)의 주산이나 현무봉에서 뻗어나온 주룡이 혈을 맺고 주룡과 혈을 보호
해주는 청룡과 백호는 옷소매가 늘어져 흩날리는 듯한 형상이어야 한다.
청빈한 자손이 나오고 부귀쌍전한다. 『조선의 풍수』는 선인무수형이 전북
무주와 고창, 충남 금산 등의 지방에서 많이 선호되고 있다고 정리하였다.

오선위기형(五仙圍碁形)

오선위기형은 다섯 명의 신선이 둘러앉아 바둑을 두는 형국이다. 신선
을 상징하는 목성(귀인봉) 다섯 개가 주변에 있고 바둑판에 해당하는 작은
토성(거문성)이 있어야 한다. 우리나라에서는 전북 순창의 회문산에 오선
위기형의 명혈이 있다고 알려져 있다.

기(旗)

북(鼓)

군막

장군대좌형-경기 양주시

장군대좌형(將軍臺坐形)

장군대좌형은 목성(귀인봉)의 주산이나 현무봉에서 출맥한 주룡이 주위를 내려다보는 높은 곳에 혈을 맺어 마치 장군이 진영을 둘러보며 단정히 앉아 있는 형국을 말한다. 장군대좌형의 형국이 되기 위해서는 군막을 뜻하는 일자문성, 말을 뜻하는 천마사, 깃발처럼 생긴 사격과 북처럼 둥근 산이 있고 병사들에 해당하는 작은 봉우리들이 갖추어져야 한다. 『조선의 풍수』는 충북 단양, 경기도 수원, 전남 보성, 충남 금산, 평안북도 귀성, 평안남도 성천, 함경북도 라남, 양강도 갑산(將軍形) 지방에서 많이 선호한다고 정리하였다. 현재 가장 대표적인 장군대좌형으로 알려진 곳은 충남 천안에 위치한 암행어사 박문수 묘와 충북 괴산에 위치한 송시열 선생 묘이

옥녀산발형-경기 양평군 덕수이씨 묘역

다. 그런데 두 곳 모두 장군대좌형의 필수사격인 병사에 해당하는 사격이 없어 주변의 시장에 모이는 사람들을 병사로 삼았다는 설화가 있다.

옥녀산발형(玉女散髮形)

옥녀산발형은 아리따운 여자가 화장을 하기 위해 머리를 풀어 헤치고 단정히 앉아 있는 형국이다. 주산이나 현무는 금성(무곡성)의 둥근 형태이고 여기에서 여러 줄기의 용맥이 뻗어내려와 각각의 용진처에 혈을 맺는다. 옥녀산발형은 안산이 둥근 빗(月梳), 청룡과 백호에는 거울과 분갑에 해당하는 사격이 요구된다.[4] 충북 단양, 경기도 장단, 경기도 연천, 경남 하동, 경북 예천, 함흥 등의 지방에서 많이 선호한다고 『조선의 풍수』는

옥녀탄금형-경북 예천군 정사 선생 묘

정리하였다. 경기도 양평군 양동면 쌍학리에 있는 덕수이씨 묘역이 능선마다 혈이 결지되었으므로 옥녀산발형이라 할 수 있다.

옥녀탄금형(玉女彈琴形)

옥녀탄금형은 풍류에 능한 옥녀가 거문고를 타고 있는 형국이다. 금성(무곡성)의 주산이나 현무봉 아래에 맺은 혈과 거문고 형상의 횡금사가 안산으로 짝을 이룬 경우에 옥녀탄금형 형국의 이름이 붙여진다. 『조선의 풍수』는 전북 무주, 고창, 경북 청송, 충남 금산, 제주도에서 많이 선호한

---

4) 촌산지순 저, 정현우 역, 『조선의 풍수』, p.226.

옥녀직금형–전북 남원시 보절면 금계마을

다고 정리하였다. 경북 예천군 지보면 도장리에 있는 정사 선생의 묘가 옥녀탄금형이라고 주장하는 사람도 있다.

옥녀직금형(玉女織錦形)

옥녀직금형은 여인이 베틀에 앉아 비단을 짜고 있는 형국이다. 주산이나 현무봉은 금성(무곡성)이고, 혈처에서 볼 때 앞에 베를 짤 때 사용하는 씨올의 실꾸리를 감은 북(梭)과 같은 사격이 있어야 한다. 또한 옆에는 실을 담가두는 침사수(沈絲水)가 있어야 하고 만약 없다면 우물을 파야 한다.[5] 『조선의 풍수』는 충북 단양, 경기도 수원 지방에서 많이 선호된다고 정리하였다. 전북 남원시 보절면 금다리 금계마을에 옥녀봉이 있고, 이곳

에는 옥녀직금형의 전설이 있는 꾸리 바위가 있다.[6]

어옹수조형(漁翁垂釣形)

어옹수조형은 늙은 낚시꾼이 낚싯대를 드리우고 앉아 있는 형국이다. 늙은 사람이 낚시를 하는 형국이기 때문에 주산이나 현무봉이 목성(귀인봉)이며, 낚시질은 물가에서 하는 것으로 혈을 맺은 곳 가까이에 연못이나 저수지, 하천 등의 물이 있어야 어옹수조형 형국의 이름을 붙이게 된다. 특히 안산이 물고기 형상이면 길하다고 한다. 충북 단양과 보은 지방에서 많이 선호한다고 『조선의 풍수』는 정리하였다. 현재는 경북 상주의 한산 이씨 묘역이 어옹수조형이라 하는 사람도 있으나 산수의 형세로 보아 합당하다고 볼 수 없다.

2. 네 발 짐승과 관계되는 형국

네 발 달린 짐승에 비유하여 혈처를 추정하거나 설명한다. 사람과 연관해서는 주산이나 현무봉 하나의 봉우리를 보고 그 모양이 목성이면 선인이나 장군, 금성이면 여성(옥녀)과 관련한 형국으로 설명하는데 반해, 네 발 달린 길짐승에 비유하는 형국은 하나의 봉우리만을 보지 않고 이어지는 두 개나 세 개의 봉우리를 한 묶음으로 보고 설명하는 경우가 많다. 주

---

5) 촌산지순 저, 정현우 역, 『조선의 풍수』, p.230.
6) 전북 남원시 보절면 홈페이지-일반현황-마을소개.

맹호출림형-서울 금천구 호압사

로 호랑이, 말, 소, 사슴, 토끼, 개, 쥐 등과 관련된 형국이 많은데, 혈은 입, 코, 이마, 뿔, 젖에 해당하는 지점에 있다고 설명한다.

맹호출림형(猛虎出林形)

맹호출림형은 맹수인 호랑이가 먹이를 구하기 위하여 숲을 걸어나오는 형국이다. 호랑이는 보통 깊은 산속에서 생활하지만 먹이를 좇아 마을 인근에 내려오기도 한다. 이처럼 마을 인근에 어슬렁거리는 호랑이 모양의 산이 있고, 산의 형체 중에서 호랑이 머리의 이마에 해당하는 지점에 혈이 맺혔을 때 맹호출림형의 형국이라 한다. 이 형국에는 손쉽게 호랑이의 먹이가 되어 줄 개나 소 등의 형상을 한 바위나 사격이 있어야 한다. 『조선

복호형의 상징물 개바위–세종시 전의면

의 풍수』는 황해도 수안, 함경북도 성진(城津)과 길주, 경북 안동, 강원도 김화, 경기도 고양 등의 지방에서 많이 선호된다고 정리하였다. 서울 관악산 서쪽에 호랑이가 달려가는 형상의 호암산(虎巖山)이 있는데 호랑이의 기세를 누르기 위하여 호압사(虎壓寺)가 세워졌다고 한다.

복호형(伏虎形)

복호형은 호랑이가 엎드려 있는 형국이다. 호랑이가 편안히 엎드려 있어 호랑이의 머리에 해당하는 지점에 높지 않은 봉우리가 있고 등부터 엉덩이 부분까지는 밋밋한 형태의 산등성이가 이어진 형세에서 혈이 호랑이의 이마에 해당하는 지점에 맺혔을 때 복호형이라 한다. 이 형국 역시

말머리

샘골

갈마음수형–전북 정읍시 수성동

호랑이의 먹이가 되는 개나 소 등을 상징하는 바위나 사격이 있어야 한
다.『조선의 풍수』는 복호형은 강원도 원주와 춘천, 경남 밀양, 전북 김제,
대전, 경기도 장단(虎穴), 전남 해남(伏虎聞犬形), 경북 청송(宿虎形) 등의 지
방에서 많이 선호한다고 정리하였다. 현재는 세종시 전의면 이도 선생 묘
가 복호혈로 많이 알려진 곳이다.

갈마음수형(渴馬飮水形), 갈록음수형(渴鹿飮水形)

이 형국은 목마른 말이나 사슴이 물을 마시는 형국이다. 산의 형상 중의
일부분이 말의 잔등처럼 생기고 말이나 사슴의 머리에 해당하는 부분이
아래에 있는 연못이나 냇물 쪽으로 숙여져 있을 때 갈마음수형 또는 갈록

천마시풍형-전북 순창군 김극뉵 선생 묘

음수형이라 한다. 이 형국은 능선이 길게 물가로 뻗어내린 형상이기 때문에 자칫 장풍의 조건을 갖추지 못하는 경우가 있다는 것을 유의하여야 한다. 『조선의 풍수』는 갈마음수형은 충북 진천, 전북 무주, 고창 정읍, 경기도 연천, 강원도 춘천 등의 지방에서 많이 선호하고, 갈록음수형은 평안북도 영변에서 많이 선호한다고 정리하였다. 현재 전북 정읍시 수성동에는 마곡, 샘골 등의 지명이 있는데, 이곳은 정읍시청 뒤의 말고개에서 수성동으로 뻗은 능선을 갈마음수형으로 해석한 것이다.

천마시풍형(天馬嘶風形)

천마시풍형은 하늘에서 내려온 말이 큰 희열을 느껴 울음소리를 내며 바람 속으로 날아가는 형국이다. 갈마음수형과 유사하게 말의 잔등과 연관되는 형상의 산이 있거나 말과 관련된 산의 이름이 있는 경우에 천마시풍형 형국의 이름이 붙게 된다. 갈마음수형과 다른 것은 갈마음수형이 물이 있는 아래로 산 능선이 뻗어내려온 반면 천마시풍형은 능선이 앞으로 나란히 뻗거나 약간은 위로 치솟는 형상이라는 것이다. 『조선의 풍수』는 전남 곡성, 경남 밀양, 충남 금산 등의 지방에서 많이 선호한다고 정리하였다. 강원도 강릉시 주문진읍 교항리와 송림리 사이에 있는 천마봉이 천마시풍형에서 유래하였다 하고,[7] 현재는 많은 사람들이 전북 순창의 김극뉴 선생 묘가 천마시풍형이라 말한다.

서우망월형(犀牛望月形)

서우망월형은 코뿔소가 달을 쳐다보는 형국이다. 코뿔소는 인도네시아 수마트라 섬, 자바 섬, 보르네오 섬과 인도 및 사하라 사막 이남의 아프리카 사바나 지방에 서식하는 동물이다. 예전에 우리나라에서는 볼 수 없던 동물인데 형국론에 등장한 것은 다소 의외이다. 결국 콧등에 뿔이 달린 코뿔소의 생김새와 유사한 산형에 이름 붙여진 형국이며, 안산은 달의 모양 같은 둥근 금성체여야 한다. 『조선의 풍수』에는 제주도에 서우망월형이 있다고 소개하고 있는데, 제주시 조천읍 함덕리에 있는 서우봉(犀牛峰)과 관련된 것으로 추정된다. 현재는 충남 서산 지방에 서우망월형이 있는 것으로 회자되고 있으나 정확한 장소는 알려져 있지 않다.

---

7) 강원도 주문진읍 홈페이지-우리 읍 역사.

서우(코뿔소) 형상-충남 서산시 팔봉면

와우형(臥牛形)

와우형은 소가 눕거나 앉아서 편안히 쉬고 있는 형국이다. 소는 옛부터 중요한 재산이었고 농경사회에서는 절대적으로 필요한 동력원이었기 때문에 부의 상징이기도 하였다. 그래서 소와 관련된 형국은 명예, 벼슬, 자손의 번창보다는 주로 재물의 풍요와 관련하여 해석한다. 와우형의 산형은 낮고 부드러우면서도 살이 통통한 느낌을 주는데, 혈은 소의 코, 미간, 뿔, 젖, 꼬리에 해당하는 지점에 있다. 혈처 앞에는 소가 일을 할 논이나 밭 등의 경전안이 있어야 하고, 소의 먹이가 되는 곡식이나 풀 더미 형상의 안산이 있어야 제대로 격식을 갖춘 것으로 본다.『조선의 풍수』는 황해도 수안, 평안남도 성천과 덕천, 평안북도 영변, 충북 진천과 영동, 강원

와우형-경북 안동시 임하면 내앞종가

도 강릉, 경기도 수원, 전북 무주와 김제, 경북 상주, 충남 금산 등의 지방에서 많이 선호한다고 정리하였다. 현재는 경북 안동시 임하면 천전리(내앞마을)가 대표적인 와우형으로 알려져 있다.

복구형(伏狗形), 면구형(眠狗形)

복구형이나 면구형이란 개가 엎드려 있거나 엎드려 잠을 자는 형국이다. 엎드려 있는 동물이 개이니까 산세가 그리 높지 않아야 한다. 각 사물의 가장 중요한 부분에 혈이 맺힌다는 것이 형국론의 기본 개념이므로 복구형이나 면구형에는 개가 지닌 가장 발달된 능력이 있는 부위가 혈처가 된다. 보통의 개는 자신과 집을 지키는 것이 주된 임무이고 그것을 위해

복구형-전북 군산시 임피면 술산리 전경

서 청각과 후각이 발달되었다. 따라서 복구형이나 면구형에서는 개의 귀
나 코 부위에 해당하는 지점이 혈처가 된다. 『조선의 풍수』는 전북 고창
지방에서는 복구형을 많이 선호하고, 전북 정읍 지방에서는 면구형을 많
이 선호한다고 정리하였다. 현재 많이 알려진 복구형의 길지는 전북 군산
시 임피면 술산리에 있다고 한다.[8]

옥토망월형(玉兔望月形)

옥토망월형은 암토끼가 달을 바라보는 형국이다. 형국의 주체가 토끼이

---

8) 장익호, 『유산록』, 현대문화사, pp.392~395.

옥토망월형－경기도 의정부시 호원동 망월사

므로 산은 크지 않고 아담하여야 한다. 혈처 주변에 토끼를 닮은 바위가 있는 경우에도 토끼와 관련된 형국이 된다. 안산이나 앞쪽의 사격 중에 달과 같은 금성체가 있어야 한다. 『조선의 풍수』는 강원 원주, 충북 보은, 경기도 연천, 충남 금산 등의 지방에서 많이 선호한다고 정리하였다. 경기도 의정부시 호원동에 있는 망월사(望月寺)는 대웅전 옆에 토끼 모양의 바위가 있고 정면에는 달 모양의 봉우리가 있어 옥토망월의 길지라 보고 망월사라 이름을 지었다고 한다.[9] 그리고 광주광역시 북구 망월동과 전남 무안군 일로읍 망월리도 옥토망월의 형국에서 지명이 유래하였다고 한다.[10]

---

9) 네이버 백과사전.

묘암(猫巖)
(현재는 유실)

노서하전형-전북 전주시 회안대군 묘

노서하전형(老鼠下田形)

노서하전형은 늙은 쥐가 먹이를 찾아 밭으로 내려오는 형국이다. 크지 않은 산 능선이 은밀히 먹이에 다가가는 쥐를 닮은 듯하고, 능선의 끝은 뾰족하여 쥐의 주둥이 같고 낮은 곳으로 숙여진 형상이다. 혈 앞에는 쥐의 먹이가 될 곡식을 쌓아 둔 노적가리와 연관시킬 사격이 있고 쥐가 숨을 창고형의 사격이 있어야 한다. 쥐는 한 번에 많은 새끼를 낳으므로 노서하전형의 형국은 자손이 크게 번성한다고 본다. 『조선의 풍수』는 개성과 황해도 은율군의 읍지가 노서하전형이며, 평안북도 영변과 희천 지방에

---

10) 광주광역시 북구 홈페이지-문화관광, 전남 무안군청 홈페이지-무안군 소개.

서 많이 선호하며, 강원도 강릉(山鼠下田), 경북 영천(老鼠野出) 지방에서도 많이 선호한다고 정리하였다. 전북 전주시 덕진구 금상동에 있는 회안대군 묘11)와 경기도 용인시 이동면에 있는 평택임씨 묘가 노서하전형이라 한다.

3. 용이나 뱀과 관계되는 형국

산의 형태를 용이나 뱀에 비유하여 혈처를 추정하거나 설명한다. 주로 산 능선이 길게 뻗어 내려가는 수성(문곡성)의 지형에서 이름 붙여진다. 이때 뻗어내린 능선의 크기가 크고 웅장하면 용과 관련한 형국이 되며, 여기에는 여의주와 같은 작고 둥근 봉우리가 있어야 한다. 능선의 크기가 작고 가늘면 뱀과 관련한 형국이 되는데 여기에는 뱀의 먹이가 되는 개구리를 상징하는 바위가 있어야 한다. 몸이 긴 용이나 뱀과 연관을 시키기 때문에 혈은 용이나 뱀의 정수리, 이마 등에 있으며 몸통이나 꼬리에 해당하는 부분은 과룡처가 될 가능성이 크다.

비룡승천형(飛龍昇天形), 비룡상천형(飛龍上天形)

비룡승천형이란 용이 하늘로 날아올라가는 형상의 형국을 말한다. 현무봉에서 길게 내려온 용맥이 혈장으로 입수할 때에는 결인속기를 하고

---

11) 문화공보부 문화재 관리국, 『한국민속종합조사보고서』 제20권, p.95에는 '지가설(地家說)에 의하면 안산에 고양이 바위(猫巖)가 있어서 노서하전형이 분명하다.'는 기록이 있다. 고양이 바위는 묘와 안산 사이의 논에 있었는데 경지 정리 과정에 없어졌다고 한다.

태봉

비룡승천형-경기 가평군 중종 태봉

비룡입수형태를 취하는 것을 말한다. 따라서 비룡승천형은 주로 돌혈에 이름 붙여진다. 『조선의 풍수』는 충남 당진, 전북 무주, 경남 하동, 충북 영동 지방에서는 비룡승천형의 이름이 많이 선호되고, 경기도 연천, 평안 북도 영변, 전북 김제 지방에서는 비룡상천형이 많이 선호되며, 전북 고창 (飛龍登天), 제주도(黃龍上天), 충북 영동(兒龍昇天), 충북 진천(瑞龍上天) 지방 에서도 유사한 형국이 많이 선호된다고 정리하였다.

갈룡음수형(渴龍飲水形)

갈룡음수형은 목마른 용이 몸을 길게 빼고 머리를 숙여 아래쪽에 있는 물을 마시는 형국을 말한다. 비룡승천형이 용세가 높이 솟아오르는 형국

갈룡음수형—경북 안동시 김진 선생 묘

인 반면, 갈룡음수형은 점차 몸을 낮추어 혈을 맺는 형세인 것이다. 혈 앞에는 시냇물이나 강물이 있어야 한다. 『조선의 풍수』는 황해도 수안(遂安), 경북 경산 등의 지방에서 많이 선호된다고 정리하였다. 전북 순창군 쌍치면 금평리의 울산김씨 문중의 묘가 갈룡음수형으로 알려져 있고, 경북 안동시 임하면의 김진 선생의 묘도 갈룡음수형이다.

반룡농주형(蟠龍弄珠形), 쌍룡농주형(雙龍弄珠形)

농주형은 용이 여의주를 가지고 장난치며 노는 형국이다. 용이 승천할 때는 호주(狐珠)라는 여의주를 입에 물고 올라간다고 한다. 승천을 위해 반드시 필요한 여의주를 얻은 용이 여의주를 입에 물고 즐겁게 놀고 있는

반룡농주형-경기 화성시 융릉

형상인 것이다. 혈 앞 명당에는 여의주 모양의 둥글고 작은 독산(獨山)이
있어야 하고, 용이 한가롭게 놀기 때문에 여의주 주변의 용이 완만한 경사
로 부드럽게 여의주를 향한다. 여의주 주변의 용의 숫자에 따라 쌍룡농주
형, 오룡농주형, 구룡농주형 등으로 구분한다. 반룡농주형은 용이 똬리를
틀고 앉아 여의주를 가지고 노는 형국이다. 『조선의 풍수』는 충남 금산(九
龍弄珠形), 제주도(伏龍弄珠形), 평안남도 용강(青龍呑珠形) 지방에서 많이 선
호된다고 정리하였다.

　　조선시대 왕릉 중에서 사도세자의 능인 융릉은 천장을 하면서 정조가
반룡농주형이라고 형국의 이름을 붙였고, 여의주로 간주할 만한 사격이
마땅치 않아 형국의 조건을 맞추기 위하여 능 앞에 작고 둥근 봉우리를 만
들었으며 원찰의 명칭을 용주사(龍珠寺)로 바꾸기도 하였다.[12)]

융릉의 원찰인 용주사

융릉 앞의 여의주 상징 흙무더기

삼룡쟁주형, 오룡쟁주형, 구룡쟁주형

삼룡쟁주형(三龍爭珠形), 오룡쟁주형(五龍爭珠形), 구룡쟁주형(九龍爭珠形)

　쟁주형은 하나의 보국 안에 여러 개의 용맥이 힘차게 뻗어나와 들판 가운데에 있는 여의주를 서로 차지하려는 형국이다. 여의주를 향한 용의 숫자에 따라 삼룡쟁주형, 오룡쟁주형, 구룡쟁주형 등으로 구분한다. 모든 용이 서로 여의주를 차지하기 위하여 기회를 엿보기만 할 뿐, 다른 용의 견제 때문에 어느 용도 여의주를 차지하지 못하는 긴장 상태가 유지된다. 『조선의 풍수』는 삼룡쟁주형은 전남 보성 지방에서, 구룡쟁주형은 함경 남도 원산 지방에서 많이 선호한다고 정리하였다. 충남 천안시 동남구 오

---

12) 『조선왕조실록』, 정조 13년(1789년 기유) 7월 11일(을미).

룡동(중앙동)의 명칭이 오룡쟁주형의 형국에서 유래하였다고 한다.[13]

회룡은산형(回龍隱山形)

회룡은산형은 멀리 행룡해 온 용이 크게 원을 그리듯 휘감아 보국을 만들고, 보이지 않는 안쪽에 혈을 결지하는 형국이다. 밖에서는 보이지 않고 마치 커다란 소라의 몸속에 들어가는 것처럼 돌면서 골짜기를 따라 들어가 보면 보국이 갖추어졌음을 알 수 있다. 전북 남원시 송동면 세전리의 원래 지명이 잠전(潛田)이었는데 잠전의 의미에는 잠룡(潛龍), 은룡(隱龍), 회룡은산 형국이 함께 담겨 있다고 한다.[14] 그리고 경기도 고양의 최영 장군 묘가 회룡은산형이라 설명하는 사람도 있다.

사두형(蛇頭形), 용두형(龍頭形)

사두형이란 작고 가느다란 용맥이 주산이나 현무봉에서 길게 뻗어나와 지현자(之玄字)로 굴곡을 하며 행룡을 하다가 그 끝부분에 혈을 결지하였을 때, 작고 가느다란 용맥은 뱀의 몸통에 관련시키고 살짝 치켜든 혈처는 뱀의 머리에 연관시키는 형국을 말한다. 사두형의 경우 뱀의 먹이가 될 수 있는 개구리나 쥐 등과 관련시킬 수 있는 작은 바위 등이 있어야 한다. 만약 길게 뻗어 내려온 산 능선이 크고 굵으면 용두형이라고 표현한다. 주의할 점은 지현자(之玄字)의 굴곡이 없으면 사룡(死龍)인 것이고, 능선이

---

13) 충남 천안시 동남구 중앙동 주민센터 홈페이지-우리 마을 소개-지명 유래.

14) 전북 남원시청 홈페이지-마을유래.

사두형-경기 안성시

길게 뻗게 되면 뱀의 머리 부분에 해당하는 능선의 끝부분은 대개 장풍이 되지 않아 형상은 뱀처럼 보이더라도 혈이 맺히지 않은 경우가 많다는 것이다.

『조선의 풍수』는 평안남도 성천, 경기도 여주(龍頭形) 지방에서 많이 선호한다고 정리하였다. 우리나라에서는 전북 남원시 사매면(巳梅面)의 명칭이 사두형에서 유래하였다고 하며[15], 경기도 안성시 고삼면의 류양식 선생 묘와 경북 예천군 호명면 백송리의 진성이씨 묘역 등 사두형으로 알려진 곳은 많이 있다.

---

15) 전북 남원시청 홈페이지-마을유래.

장사축와형-전북 임실군 남원양씨 문중 소유지

장사축와형(長蛇逐蛙形), 장사출림형(長蛇出林形)

장사축와형과 장사출림형은 뱀이 먹이를 구하기 위하여 수풀 밖으로 기어나오는 형국이다. 사두형과 유사한 형국이라고 보면 되나 굴곡의 변화가 좀 더 활발하여야 하고, 안산 주변에 개구리나 쥐 등을 연관시킬 작은 바위가 반드시 있어야 한다. 사두형과 마찬가지로 길게 뻗은 능선의 끝은 장풍의 조건이 갖추어지지 않아 혈을 맺기가 쉽지 않으므로 지나치게 형국에만 의지하여서는 안 된다. 『조선의 풍수』는 경기도 연천(生蛇出林形), 평안북도 희천(伏蛇出林形) 지방에서 많이 선호한다고 정리하였다. 현재는 충북 음성의 신항구 선생 묘소가 장사축와형으로 알려져 있다. 전북 임실의 장사출림형의 경우 남원양씨 문중에서 개구리 바위를 쌀 20가

마에 샀다는 설화가 있다.[16)

4. 날짐승과 관계되는 형국

산의 형태를 새나 닭 등의 날짐승과 비유하여 혈처를 추정하거나 설명한다. 지명이나 산 이름이 날짐승과 연관이 있을 경우나 산봉우리 모양이 매의 부리와 같은 형상이거나 전체적인 산의 모양이 날짐승이 날개를 펴고 있는 형상일 때 그에 걸맞은 형국의 이름을 붙이게 된다. 혈은 새의 부리, 볏, 날개 안쪽에 해당하는 지점에 주로 맺히는데 간혹 둥지에 해당하는 지점에 맺히는 경우도 있다.

봉황포란형(鳳凰抱卵形), 자봉포란형(雌鳳抱卵形), 비봉포란형(飛鳳抱卵形)

봉황포란형, 자봉포란형, 비봉포란형은 상상 속에만 있는 오색의 털과 다섯 가지 소리를 내는 상서로운 새인 봉황이 알을 품고 있는 형국이다. 봉(鳳)은 수컷을 말하고 황(凰)은 암컷을 일컫는데, 성인이 세상에 나면 봉황이 나타난다고 한다. 봉황은 대표적인 길상(吉祥)한 새로 주위의 청룡이나 백호가 여러 겹으로 에워싸면서도 유순하고 단정한 특성을 가졌을 때 이름을 붙이게 된다.[17) 봉황은 지극히 존귀하기 때문에 오동나무에만 깃들고 죽실(竹實)만 먹고 산다는 전설이 있어 오동나무와 대나무 숲이 봉황

---

16) 김두규 교수 홈페이지(http://www.korea-fengshui.com)–풍수답사–전북의 3대 뱀 대가리 명당.

봉황포란형–강원 인제군 설악산 봉정암

자봉포란형–전북 순청군 북흥면 반월리

과 관련한 형국의 기본 요소가 된다. 『조선의 풍수』는 전남 곡성, 경북 상주, 경남 밀양, 경남 진주, 전북 김제, 충남 금산 등의 지방에서는 비봉포란형을 많이 선호하고, 봉황포란형은 전남 해남 지방에서 많이 선호한다고 정리하였다.

자봉포란형으로는 전북 순창군 복흥면 반월리의 울산김씨 묘가 널리 알려져 있다. 이 묘가 소재한 곳의 옛 행정구역 명칭은 자포리(子抱里)인데 암컷 봉황이 알을 품고 있는 자봉포란(雌鳳抱卵)의 형국이라 해서 마을 이름을 자포마을이라 부르게 되었다고 한다.[18]

그리고 강원도 인제군 설악산 봉정암(鳳頂庵)도 일곱 개의 바위가 둘러싸고 있는 봉황포란의 형국이라 하고,[19] 대구시 동구 도학동에 있는 동화사(桐華寺)도 봉황포란형으로 유명한 곳이다. 동화사의 터가 봉황포란의 길지에 있기 때문에 봉황이 편안히 앉을 수 있도록 봉황이 앉는다는 오동나무 '동(桐)' 글자를 절의 이름에 사용하였다. 또 대웅전 앞의 전각은 '봉황이 깃든 누각'이라는 뜻의 봉서루(鳳棲樓)[20]라 이름을 지었고, 봉서루 앞에는 봉황의 알을 상징하는 알 모양의 조각을 놓아 봉황포란 형국의 격식을 모두 갖추었다.

---

17) 대구한의대학교 사회개발대학원 풍수지리학과 성동환 교수 《전통풍수이론연구》 사이버강의 자료.

18) 전북 순창군 복흥면 홈페이지-일반현황-연혁/지명유래.

19) 봉정암 홈페이지(http://www.bongjeongam.or.kr)-적멸보궁-적멸보궁 봉정암의 유래.

20) 팔공산 동화사 홈페이지(http://www.donghwasa.net)-둘러보기-전각 상세보기.

비봉귀소형-충북 보은군 장안면 봉비리

비봉귀소형(飛鳳歸巢形), 봉황귀소형(鳳凰歸巢形)

　비봉귀소형이나 봉황귀소형은 봉황이 둥지로 돌아오는 형국이다. 잠시 둥지 밖으로 나갔던 봉황이 둥지로 돌아오는 형국이므로 혈처 앞의 안산이나 조산의 모양이 봉황이 날개를 펼치고 둥지를 향해서 날아오는 형상을 하고 있어야 한다. 『조선의 풍수』는 충남 논산 지방에서 비봉귀소형이 많이 선호된다고 정리하였다. 현재 여러 지방에 비봉(飛鳳)이나 봉비(鳳飛)의 지명이 있는데 이러한 곳들은 비봉귀소형이나 봉황귀소형과 관련이 많은 것이다. 충북 보은군 장안면(구 외속리면)에 있는 봉비리(鳳飛里) 오리미(梧林)마을에는 봉황의 둥지가 있는데, 아침이면 앞마을 황곡리 빙경산으로 놀러 나갔던 봉황이 저녁이면 둥지로 돌아온다는 비봉귀소형의 길

금계포란형-경북 봉화군

지가 있어 동네 이름이 봉비리(鳳飛里)가 되었다고 한다.[21]

금계포란형(金鷄抱卵形)

금계포란형은 닭이 알을 품고 있는 형상의 형국이다. 금계란 하늘에서 내려온 귀한 닭이 알을 낳아 품고 있는 형국으로 봉황포란형과 흡사하나 국세가 다소 작으며, 주산이 금계산 등의 지명을 갖고 있다. 혈처 주변에는 알이나 병아리에 해당하는 작고 둥근 바위가 있으면 더욱 길하다. 『조선의 풍수』는 충남 태안군의 읍 터가 금계포란형이라 하고, 경기도 강화, 여주, 연천, 강원도 김화와 강릉, 전북 무주와 정읍, 경북 청송, 함경북도 회령, 평안남도 용강과 성천, 충남 금산, 대전 등의 지방에서 많이 선호한

평사낙안형-전북 정읍시 산외면 평사리

다고 정리하였다. 현재는 경북 봉화군 봉화읍 유곡리(酉谷里) 닭실마을의 모양이 금 닭이 알을 품고 있는 금계포란형(金鷄抱卵形)의 지세라 닭실마을로 부르게 되었다 한다. 그리고 전남 영광군 불갑면 금계리에 유봉(酉峰)이라는 뒷산이 있어 이 산 아래에 금계포란형의 길지가 있는 것으로 전해지고 있으며, 이 때문에 동네 이름이 유봉마을이 되었다.[22]

---

21) 충북 보은군 장안면 홈페이지-우리 마을소개.
22) 전남 영광군 불갑면 홈페이지-우리 마을-마을 유래.

평사낙안형(平沙落雁形)

평사낙안형은 평평하고 넓은 백사장에 기러기가 내려앉은 형국이다. 이 형국의 지형은 기러기 머리와 부리의 형상을 한 사격이 있고, 큰 강이나 개울이 혈을 감싸 안아주고 흐르며 물길의 안쪽 가장자리에 백사장이 있어야 한다. 혈은 물가 백사장에서 다소 떨어져 있고, 높지 않은 청룡과 백호가 보국을 만들어 장풍이 되는 곳이면서 형상으로는 기러기의 부리나 날개 안쪽에 해당하는 지점에 있다. 『조선의 풍수』는 강원도 강릉, 전북 무주, 경남 진주, 충남 금산, 경기도 연천 등의 지방에서 많이 선호한다고 정리하였다. 전북 정읍시 산외면 평사리에는 옛날부터 평사낙안의 길지가 있다고 전해져 외지에서 이사를 오기도 하였고, 현재는 주변 영업점의 상호로 '평사낙안'이 많이 사용되고 있다.

복치형(伏雉形)

복치형은 꿩이 숲속에 숨어 있는 형국이다. 산봉우리의 모양이 매의 부리와 같으면 매봉이나 응봉 또는 수리봉이라 이름 붙인 경우가 많은데 주산이나 현무봉 또는 주변의 사격 중에 매봉이나 응봉, 수리봉이 있는 혈을 복치혈이라 한다. 매가 주로 꿩이나 닭 등을 먹이로 삼기 때문에 매는 꿩의 입장에서는 생존에 절대적으로 위협이 되는 존재가 되고, 그래서 주변에 매가 있으면 본능적으로 숨게 된다. 복치혈은 이러한 자연의 섭리를 풍수에 접목시킨 것이다. 매를 만나면 꿩이 머리라도 숨기듯이 매봉 또는 응봉이 있으면 혈도 매봉이나 응봉을 피해 와혈이나 겸혈처럼 낮고 숨겨진 곳에 있는 것이 복치혈의 특징이다. 또 혈 주변에는 개 모양의 바위가

복치형-전북 고창군

있거나 개와 관련한 이름의 봉우리가 있어서 개를 두려워한 매가 꿩을 쉽게 공격하지 못하여 꿩과 매와 개의 삼각의 긴장 관계가 유지되어야 한다. 『조선의 풍수』는 충남 당진, 황해도 장연, 평안북도 영변, 함경북도 성진 등의 지방에서 많이 선호한다고 정리하였다. 전북 고창군 아산면 삼인리에 있는 김요협 선생의 묘의 주변에 도솔산(수리봉)과 견치산(개 이빨산)이 있어서 복치혈이라고 부르는 사람들도 있다.

연소형(燕巢形)

연소형은 높은 곳에 매달아 놓은 것처럼 있는 제비의 둥지와 닮은 형상의 형국이다. 지형은 산봉우리에서 쏟아지듯 가파르게 내려온 용맥이 산의 중턱에서 혈이 앉을 수 있도록 잠시 평평해진 다음, 혈을 결지하고 다시 급하게 내려가는 형태이다. 연소형으로 혈이 결지되는 지형은 외청룡이나 외백호 그리고 조산과 안산이 다소 부족하여 측면이나 전면의 바람에 노출 되게 되었을 때 자체적으로 내청룡 내백호 안산을 만들어 산위에 오목한 와혈의 혈상을 만드는 것이다.[23]

일반적으로 산 중턱에 있어 멀리까지 잘 보이는 자리가 있으면 무턱대 고 연소혈이라 이야기하는 사람들이 많다. 그러나 이것은 풍수의 기본인 장풍을 염두에 두지 않고 지형만을 얼핏 보고 이야기하는 것이다.

『조선의 풍수』는 경기도 연천, 경북 경산, 평안남도 성천 등의 지방에서 많이 선호한다고 정리하였다. 그 외 강원도 강릉시 구정면 제비리 제비 골, 충남 연기군 금남면 황룡리 제비집골, 전북 부안군 부곡리 연소동 마 을, 전남 무안군 서호리 연소동 마을 등은 마을의 형상이 제비집과 같다 하여 마을 이름이 붙여진 경우이다.[24]

금구탁목형(金鳩啄木形), 황앵탁목형(黃鶯啄木形)

금구탁목형과 황앵탁목형은 신령스런 비둘기나 꾀꼬리가 나무를 쪼는 형국이다. 주산이나 현무봉에는 비둘기나 꾀꼬리와 연관시킬 봉우리나 바 위가 있어야 하고, 안산에는 꾀꼬리가 쫄 나무에 해당하는 토성(거문)형의 사격이 있어야 한다. 『조선의 풍수』는 강원도 강릉에 금구탁목형이 있다고

---

23) 〈자기보국혈〉(p.282) 참조. 연소형은 자기보국혈을 형국론적으로 표현한 말이다
24) 네이버 백과사전

꾀꼬리바위

혈

황앵탁목형−전북 순창군

정리하였다. 현재는 전북 순창군 복흥면 대방리 금방동 마을에 있는 노사 기정진 선생 조모의 묘가 황앵탁목형이라고 한다.

5. 그 외 동물과 관계되는 형국

형국은 사물의 형상이나 의미를 풍수와 접목시킨 것이므로 그 종류가 다양하고 명칭도 주관적으로 정하여진다. 앞에서 사람과 관계되는 형국, 네 발의 길짐승과 관계되는 형국, 용이나 뱀과 관계되는 형국, 날짐승과 관계되는 형국 등을 설명하였으나 여기에 포함되지 않는 기타 동물과 관계되는 형국을 설명하기로 한다.

금구몰니형-전남 구례군 운조루

금구몰니형(金龜沒泥形)

금구몰니형은 신령스러운 하늘의 거북이가 땅 위에 내려와 진흙 속에 몸을 숨기고 있는 형국이다. 일반적으로 진흙이 있는 곳은 지대가 낮은 곳이기 때문에 용맥은 뚜렷하게 드러나지 않고 평평하게 숨어서 내려온다. 용맥 양옆을 따라 흐르는 작은 도랑물이 합수되는 근처의 미돌한 곳이 혈처가 된다.

미돌한 부분의 형상이 거북의 등과 같다 하여 붙여진 이름이며, 반드시 진흙 속에 있어야 하는 것은 아니다. 주로 동네 가운데나 동네 바로 앞의 전답 주변에 혈이 있어 음택지보다는 양택지로 쓰이는 경우가 많다. 『조선의 풍수』는 경남 김해와 진주, 충남 금산, 전북 정읍, 강원도 회양군(金龜

영구음수형-경북 영주시 소수서원

陷泥形)과 경기도 연천(龜形) 등의 지방에서 많이 선호한다고 정리하였다. 현재는 전남 구례군 토지면 오미리 운조루 터에 금구몰니형의 혈처가 있다고 전한다.[25)

영구음수형(靈龜飮水形), 영구입수형(靈龜入水形)

영구음수형이나 영구입수형은 신령스러운 거북이가 물을 마시기 위하여 목을 길게 늘이고 있거나 물속으로 들어가는 형국이다. 산의 형상은

---

25) 운조루는 1776년에 낙안군수였던 유이주 선생이 건축한 것으로 전하는데, 처음 이 건물을 짓기 위하여 터를 닦을 때 어린 아이 머리 크기의 거북 모양 돌이 나와서 금구몰니형으로 불리게 되었다고 한다. 운조루 앞의 연못이 혈처(穴處)라 주장하는 사람도 있다.

해구형-개의 입에 해당하는 자리에 혈

거북이의 등처럼 생긴 낮고 둥근 봉우리가 있고, 봉우리에서 물이 있는 곳으로 뻗어나간 짧은 능선이 거북이 목처럼 생겼다. 혈은 거북이의 머리에 해당하는 지점에 있다. 경북 영주시 순흥면에 있는 소수서원의 현무봉인 영구봉이 거북의 등을 닮았고 목을 길게 뺀 형국이라 영구음수형이나 영구입수형의 형국에 해당한다.

해구형(蟹口形), 해복형(蟹伏形)

해구형이나 해복형은 산세나 혈장 주변의 모양이 게나 가재가 엎드려 있는 형국이다. 지형은 혈장의 앞부분에서 좌우로 작은 지각이 뻗쳐 마치 게나 가재의 집게발처럼 되어 있다. 혈은 게나 가재의 정수리나 입에 해

혈

지네 형상의 산줄기

오공형-전북 완주군 전의이씨 묘역

당하는 지점에 있다. 『조선의 풍수』는 평안북도 태천에서 많이 선호한다
고 정리하였다. 충남 예산군 신양면 귀곡리 물미리 마을에 두사충이 말한
해복형이 있다고 한다.[26]

오공형(蜈蚣形)

오공형은 지네가 움직이는 형국이다. 지형은 내룡(來龍)의 지각이 짧은
지네의 다리와 같이 많이 붙어 있어 마치 지네가 기어가는 듯한 모습이
다. 주로 낮은 곳에 혈이 자리 잡는데 지네의 입에 해당되는 부분이다.

---

26) 충남 예산군 홈페이지-행복예산-예산의 역사.

『조선의 풍수』는 경기도 여주 지방에서 많이 선호한다고 정리하였다. 전북 군산시 성산면 고봉리의 채원병 가옥도 풍수적으로 고봉산에서 내려오는 용맥이 마치 지네와 같은 형상을 이루고 있으며, 그 맥이 이 집의 중심부가 지네의 입에 해당하는 오공형으로 알려져 있다.[27] 또한 전북 정읍시 산외면의 김동수 가옥과 전북 완주군 구이면 안덕리의 전의이씨 묘역도 오공형으로 널리 알려져 있다.

6. 꽃과 관계되는 형국

산의 형태를 사람들이 좋아하고 주변에서 자주 접할 수 있는 꽃나무와 비유하여 혈처를 추정하거나 설명한다. 어느 마을 주변의 산수를 모두 살펴서 산봉우리 모양이 특정한 식물의 꽃과 닮았다고 볼 때 형국 이름을 붙이기도 하고, 마을의 식생을 살펴서 특정한 식물이 많이 있을 때 붙이는 경우도 있다. 식물이 꽃을 피우는 이유는 종족번식을 위한 종자(씨)를 만들기 위한 것이다. 따라서 꽃나무와 관련한 형국의 혈은 나중에 열매가 맺히는 꽃의 한가운데 꽃술이 있는 화심 부분에 맺는다.

---

27) 전북 군산시 홈페이지-문화관광-알고 가자 희망 군산-문화재.

매화낙지형-경기도 양주시 매곡리 마을 안내석

매화낙지형(梅花落地形), 도화낙지형(桃花落地形)

매화낙지형은 매실나무의 가지가 아래로 늘어져 매화가 땅바닥에 닿아 있는 형국을 말하는 것이고, 도화낙지형은 복숭아나무 가지 끝에 달린 꽃이 땅바닥에 닿을 듯 있는 형국을 말한다. 혈은 높지 않은 곳에 있고, 혈을 중심으로 낮고 둥근 봉우리 대여섯 개가 주변에 있는 형상이다. 혈 주변의 산봉우리들이 꽃잎이 되고 혈이 있는 지점이 화심에 해당한다. 『조선의 풍수』는 매화낙지형은 강원도 원주, 경기도 수원, 전북 무주, 경북 청송, 충남 금산, 대전 등의 지방에서 많이 선호하고, 도화낙지형은 강원도 강릉, 충남 금산(紅桃落盤) 등의 지방에서 많이 선호한다고 정리하였다. 충북 보은군 탄부면 매화리는 지형이 매화꽃 같이 생겼다 하여 마을 이름이 되었고,[28] 옥천군 옥천읍 매화리는 매화가 땅에 떨어진 형상이라서 마을 이름이 매화리가 되었다고 한다.[29] 그밖에 우리나라에 매곡리, 매화동, 매화리의 지명을 사용하는 곳이 많은데 이러한 지명의 대부분이 매화와 연관이 있다.

연화부수형(蓮花浮水形)

연화부수형은 수생식물인 연꽃이 연못이나 저수지에 뿌리를 내리고 수면의 잎사귀 위로 피운 꽃이 물 위에 떠 있는 형국이다. 지형에 의한 연화부수형 혈은 작은 구릉 형태로 행룡하는 평강룡의 끝자락에 있어 아주 낮은 곳에 있다. 혈 주위는 논이나 하천 등이 둘러싸고 있어 마치 물 가운데에 혈장이 떠 있는 것과 같은 느낌이다. 『조선의 풍수』는 연화부수형의 형국은 충남 당진, 황해도 수안, 경기도 강화와 연천, 강원도 강릉, 충북 보은, 전북 무주와 정읍(蓮葉浮水形), 경북 상주, 함경북도 웅기 등의 지방에서 많이 선호하고, 경북 청송, 황해도 장연 등의 지방에서는 연화반개형, 전북 김제와 고창, 전남 보성 지방에서는 연화도수형(蓮花到水形), 제주도에서는 연화유형(蓮花遊形)으로도 선호한다고 정리하였다.

경북 안동시 풍천면의 하회마을은 낙동강 물이 마을을 완전히 감아 돌며 흐르기 때문에 연화부수형이라 부르는 사람이 많다. 음택으로는 인천광역시 연수구 연수동에 있는 인천이씨 시조 묘소와 전북 김제시 만경면

---

28) 충북 보은군 탄부면 홈페이지-우리 마을 소개-기본 현황.
29) 충북 옥천군 옥천읍 홈페이지-우리 마을 자랑-마을 홈페이지-매화리.

연화부수형-전북 김제시 진묵대사 모친 묘

화포리에 있는 진묵대사 어머니의 묘가 대표적인 연화부수형이라 할 수 있다.

그런데 간혹 연꽃 모양의 산 모양에 따라 연꽃과 관련된 산의 이름을 붙이고, 그 산에 있는 혈에 연화부수형이라는 형국을 붙이는 경우도 있다. 강원도 태백시 한가운데 있는 연화산(蓮花山)은 산봉우리들의 모양이 연꽃처럼 생겼다 한다. 산속에는 연당지(蓮塘池)라고 하는 연못이 있고 그곳에 연화부수형의 길지가 있다고 한다.[30]

---

30) 강원도 태백시 홈페이지-태백관광-태백산-태백의 산과 계곡.

7. 기타 사물과 관계되는 형국

앞에서 여러 가지의 형국에 대하여 설명을 하였으나 그 어느 것에도 포함되지 않는 형국이 있다. 형국의 개요에서 이야기하였듯이 우주의 모든 만물에 형국이 만들어질 수 있는 것이다.

오보교취형(五寶交聚形)

오보교취형이란 금·은·진주·산호·호박 등 다섯 가지 보물이 모여 있는 터를 말한다. 옛날부터 전하여 온 비기(秘記)에 따르면 전남 구례군 토지면 오미리는 맨 위(上台)에 금구몰니혈, 중간(中台)에 금환낙지혈, 아래(下台)에 오보교취혈 등 세 대혈(大穴)이 있다고 한다. 금구몰니혈은 운조루이고, 토지면 면사무소 소재지 인근에 돌탑이 있는 자리가 오보교취형(하대)의 혈이라고 한다. 돌탑의 남쪽에 보이는 다섯 개의 봉우리를 다섯 개의 보물로 보고 형국의 이름을 붙였다고 생각된다.

오보교취형 돌탑-전남 구례군

오보교취형 조안산-전남 구례군

금환낙지형-전남 구례군 곡전재

금환낙지형(金環落地形)

금환낙지형은 고귀한 고리(반지)가 땅에 떨어진 것 같은 형국이다. 지형은 작은 능선이 둥근 고리 모양으로 보국을 만들고 그 보국 안에 혈이 있는 형상이다. 오보교취형과 함께 전남 구례군 토지면 오미리에 있다고 전해오는데, 운조루에서 남쪽으로 200m 정도 내려간 지점에 있는 곡전재(穀田齋)가 금환낙지형의 혈이라고 알려져 있다.[31] 절세미인이 성행위를 하기 위해 금가락지를 빼놓은 자리라는 설도 있다.

---

31) 곡전재는 금환(金環)의 둥근 모양을 본떠 담장을 둥글게 쌓았다.

괘등형-경북 의성군 김용비 선생 묘

괘등형(掛燈形)

괘등형은 높은 봉우리에서 급하게 내려오던 능선이 산 중턱에서 평평하게 되면서 그곳에 혈이 결지한 형태의 형국을 말한다. 산 중턱 평평한 곳에서 혈을 결지한 능선은 다시 급경사로 떨어져 멀리서 보면 마치 혈이 산의 중턱에 올라앉아 있는 것처럼 보인다.

『조선의 풍수』는 경기도 수원, 경북 청송, 황해도 장연 등의 지방에서 많이 선호한다고 정리하였다. 경북 의성군 사곡면 토현리에 있는 의성김씨 김용비 선생의 묘를 많은 사람들이 괘등형이라 말한다.

괘등형과 자기보국혈은 외형상으로 혈이 산 중턱 평평한 곳에 앉아 있는 듯해서 멀리서 볼 때 비슷하다. 그러나 멀리서 볼 때는 비슷하더라도

연소형-경남 창녕군

가까이에서 자세히 보면 큰 차이가 있다. 괘등형은 산중턱에 있더라도 좌
우의 청룡과 백호가 확실하게 바람을 막아주어 측면의 바람이 혈장으로
불어오지 않을 때 유혈로 만들어진다. 반면 자기보국혈은 좌우의 청룡이
나 백호가 부실하여 측면의 바람을 완전히 막아주지 못할 때 장풍의 조건
을 완성시키기 위하여 주룡의 산중턱 능선 위에 스스로 작은 보국을 만들
고 혈을 결지하기 때문에 얕은 와혈의 형태가 된다.[32]

---

32) 〈자기보국혈〉, (p.282) 참조

행주형-서울 여의도

행주형(行舟形)

행주형은 배가 물 위에 떠서 앞으로 나가는 형국이다. 높은 산에서부터 용맥이 길게 흘러와 평평한 구릉이 되고 주변에 강물이 감싸고 있는 형세이다. 주로 강가의 양기(陽基)에 붙여지는 형국으로 키, 돛대, 닻 등을 상징하는 사격이 있으면 더욱 좋으나 우물을 파는 것은 배의 바닥에 구멍을 뚫는 것과 같다 하여 금기시한다. 『조선의 풍수』는 평양, 청주, 무주, 공주 등이 행주형에 해당한다고 정리하였다.[33] 근래에는 전북 남원시가 행주형이라 하는 사람도 있다.

---

33) 촌산지순 저, 정현우 역, 『조선의 풍수』, pp.631~634.

복종형-경기 용인시 임인산 선생 묘

복종형(伏鐘形), 복부형(伏釜形)

복종형과 복부형은 혈장이 있는 지점의 모양을 보고 이름을 붙인 형국이다. 복종형이나 복부형은 모두 봉우리의 볼록한 곳에 혈이 있는 돌혈이다. 돌혈이 있는 봉우리의 모양이 동종(銅鐘)과 닮았으면 복종형이라 하고 가마솥을 엎어 놓은 것과 비슷하면 복부형이라 한다.

야자형(也字形), 물자형(勿字形)

야자형이나 물자형은 혈 주변의 청룡과 백호의 생긴 모양을 보고 이름을 붙인 형국이다. 혈이 맺히는 기본 조건이 장풍이고, 장풍이 되도록 보국을 만드는 것이 청룡과 백호이다.

복부형-경북 예천군 정탁 선생 묘

청룡과 백호가 보국을 만드는 모양은 다양하다. 만약 백호가 혈 앞으로 길게 감아 돌면 한자 '也'와 비슷하다 하여 야자형이라 하고, 청룡과 백호가 양옆에서 앞으로 쭉쭉 뻗은 형상이면 한자 '勿'과 흡사하다 하여 물자형이라 한다.

『조선의 풍수』는 전남 화순, 경기도 연천 등의 지방에서 야자형을 많이 선호한다고 정리하였다. 경북 영천시 북안면 도유리에 있는 광주이씨 시조 이당 선생의 묘가 야자형으로 많이 알려져 있고, 경기도 여주군 능서면 왕대리에 있는 효종대왕 영릉(寧陵)이 물자형이라고 볼 수 있다.

야자형-경북 영천시 영천이씨 부인 묘와 이당 선생 묘

야자형-경북 영천시 영천이씨 부인 묘와 이당 선생 묘

물자형–경기 여주시 효종대왕 영릉

물자형–경기 여주시 효종대왕 영릉

風水

부록

|제 1 장|
풍수학습을 위한 보충사진

전남 장성

경기 가평

전북 김제

경북 상주

인천 강화

전북 완주

인천 강화

경북 안동

보국

경기 용인

경북 안동

충북 제천

경기 양평

경기 용인

충북 음성

경기 양평

충남 당진

강원 원주

충남 공주

수세

전북 남원

강원 삼척

강원 삼척

강원 영월

경기 여주

경북 경주

경남 합천

전북 김제

인천 강화

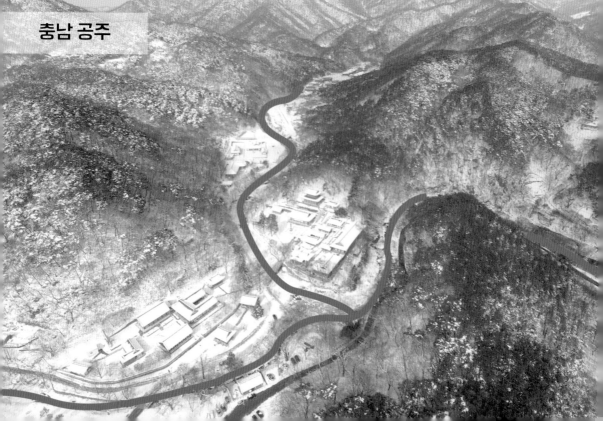

충남 공주

혈

경기 안성

경기 안성

전북 장성

경북 포항

경기 광주

경기 남양주

강원 춘천

경북 영주

|제 2 장|

아주대학교
풍수동문회 활동사진

2003년 가을부터 아주대학교 평생교육원에서 강의를 시작하였는데 학기 중에 불규칙적으로 현장답사를 진행하다가 동문님들의 요청으로 2008년 5월 단출하게 풍수동문회를 발족하고 첫걸음을 내딛었다.

김종대 회장님과 김은희 총무님의 헌신적인 노력이 앞장서고 모든 동문님들께서 주인의식으로 솔선수범하여 적극적으로 밀어주셔서 나날이 번창하여 오늘에 이르게 되었다.

감사의 말씀을 드리며 좋은 인연으로 만난 우리 동문님들 댁내 두루 평안하심을 기원하고 번창을 위해 더 많이 노력할 것을 다짐한다.

[발족기념식]		
일시	장소	참석인원
2008.5.18	남양주	17명
2009.5.10	안성	55명
2010.5.9	삼척	65명
2011.5.15	장성	48명
2012.5.13	군산	55명
2013.5.12	화순	51명
2014.5.11	합천	75명
2015.5.10	정선	107명
2016.5.8	순창	87명

[시산제]		
일시	장소	참석인원
2009.1.11	수원	29명
2010.1.10	충주	34명
2011.1.9	대전	56명
2012.1.8	강화	48명
2013.1.13	제천	65명
2014.1.12	음성	73명
2015.1.11	평택	92명
2016.1.10	이천	115명
2017.1.8	시흥	110명

2008 발족기념

2017 시산제

2009 시산제

아주대학교 평생교육원 "풍수지리 동문회"
慶 2009년 (己丑) 시산제 祝
·일시 : 2009. 1. 11(일)　·장소 : 수원시 광교산

2009 발족 1주년 기념

2010 시산제

2010 발족 2주년 기념

2011 시산제

2011 발족 3주년 기념

2012 시산제

2012 발족 4주년 기념

2013 시산제

2013 발족 5주년 기념

2014 시산제

2014 발족 6주년 기념

2015 시산제

2015 발족 7주년 기념

2016 시산제

2016 발족 8주년 기념

| 제 3 장 |

전국 유명 풍수 답사지 목록

- 이 답사지 목록은 저자가 풍수 공부를 하면서 1회 이상 직접 현장을 답사한 장소들을 정리한 것이다.

- 답사지와 관계되는 분들의 입장을 고려하여 근현대 인물들의 묘소는 답사지 목록에 포함하지 않았다.

- 답사지는 가다다 순으로 시도, 시군구 별로 정리하였다.

- 답사지의 주소와 번지는 실제 소재지를 표기하였으나, 몇몇 곳은 가장 찾아가기 쉬운 인접 지번을 대신 표기하였다.

▌강원 양택 ▌

답사지명	주소 및 위치	주간점(主看点)
등명락가사	강릉시 강동면 정동진리 산17	
보현사	강릉시 성산면 보광리 산544	
성원사	강릉시 연곡면 삼산리 810-1	
선교장	강릉시 운정동 431	
오죽헌	강릉시 죽헌동 201	
건봉사	고성군 거진읍 냉천리 36	적멸보궁, 명부전
신흥사	속초시 설악동 170	조계종3교구본사
낙산사	양양군 강현면 전진리 55	보타전의 보국
법흥사	영월군 수주면 법흥리 422-1	
오세암	인제군 북면 용대2리 22-33	
백담사	인제군 북면 용대2리 690	나한전
봉정암	인제군 북면 용대2리 690	
정암사	정선군 고한읍 고한리 산1	수마노탑, 보궁
도피안사	철원군 동송읍 관우리 450	
청평사	춘천시 북산면 청평리 674	
이효석 선생 생가	평창군 봉평면 창동리	
월정사	평창군 진부면 동산리 63	조계종4교구본사
상원사, 적멸보궁	평창군 진부면 동산리	
풍수원 성당	횡성군 서원면 유현리 1097	

강원 음택

답사지명	주소 및 위치	주간점(主看点)
정기평 선생 묘	강릉시 성산면 구산리(어을교 인근)	초계정씨 입향조
명주군왕릉	강릉시 성산면 보광리 285	강릉김씨 시조
영경 묘	삼척시 미로면 하사전리 산53	원진수직거
준경 묘	삼척시 미로면 활기리 92	육후처
김병연 선생 묘	영월군 김삿갓면 와석리 897-5	김삿갓
영월 장릉	영월군 영월읍 영흥리 산133-1	단종
엄흥도 선생 묘	영월군 영월읍 팔괴리 산186	
조엄 선생 묘	원주시 지정면 간현리 산69-12	
이기 선생 묘	원주시 지정면 간현리 694-2	
연안김씨 문중 묘역	원주시 지정면 안창리 산67-3	김제남 선생
원천석 선생 묘	원주시 행구동 산37	하수사, 용의 여기
정윤겸 선생 묘	원주시 호저면 옥산리 점골	
전선 선생 묘	정성군 남면 낙동리 남창동	정선전씨 시조
신숭겸 장군 묘	춘천시 서면 방동1리 821	
김우명 선생 묘	춘천시 서면 안보1리 산25-1	현종 장인
조인영 선생 묘	춘천시 신북읍 지내리 산50-26	
조만영 선생 묘	춘천시 신북읍 지내리 산51-7	

┃ 경기 양택 ┃

답사지명	주소 및 위치	주간점(主看点)
천진암	광주시 퇴촌면 우산리 500	천주교성지
우저서원	김포시 감정동 492	
대포서원	김포시 양촌면 대포리 산92-1	
통진향교	김포시 월곶면 군하리 220	
정약용 선생 생가	남양주시 조안면 능내리 75-1	
여경구 가옥	남양주시 진접읍 내곡리 286	
봉선사	남양주시 진접읍 부평리 255	조계종25교구본사
이병원 가옥	수원시 장안구 파장동 383	
화성행궁	수원시 팔달구 남창동 68-5	
구포동 성당	안성시 구포동 80-1	
안성향교	안성시 명륜동 118	
미리내 성지	안성시 양성면 미산리 141	
칠장사	안성시 죽산면 칠장리 764	
백수현 가옥	양주시 남면 매곡리 282-3	
양주향교	양주시 유양동 266	
회암사	양주시 회암동 산8-1	무학대사부도
용문사	양평군 용문면 신점리 625	
김영구 가옥	여주군 대신면 보통리 190-2	
신륵사	여주군 북내면 천송리 282	보제포저 석종
명성황후 생가	여주군 여주읍 능현리 250-2	

답사지명	주소 및 위치	주간점(主看点)
하우현 성당	의왕시 청계동 201	
청계사	의왕시 청계동 산11	
박세당 선생 고택	의정부시 장암동 197	
망월사	의정부시 호원동	
김좌근 선생 고택	이천시 백사면 내촌리 222-14	
파산서원	파주시 파평면 늘노리 235	
안재홍 선생 생가	평택시 고덕면 두릉리 646	
진위향교	평택시 진위면 봉남리 167	
팽성객사	평택시 팽성읍 객사리 117	
평택향교	평택시 팽성읍 객사리 185	
용주사	화성시 송산동 188	조계종2교구본사
요당마을	화성시 양감면 요당리	
홍난파 선생 생가	화성시 활초동 283	

▌경기 음택 ▐

답사지명	주소 및 위치	주간점(主看点)
중종 태봉	가평군 가평읍 상색리 산110	
이정구 선생 묘	가평군 상면 태봉리 295	
경주김씨 문중 묘역	고양시 덕양구 대자동 635-4	결인속기처
한기 선생, 정혜옹주 묘	고양시 덕양구 대자동 산54-2	
경안군 묘	고양시 덕양구 대자동 산65-2	소현세자 3남

답사지명	주소 및 위치	주간점(主看点)
이종 선생 묘	고양시 덕양구 대자동 산69-1	성녕대군
최영 장군 묘	고양시 덕양구 대자동 산70-2	회룡은산형
이직 선생 묘	고양시 덕양구 선유동 산51-1	
이치 선생 묘	고양시 덕양구 성사동 3-5	
권희 선생 묘	고양시 덕양구 성사동 산60-35	
이정 선생 묘	고양시 덕양구 신원동 산16-35	월산대군
강지 선생 묘	고양시 덕양구 오금동 산79	
함양박씨 문중 묘역	고양시 덕양구 오금동 산120	
인천옹주 묘	고양시 덕양구 오금동	정종-숙의윤씨 소생
서삼릉	고양시 덕양구 원당동 산30-1	
김전 선생 묘	고양시 덕양구 원흥동 산40-1	
이지신 선생 묘	고양시 덕양구 향동동 270-4	
밀양박씨 문중 묘역	고양시 원당읍 주교동 산26-1	
홍봉한 선생 묘	고양시 일산동구 문봉동 산17-2	정조 외조부
함종어씨 문중 묘역	고양시 일산동구 성석동 879-28	
계원군 묘	고양시 일산동구 성석동 산83-3	
권필 선생 묘	고양시 일산동구 성석동 상감천마을	
김약로 선생 묘	과천시 갈현동 산19(찬우물)	보국
차천로 선생 묘	과천시 문원동 산35	주변 높이
강득룡 선생 묘	과천시 중앙동 산6	용의 탈살
정원용 선생 묘	광명시 노온사동 572	보국

답사지명	주소 및 위치	주간점(主看点)
영회원	광명시 노온사동 산141-20	소현세자빈
이원익 선생 묘	광명시 소하2동 산137-1	
이순신 선생 묘	광명시 일직동 산26-7	봉분 중앙 벗어남
김자수 선생 묘	광주시 오포읍 신현리 산120-1	
맹사성 선생 묘	광주시 직동 산27	안산
신흠 선생 묘	광주시 퇴촌면 영동리 산12-1	
명빈 묘	구리시 아천동 산14	태종 후궁
동구릉	구리시 인창동 산2-1	태조, 선조, 문종 등
김만기 선생 묘	군포시 대야미동 산1-12	
동래정씨 문중 묘역	군포시 속달동 산3-1	정난종 선생, 수구
조수헌 선생 묘	김포시 통진읍 고정리 남정동마을	
심연원 선생 묘	김포시 통진읍 옹정리 산14-2	
김포 장릉	김포시 풍무동 산141-1	추존원종(인종 부친)
이구원 선생 묘	김포시 하성면 가금리 산76-1	
정사룡 선생 묘	남양주시 가운동 산36	
홍릉, 유릉	남양주시 금곡동 141-1	고종, 순종
능성구씨 문중 묘역	남양주시 금곡동 산93-3	
계산군 묘	남양주시 별내면 광전리 산156-1	
덕흥대원군 묘	남양주시 별내면 덕송리 산5-13	선조부친
남재 선생 묘	남양주시 별내면 화접리 282-7	
청풍김씨 문중 묘역	남양주시 삼패동 산29-1	

답사지명	주소 및 위치	주간점(主看点)
조말생 선생 묘	남양주시 수석동 산2-1	
안동김씨 문중 묘역	남양주시 와부읍 덕소리 석실마을	김번 선생, 김상룡 선생
박원종 선생 묘	남양주시 와부읍 도곡리 산31	
여흥민씨 문중 묘역	남양주시 와부읍 일패동 416-6 인근	민제인 선생, 민광훈 선생
한확 선생 묘	남양주시 조안면 능내리 산69-5	횡룡입수
정약용 선생 묘	남양주시 조안면 능내리 산75-1	장풍, 능침살
유량 선생 묘	남양주시 조안면 시우리 산26	
한상경 선생 묘	남양주시 진건읍 금곡리 산126	
조맹 선생 묘	남양주시 진건읍 송능리 산55	풍양조씨 시조
광해군 묘	남양주시 진건읍 송능리 산59	요도지각
홍경주 선생 묘	남양주시 진건읍 송능리 윗독정	
변안렬 선생 묘	남양주시 진건읍 용정리 704-1	
순강원	남양주시 진접읍 내각리 150	인빈김씨(원종생모)
이민보 선생 묘	남양주시 진접읍 내곡리 영서마을	
광릉	남양주시 진접읍 부평리 247	세조
휘경원	남양주시 진접읍 부평리 267	정조후궁수진박씨(순조생모)
사릉	남양주시 진접읍 사능리 산65-1	
이초기 선생 묘	남양주시 화도읍 금남리(백월버스정류장)	전욕
이보 선생 묘	남양주시 화도읍 녹촌리 192	능원대군
이순지 선생 묘	남양주시 화도읍 차산리 산5	
유강 선생 묘	남양주시 화도읍 차산리 775-4	

답사지명	주소 및 위치	주간점(主看点)
민자방 선생, 경숙옹주 묘	부천시 오정구 작동 산57-2	
이기 선생 묘	성남시 분당구 궁내동 산17-1	중종5자 덕양군
정윤희 선생 묘	성남시 분당구 백현동 262-1	
이경석 선생 묘	성남시 분당구 석운동 산16-18	봉문 뒤 바위
신종군 묘	성남시 분당구 석운동 산16	정종 10남
한산이씨 문중 묘역	성남시 분당구 수내동 산1-2	수세
청주한씨 문중 묘역	성남시 분당구 율동 산2-1	
남경문 선생 묘	성남시 수정구 태평동 산3-8	
조견 선생 묘	성남시 중원구 여수동 산30	육후처
이집 선생 묘	성남시 중원구 하대원동 산7-1	용의 생사
김언침 선생 묘	수원시 영통구 이의동 산34-1	
심준 선생 묘	수원시 영통구 이의동 산13-104	
심온 선생 묘	수원시 팔달구 이의동 산13-10	요석
청주한씨 문중 묘역	시흥시 거모동 산62-4	한준겸 선생
정숭조 선생 묘	시흥시 광석동 축실골	
박동량 선생 묘	시흥시 군자동 산22-2	입수룡
이염 선생 묘	시흥시 군자동 산70	세종대왕 8남 / 영응대군
류자신 선생 묘	시흥시 능곡동 산32	
이숙번 선생 묘	시흥시 산현동 산71	입수룡 보국
하연 선생 묘	시흥시 신천동 산12	보국(자연지형)
김치인 선생 묘	시흥시 안현동 260-6	보국(장풍)

답사지명	주소 및 위치	주간점(主看点)
진주강씨 문중 묘역	시흥시 하상동 산2	강희맹
윤강 선생 묘	안산시 단원구 선부동 17-2	용맥의 생사
정정옹주 묘	안산시 상록구 부곡동 산50-40	
이익 선생 묘	안산시 상록구 일동 산555	
유명건 선생 묘	안성시 고삼면 삼은리 산2-1	
류양식 선생 묘	안성시 고삼면 월향리 산26	
삼한국대부인 순흥안씨	안성시 금광면 오흥리 산32-1	심온 선생 부인
심룡 선생 묘	안성시 당왕동 산19-16	
유언호 선생 묘	안성시 대덕면 건지리 산17-29	
김씨부인 묘	안성시 도기동 산64	심룡 선생 부인
이세온 선생 묘	안성시 삼죽면 진촌리 산109-2	전욕
해주오씨 문중 묘역	안성시 양성면 덕봉리 산49	혈의 사상
백인걸 선생 묘	양주시 광적면 효촌리 산26	용세
남양홍씨 문중 묘역	양주시 남면 상수리 산15	홍지
이준 선생 묘	양주시 남면 신산리 산1-1	용호 높이, 안산
이해수 선생 묘	양주시 남면 한산리 산1	
윤자운 선생 묘	양주시 백석읍 홍죽리 산27	
정렴 선생 묘	양주시 산북동 산92	보국
권극관 선생 묘	양주시 산북동 산81-3	
남을진 선생 묘	양주시 은현면 봉암리 24	입수룡
송질 선생 묘	양주시 은현면 선암리 산15-1	

답사지명	주소 및 위치	주간점(主看点)
민무질 선생 묘	양주시 은현면 용암리 산52	
남양부부인 홍씨	양주시 은현면 용암리 산54-1	소혜왕후 모친
권율 선생 묘	양주시 장흥면 석현리 산168-1	
온릉	양주시 장흥면 일영리 산19	중종원비
성희안 선생 묘	양주시 장흥면 일영리 산65-1	
신수근 선생 묘	양주시 장흥면 일영리 산72	
유관 선생 묘	양평군 강하면 동오리 산157	
김여지, 김자지 선생 묘	양평군 강하면 황장리 산27	
양성이씨 문중 묘역	양평군 단월면 덕수1리	
이신하 선생 묘	양평군 양동면 석곡리 117 뒷산	결인속기, 안산
덕수이씨 문중 묘역	양평군 양동면 쌍학리 산9-1	택당 선생, 택당 선생 조부
이양우 선생 묘	양평군 양서면 대심리 산27	
신효창, 김사형 선생 묘	양평군 양서면 목왕리 산49	묘역석축
이덕형 선생 묘	양평군 양서면 목왕리 산82-1	원진수
이준경 선생 묘	양평군 양서면 부용리 산35-1	입수룡
조공근 선생 묘	양평군 양평읍 도곡리 산37	
조욱 선생 묘	양평군 용문면 덕촌리 산7	
정지국사부도	양평군 용문면 신점리 산99-6	용문사 경내
윤승길 선생 묘	양평군 용문면 조현리 산346	
민진후 선생 묘	여주군 가남면 안금리 산56-1	
한백겸 선생 묘	여주군 강천면 부평리 481-1	

답사지명	주소 및 위치	주간점(主看点)
홍성민 선생 묘	여주군 금사면 이포리 산14-2	
이인손 선생 묘	여주군 능서면 신지리 237-1	
세종 영릉	여주군 능서면 왕대리 산83-1	회룡고조
효종 영릉	여주군 능서면 왕대리 산83-1	상하릉, 물자형
원주원씨 문중 묘역	여주군 북내면 장암리 산1-6	원호 선생, 육후처
박준원 선생 묘	여주군 여주읍 가업리 산7	
임원준 선생 묘	여주군 여주읍 능현리 산25-5	
민유중 선생 묘	여주군 여주읍 능현리 산26-23	
이완 선생 묘	여주군 여주읍 상거리 산19-1	결인처, 용의 여기
민정중 선생 묘	여주군 여주읍 하거리 산21-4	
권규 선생, 경안공주 묘	여주군 점동면 덕평리 웃골	태종 3녀
민진장 선생 묘	여주군 점동면 부구리 산8-4	
이계전 선생 묘	여주군 점동면 사곡리 371	
윤호 선생 묘	연천군 미산면 아미리 산132-1	성종 장인
심덕부 선생 묘	연천군 미산면 아미리	
개녕군, 영월엄씨 묘	연천군 연천읍 와초리 지색능동	태조이성계 종제
강회백 선생 묘	연천군 왕징면 강내리 산175-3	비룡입수
허목 선생 묘	연천군 왕징면 강서리 산90	
연안부부인 전씨 묘	용인시 기흥구 마북동 산2-4	성종 장모
풍창부부인 조씨 묘	용인시 기흥구 상하동 산46-32	인현왕후 생모
정몽주, 이석형 선생 묘	용인시 모현면 능원리 산3	입수룡, 쌍유혈

답사지명	주소 및 위치	주간점(主看点)
조광조 선생 묘	용인시 수지구 상현동 산55-1	
김세필 선생 묘	용인시 수지구 죽전동 산23(대청초교입구)	혈장
오달제 선생 묘	용인시 처인구 모현면 산45-14	
오윤겸 선생 묘	용인시 처인구 모현면 오산리 산5	
남구만 선생 묘	용인시 처인구 모현면 초부리 산1-5	
채제공 선생 묘	용인시 처인구 역북동 산5	
평택임씨 묘역	용인시 처인구 이동면 묘봉3리 197-1, 213	임정 선생, 임인산 선생
이재 선생 묘	용인시 처인구 이동면 천리 산58	
이백지 선생 묘	용인시 처인구 포곡읍 가실리 산12-3	
안동권씨부인 묘	의왕시 고천동 의왕시청 3거리 인근	김인백 선생 부인
이구 선생 묘	의왕시 내손동 산154-1	세종 4남 임영대군
청풍김씨 문중 묘역	의왕시 왕곡동 산9-3	김인백 선생, 김징 선생
한익모 선생 묘	의왕시 월암동 산27-1	
신숙주 선생 묘	의정부시 고산동 산53-7	
신항 선생 묘	의정부시 신곡동 74	
경명군 묘	의정부시 신곡동 산25-1	성종 9남
정문부 선생 묘	의정부시 용현동 379-32	
박세당 선생 묘	의정부시 장암동 산146-1	
서신일 선생 묘	이천시 부발읍 산촌리 산19	이천서씨 시조
경순왕릉	장단군 장남면 고랑포리 산18-1	보국
윤관 선생 묘	파주시 광탄면 분수리 산4-1	개장천심

답사지명	주소 및 위치	주간점(主看点)
서거광 선생 묘	파주시 광탄면 신산리 31-11	
소령원, 유길원	파주시 광탄면 영장리 267	
파평윤씨 문중 묘역	파주시 교하면 당하리 산4-20	
경복흥 선생 묘	파주시 군내면 방목리 산229	청주경씨
박석명 선생 묘	파주시 군내면 점원리	
이세화 선생 묘	파주시 문산읍 선유리 산89-4	와혈형
신사임당, 이이 선생 묘	파주시 법원읍 동문리 산5-1	
황보인 선생 묘	파주시 법원읍 동문리 산725	
심회 선생 묘	파주시 월롱면 영태리	
파주삼릉	파주시 조리읍 봉일천리 산4-1	공릉 순릉 영릉
김거공 선생 묘	파주시 진동면 서곡리	원주김씨 시조
한상질 선생 묘	파주시 진동면 서곡리 산112	
한수 선생 묘	파주시 진동면 서곡리 산87	
류용생 선생 묘	파주시 진동면 서곡리	
허준 선생 묘	파주시 진동면 하포리 산129	
파주 장릉	파주시 탄현면 갈현리 산25-1	인조, 개장천심
황희 선생 묘	파주시 탄현면 금승리 산1	용호균형
윤곤 선생 묘	파주시 파주읍 연풍리 산81-1	충심수
성혼 선생 묘	파주시 파주읍 향양리 산8-1	
원균 선생 묘	평택시 도일동 산82	
경주이씨 문중 묘역	평택시 진위면 동천리 산166	

답사지명	주소 및 위치	주간점(主看点)
정만석 선생 묘	포천시 가산면 가산리 239	
정기안 선생 묘	포천시 가산면 가산리 42-1	
유경선 선생 묘	포천시 가산면 금현리 산34	
이항복 선생 묘	포천시 가산면 금현리 산4-2	횡룡입수
이경여 선생 묘	포천시 내촌면 음현리 산31-3	
전계대원군 묘	포천시 선단동 산11	학슬협
달성서씨 문중 묘역	포천시 설운동 산1-14	서성 선생 모친, 조모 묘
서성 선생 묘	포천시 설운동 산1-14	
심통원 선생 묘	포천시 소흘읍 이곡리 산21	
성여완 선생 묘	포천시 신북면 고일리 산24	
성석린 선생 묘	포천시 신북면 고일리 산30	
조경 선생 묘	포천시 신북면 만세교리 산1-1	
인평대군 묘	포천시 신북면 신평리 산46-1	용의 생사
오백주 선생 묘	포천시 어룡동 510	
인흥군 묘	포천시 영중면 양문리 산18-1	
김홍근 선생 묘	포천시 일동면 기산리 46	
양사언 선생 묘	포천시 일동면 길명리 산193	
이사검 선생 묘	포천시 창수면 가양리 213-4	
김중행 선생 묘	포천시 창수면 주원리 산137	
이국주 선생 묘	포천시 화현면 지현리 산5	
인화이씨부인 묘	하남시 덕풍동 산24-1	광주이씨 시조비

답사지명	주소 및 위치	주간점(主看点)
밀성군 묘	하남시 초이동 319-10	세종-신빈김씨 아들
신빈김씨 묘	화성시 남양동 산131-17	세종후궁
남이 장군 묘	화성시 비봉면 남전리 산145	
남양홍씨 문중 묘역	화성시 서신면 홍법리 산30	
건릉	화성시 안녕동 1-1	혈장끝 지각
융릉	화성시 안녕동 1-1	능입구 물길
백천장 선생 묘	화성시 태안읍 기안리 산7	용의 생사

경남 부산 양택

답사지명	주소 및 위치	주간점(主看点)
거제향교	거제시 거제읍 서정리 626	낮은 용호
김영삼 前 대통령 생가	거제시 장목면 외포리 1383-3	집 뒤 입수흔적
유치환 선생 생가	거제시 둔덕면 방하리 507-5	입수룡
성철스님 생가	경남 산청군 단성면 묵곡리 210	입수룡 단맥
노무현 前 대통령 생가	김해시 진영읍 본산리 30	
보리암	남해군 상주면 상주리 2065	
범어사	부산 금정구 청룡동 546	조계종14교구본사
용궁사	부산 기장군 기장읍 사랑리 416-3	장풍
동래동헌	부산 동래구 수안동 421-56	
천주교 부산교구	부산 수영구 남천1동 70-4	
마하사	부산 연제구 연산7동 2039	자연지형

답사지명	주소 및 위치	주간점(主看点)
통도사	양산시 하북면 지산리 583	조계종15교구본사
안희제 선생 생가	의령군 부림면 입산리 168	
함진안씨 종택	의령군 부림면 입산리 177-1	
의령향교	의령군 의령읍 서동리 393	
이병철 회장 생가	의령군 정곡면 중교리 722-1	
청학동 삼성궁	하동군 청암면 묵계리 터골	장풍
칠불사	하동군 화개면 범왕리 1605	천교혈
쌍계사	하동군 화개면 운수리 208	조계종13교구본사
조여 선생 생가	함안군 군북면 원북리 592	
함양향교	함양군 함양읍 교산리 793	
해인사	합천군 가야면 치인리 10	조계종12교구본사
전두환 前 대통령 생가	합천군 율곡면 내천리 263	

▎경남 부산 음택 ▎

답사지명	주소 및 위치	주간점(主看点)
완산전씨 문중 묘역	경남 합천군 율곡면 내천리 못재	천지수
정문도 선생 묘	부산 부산진구 양정1동 산73-28	
조식 선생 묘	산청군 시천면 사리 469	묘 앞 석축
문익점 선생 묘	산청군 신안면 신안리 산7	
남군보 선생 묘	의령군 의령읍 서동리	의령남씨 시조
하륜 선생 묘	진주시 미천면 오방리 산166-4	

답사지명	주소 및 위치	주간점(主看点)
조려 선생 묘	함안군 법수면 강주리 산53	
노진 선생 묘	함양군 지곡면 평촌리 주곡마을	

▌경북 대구 양택 ▌

답사지명	주소 및 위치	주간점(主看点)
양동마을	경주시 강동면 양동리	보국(장풍)
경주향교	경주시 교동 17-1	
경주최씨 고택	경주시 교동 69	
분황사	경주시 구황동 312	
황룡사지	경주시 구황동 315-2	
사천왕사지	경주시 배반동 935-2	
망덕사지	경주시 배반동 956	
독락당	경주시 안강읍 옥산리 1600-1	
감은사지	경주시 양북면 용당리 55-1	
경주월성	경주시 인왕동 387-1	
첨성대	경주시 인왕동 839-1	
불국사	경주시 진현동 15-1	조계종11교구본사
고령향교	고령군 고령읍 연조리 608	
수다사	구미시 무을면 상송리 산12	양수합수
박정희 前 대통령 생가	구미시 상모동 171	입수룡
도리사	구미시 해평면 송곡리 403	

답사지명	주소 및 위치	주간점(主看点)
직지사	김천시 대항면 운수리 216	조계종8교구본사
동화사	대구 동구 도학동 35	조계종9교구본사
노태우 前 대통령 생가	대구 동구 신용동 596	
봉암사	문경시 가은읍 원북리 485	
김룡사	문경시 산북면 김룡리 410	
닭실마을	봉화군 봉화읍 유곡리	
개암종택	봉화군 봉화읍 해저리 709-1	
양진당 오작당	상주시 낙동면 승곡리 131-1	
우복종가	상주시 외서면 우산리 193-2	
병암고택	상주시 외서면 우산리 112	
수암종택	상주시 중동면 1102	앞쪽 수구
함창향교	상주시 함창읍 교촌리 304-1	
한개마을	성주군 월항면 대산리	
이황 선생 태실	안동시 도산면 온혜리 604	내청룡 백호
도산서원	안동시 도산면 토계리 680	청룡백호 간격
임청각	안동시 법흥동 20-3	
봉정사	안동시 서후면 태장리 901	극락전, 대웅전
의성김씨 종택	안동시 임하면 천전리 280-1	입수룡
안동김씨 종택	안동시 풍산읍 소산리 218	
풍산김씨 종택	안동시 풍산읍 오미리 233	
수곡종택	안동시 풍천면 가곡리 419	

답사지명	주소 및 위치	주간점(主看点)
병산서원	안동시 풍천면 병산리 30	
하회마을	안동시 풍천면 하회리	동네안 도랑물
신돌석 장군 생가	영덕군 축산면 도곡리 528-1	
부석사	영주시 부석면 북지리 148	
소수서원	영주시 순흥면 내죽리 151	
임고서원	영천시 임고면 양항리 462	
은해사	영천시 청통면 치일리 479	조계종10교구본사
회룡포	예천군 용궁면 대은리	
남사고 선생 생가	울진군 근남면 수곡리	
불영사	울진군 서면 하원리 122	
고운사	의성군 단촌면 구계리 116	조계종16교구본사
보경사	포항시 북구 송라면 중산리 622	

┃ 경북 대구 음택 ┃

답사지명	주소 및 위치	주간점(主看点)
지백호 선생 묘	경주시 내남면 노곡2리	경주정씨 시조
신문왕릉	경주시 배반동 453-1	
진평왕릉	경주시 보문동 608	
선덕여왕릉	경주시 보문동 산78-2	
김인문 선생 묘	경주시 서악동 1006-1	
무열왕릉	경주시 서악동 842	용진처

답사지명	주소 및 위치	주간점(主看点)
조계룡 선생 묘	경주시 안강읍 노당리 1115-2	창녕조씨 시조
문무대왕릉	경주시 양북면 봉길리	해중릉
괘릉	경주시 외동읍 괘릉리 산17	신라 원성왕
김유신 장군 묘	경주시 충효동 산7-10	장풍
진덕여왕릉	경주시 현곡면 오류리 산48	
법흥왕릉	경주시 효현동 산63	
하위지 선생 묘	구미시 선산읍 죽장리 1056-1 뒷산	
길재 선생 묘	구미시 오태동 산9	묘소 앞 석축
장현광 선생 묘	구미시 오태동 산23-1	
하동정씨 문중 묘역	대구 동구 백안동 산1	
두사충 선생 묘	대구 수성구 만촌동 715-1	
정경세 선생 묘	상주시 공검면 부곡리 30-2	
권찰도 선생 묘	상주시 공검면 율곡2리 산67-1	입수룡, 잉어명당
채수 선생 묘	상주시 공검면 율곡리 294	
고령가야 태조왕릉	상주시 함창읍 증촌리 7	
이황 선생 묘	안동시 도산면 토계리 산24-20	여기, 안산
이정 선생 묘	안동시 북후면 물한리 108-3 동편	퇴계 선생 증조
권필 선생 묘	안동시 서후면 성곡리 393	안동권씨 시조
이운후 선생 묘	안동시 와룡면 가지리 306 윗쪽	퇴계 선생 고조
김성일 선생 묘	안동시 와룡면 서지리 산75-3	
정영방 선생 묘	안동시 용상동 산30-7	와혈

답사지명	주소 및 위치	주간점(主看点)
김진 선생 묘	안동시 임하면 임하리 산298(송석재사 위)	양기혈
김계권 선생 묘	안동시 풍산읍 소산리 202 뒷산	김번 선생 조부
류성룡 선생 묘	안동시 풍산읍 수리 산23	
이당 선생 묘	영천시 북안면 도유리 121	광주이씨 시조
정몽주 선생 부친 묘	영천시 임고면 양항리 733 인근	
정사 선생 묘	예천군 지보면 도장리 산38	내보국
정탁 선생 묘	예천군 호명면 본리 14-2	비룡입수
남사고 선생 묘	울진군 근남면 구산4리 산56	
남희백 선생 묘	울진군 근남면 수곡리 산94 인근	남사고 선생 부친
김용비 선생 묘	의성군 사곡면 토현리 산123	
심홍부 선생 묘	청송군 청송읍 덕리 산33	청송심씨 시조
이석 선생 묘	청송군 파천면 신기리 427 동편	진성이씨 시조
유삼재 선생 묘	포항시 북구 기계면 미현리 282	기계유씨 시조
윤신달 선생 묘	포항시 북구 기계면 봉계리 552	파평윤씨 시조

▌서울 양택 ▌

답사지명	주소 및 위치	주간점(主看点)
능인선원	강남구 개포동 1055	
봉은사	강남구 삼성동 73	
호압사	금천구 시흥2동 234	
길상사	성북구 성북2동 323	

답사지명	주소 및 위치	주간점(主看点)
북촌마을	종로구 가회동, 계동, 삼청동 일대	
성균관	종로구 명륜동 3가 53	
사직단	종로구 사직동 1-59	
경복궁	종로구 세종로 1번지	건물들 간격
조계사	종로구 수송동 44	
창경궁	종로구 와룡동 2-1	
창덕궁	종로구 와룡동 2-71	
종묘	종로구 훈정동 1-2	
명동성당	중구 명동 2가 1-8	
덕수궁	중구 정동 5-1	
경희궁	중구 필동3가 26	

▌서울 음택 ▌

답사지명	주소 및 위치	주간점(主看点)
헌릉, 인릉	강남구 내곡동 13-1	태종, 순조
선릉, 정릉	강남구 삼성동 131	성종, 중종
이여 선생 묘	강남구 수서동 산10-1	세종 5남(광평대군)
정릉	강북구 정릉동 산87-16	태조비 신덕왕후강씨
권대임 선생, 정선옹주 묘	구로구 궁동 54-2	선조 7녀
유순정 선생 묘	구로구 오류동 산43-31	
노숭 선생 묘	구로구 천왕동 산39	

답사지명	주소 및 위치	주간점(主看点)
순흥안씨 문중 묘역	금천구 시흥4동 산126-1	
태릉, 강릉	노원구 공릉동 223-19	문정왕후, 명종
안맹담 선생, 정의공주 묘	도봉구 방학동 산63-1	세종 2녀
연산군 묘	도봉구 방학동 산77	
국립현충원	동작구 동작동 산44-7	창빈안씨 묘
동래정씨 문중 묘역	동작구 사당동 산32-83	
이제 선생 묘	동작구 상도동 65-42	태종 장남(양녕대군)
완성군 묘	동작구 흑석2동 54-9	정종 증손
이보 선생 묘	서초구 방배동 191	태종 2남(효령대군)
성석연 선생 묘	서초구 우면동 산63	
의릉	성북구 석관동 1-5	경종

▌인천 양택 ▌

답사지명	주소 및 위치	주간점(主看点)
고려궁궐터	강화군 강화읍 관청리 743-1	
전등사	강화군 길상면 온수리 635	
보문사	강화군 삼산면 매음리 629	
철종외가	강화군 선원면 냉정리 264	
정수사	강화군 화도면 사기리 산85	대웅전 뒤 바위
이건창 선생 생가	강화군 화도면 사기리 167-3	
인천도호부지	남구 문학동 235(문학초등학교내)	

답사지명	주소 및 위치	주간점(主看点)
답동성당	중구 답동3번지	인천대교구

▌ 인천 음택 ▌

답사지명	주소 및 위치	주간점(主看点)
고려 홍릉	강화군 강화읍 국화리 산180	고종
이규보 선생 묘	강화군 길상면 길직리 산97	하수사
고려 곤릉	강화군 양도면 길정리 산75	
이이 선생 묘	계양구 작전동 산2	효령대군 손자
조정만 선생 묘	남동구 도림동 산46-3	
이여발 선생 묘	남동구 운언동 343-2	
김재로 선생 묘	남동구 운연동 산64-13	
류사눌 선생 묘	서구 경서동 산200-1	
한백륜 선생 묘	서구 마전동 산120-4	
조서강 선생 묘	서구 석남동 산119-2	
이허겸 선생 묘	연수구 연수동 584	인천이씨 시조

▌ 전남 광주 양택 ▌

답사지명	주소 및 위치	주간점(主看点)
김영랑 선생 생가	강진군 강진읍 남성리 211-1	
다산초당	강진군 도암면 만덕리	

답사지명	주소 및 위치	주간점(主看点)
월봉서원	광산구 광산동 452	
화엄사	구례군 마산면 황전리 12	조계종19교구본사
운조루	구례군 토지면 오미리 103	
곡전재	구례군 토지면 오미리 476	
나주향교	나주시 교동 32-1	
최석기 가옥	나주시 송월동 516-4	
명옥헌	담양군 고서면 산덕리 511	
소쇄원	담양군 남면 지곡리 123	
대원사	보성군 문덕면 죽산리 831	
송광사	순천시 송광면 신평리 12	조계종21교구본사
왕인박사유적지	영암군 군서면 동구림리 산18	
백양사	장성군 북하면 약수리 26	조계종18교구본사
필암서원	장성군 황룡면 필암리 378-379	
보림사	장흥군 유치면 봉덕리 45	
이건풍 가옥	함평군 나산면 초포리 659-1	
대흥사	해남군 삼산면 구림리 799	조계종22교구본사
녹우당	해남군 해남읍 연동리 82	
쌍봉사	화순군 이양면 증리 741	철갑선사부도탑

▌전남 광주 음택▐

답사지명	주소 및 위치	주간점(主看点)
기대승 선생 묘	광산구 광산동 452	
정지 장군 묘	광주 북구 망월동 경열사내	석축
박응주 선생 묘	나주시 반남면 흥덕리 산2-1	반남박씨 시조
송순 선생 묘	담양군 봉산면 기곡리 산200-16	
한광윤 선생 묘	영광군 법성면 신장리 742	청주한씨 6세조
민씨부인 묘	장성군 북이면 명정리 350-1	울산김씨 문중
행주기씨 문중 묘역	장성군 북이면 신월리 553 (오동마을)	
송흠지 선생 묘	장성군 삼계면 내계리 천방	
박상의 선생 묘	장성군 장성읍 용곡리 (수성마을 건너편)	
박수량 선생 묘	장성군 황룡면 금호리 산33	
김인후 선생 묘	장성군 황룡면 맥호리 산25	
이언 선생 묘	함평군 함평읍 성남리 793-3	함평이씨 시조
윤선도 선생 묘	해남군 현산면 구시리 산183-7 (금사동골)	
제주양씨 묘	화순군 도곡면 월곡리 다라실	앵무명당
구민첨 선생 묘	화순군 한천면 정리 428-1 안쪽	

▌전북 양택▐

답사지명	주소 및 위치	주간점(主看点)
김성수 선생 생가	고창군 부안면 봉암리 473	
선운사	고창군 아산면 삼인리 500	조계종24교구본사

답사지명	주소 및 위치	주간점(主看点)
채원병 가옥	군산시 성산면 고봉리 134	
임피 술산리	군산시 임피면 술산리	복구형
김제향교	김제시 교동 39	
김제동헌	김제시 교동 8-5	
금산사	김제시 금산면 금산리 39	조계종17교구본사
정구례 고택	김제시 장화동 210-1	쌀뒤주
금계마을	남원시 보절면 금다리	옥녀직금
실상사	남원시 산내면 입석리 50	
박초월 선생 생가	남원시 운봉읍 화수리 비전마을	
김상만 선생 가옥	부안군 줄포면 줄포리 445	
내소사	부안군 진서면 석포리 286	
김병로 선생 생가	순창군 복흥면 하리 519-2 (중리마을)	
미륵사지	익산시 금마면 기양리 32-2	미륵산 계곡 물길
익산향교	익산시 금마면 동고도리 389-1	
화산 천주교회	익산시 망성면 화산리 1158-6	
여산향교	익산시 여산면 여산리 101-1	
여산동헌	익산시 여산면 여산리 445-2	
이병기 선생 생가	익산시 여산면 원수리 573	입수맥 분수처
왕궁리 유적	익산시 왕궁면 왕궁리 562	
함열향교	익산시 함라면 함열리 579	
김동수 고가	정읍시 산외면 오공리 814	

답사지명	주소 및 위치	주간점(主看点)
송월주 스님 생가	정읍시 산외면 정량리 975-1 (원정마을)	조계종 총무원장
무성서원	정읍시 칠보면 무성리 500	
태인향교	정읍시 태인면 태성리 581	

▌전북 음택 ▌

답사지명	주소 및 위치	주간점(主看点)
구연 선생 묘	고창군 아산면 구암리 산135-6	능성구씨 3세
영일정씨부인 묘	고창군 아산면 반암리 산81	인촌선생 조모
김요협 선생 묘	고창군 아산면 삼인리 선운사 뒤	인촌선생 조부
장우천 선생 묘	김제시 금산면 장흥리 산170	기룡혈, 인동장씨
진묵대사모친 묘	김제시 만경읍 화포리 403	연화부수형
황균비 선생 묘	남원시 대강면 풍산리 산4 (산촌마을)	정룡방룡
김명환 선생 묘	부안군 변산면 지서리 산96	장풍
기정진 선생 조모 묘	순창 복흥면 대방리 623 (금방동마을)	황앵탁목형
김극뉴 선생 묘	순창군 동계면 마흘리 대마마을	
김창하 선생 묘	순창군 복흥면 반월리 218 (자포마을 안)	자봉포란형
김시서 선생 묘	순창군 복흥면 산정리 산38 (내오마을)	
전의이씨부인 묘	순창군 상치면 시산리 산60-1 (보평마을)	인촌선생 증조모
전의이씨 문중 묘역	완주군 구이면 안덕리 산3 (장파마을)	오공형
김태서 선생 묘	완주군 구이면 원기리 상학마을	전주김씨 시조
최아 선생 묘	완주군 소양면 죽절리 430-1 (분토골)	전주최씨 시조

답사지명	주소 및 위치	주간점(主看点)
밀산박씨부인 묘	완주군 용진면 간중리 산47	밀양박씨 문중, 대돌혈
익산쌍릉	익산시 석왕동 산55	백제무덤
남궁찬 선생 묘	익산시 성당면 갈산리 산70	
송유익 선생 묘	익산시 여산면 호산리 산4	여산송씨 시조, 백호
진주소씨 문중 묘역	익산시 왕궁면 용화리 산33	
심연 선생 묘	익산시 함열읍 남당리 산64-1	
남원양씨 묘	임실군 성수면 오봉리 산234	장사축와형
이능간 선생 묘	임실군 지사면 영천리 산18-1 (계촌마을)	영천이씨 시조, 안산
안동권씨 묘	장수군 산서면 오산리 산21-1 (월강마을)	와우형, 반궁수
이방간 선생 묘	전주시 덕진구 금상동 59-5	회안대군
조경단	전주시 덕진구 덕진동 1가 산28	전주이씨 시조단
안처중 선생 묘	정읍시 송산동 석고마을	탐진안씨
정극인 선생 묘	정읍시 칠보면 무성리 은석마을	

▌제주 양택 ▌

답사지명	주소 및 위치	주간점(主看点)
제주 중앙성당	제주시 삼도2동 114	
제주목관아	제주시 삼도2동 43-3	
제주산천단	제주시 아라동 375-1	
관음사	제주시 아라동 387	조계종23교구본사
월정사	제주시 오라동 656-2	

답사지명	주소 및 위치	주간점(主看点)
제주향교	제주시 용담1동 298-1	
삼성혈	제주시 이도동 1313	

▌제주 음택 ▌

답사지명	주소 및 위치	주간점(主看点)
청주한씨 입도조 묘	서귀포시 표선면 가시리 2385-1	
김해김씨 입도조후손 묘	제주시 애월읍 곽지리 846	
남양홍씨 입도조 묘	제주시 조천읍 꾀꼬리오름	
신천강씨 입도조 묘	제주시 조천읍 조천리 119	

▌충남 대전 양택 ▌

답사지명	주소 및 위치	주간점(主看点)
갑사	공주시 계룡면 중장리 52	
공주향교	공주시 교동 211	
마곡사	공주시 사곡면 운암리 567	조계종6교구본사
진산향교	금산군 진산면 교촌리 355	
윤증 선생 고택	논산시 노성면 교촌리 306	
면천향교	당진군 면천면 성상리 513	
필경사	당진군 송악면 부곡리 251-12	
김대건 신부 생가	당진군 우강면 송산리 115	
천도교 수운교	대전 유성구 추목동 403	
맹씨 행단	아산시 배방면 중리 300	

답사지명	주소 및 위치	주간점(主看点)
외암리마을	아산시 송악면 외암리	보국, 입수룡
수덕사	예산군 덕산면 사천리 20	조계종7교구본사
보덕사	예산군 덕산면 상가리 227	
김정희 선생 고택	예산군 신암면 용궁리 799-2	
개태사	충남 논산시 연산면 천호리 179-5	
김좌진 장군 생가	홍성군 갈산면 행산리 330-1	
약천초당	홍성군 구항면 내현리 거북이마을	

▌충남 대전 음택 ▌

답사지명	주소 및 위치	주간점(主看点)
영규대사묘	공주시 계룡면 유평리 산5	
윤원거 선생 묘	공주시 계룡면 유평리 산6-1	광취명당
윤증 선생 묘	공주시 계룡면 향지리 산11-11	
오시수 선생 묘	공주시 우성면 단지리 월굴	
문극겸 선생 묘	공주시 유구읍 추계리 산32-1	
이귀 선생 묘	공주시 이인면 만수리 524	용의 앙와
숭선군 묘	공주시 이인면 오룡리 2-1	용의 분맥, 인조 5남
김종서 장군 묘	공주시 장기면 대교리 산45	
계백 장군 묘	논산시 부적면 신풍리 7	
광산김씨 문중 묘역	논산시 연산면 고정리 산7-4	김장생 선생
	논산시 연산면 고정리 287	

답사지명	주소 및 위치	주간점(主看点)
덕수이씨 묘역	당진군 송산면 도문리	
구예 선생 묘	당진군 송악읍 가교리 산63 신암사 옆	
여흥민씨 묘역	대전 대덕연구단지 내	
김익희 선생 묘	대전 유성구 가정동 산8-9	수세
대전 현충원	대전 유성구 갑동 산23-1	
광산김씨 문중 묘역	대전 유성구 전민동 산18-17	
이지함 선생 묘	보령시 주교면 고전리 산27-3	월견수
김성우 장군 묘	보령시 청라면 라원리 산1-1	
윤집 선생 묘	부여군 내산면 온해리 407	
정홍인 선생 묘	부여군 부여읍 능산리 산30-1	정인지 선생 부친
김거익 선생 묘	부여군 부여읍 중정리 76	
류광민 선생 묘	부여군 세도면 청포리 726	겸혈
홍윤성 선생 묘	부여군 은산면 경둔리 92-1	
조신 선생 묘	부여군 장암면 점상리 산168-1	단유혈
이색 선생 묘	서천군 기산면 영모리 312	목은선생
권성 선생 묘	서천군 기산면 화산리	
이윤경 선생 묘	서천군 한산면 지현리 한산면사무소 인근	한산이씨 시조
이순신 선생 묘	아산시 음봉면 삼거리 산2-1	충무공
이도 선생 묘	연기군 전의면 유천리 산3-1	전의이씨 시조
이산해 선생 묘	예산군 대술면 방산리 169	
남연군 묘	예산군 덕산면 상가리 산5-28	출맥처, 단맥처

답사지명	주소 및 위치	주간점(主看点)
김정희 선생 묘	예산군 신암면 용궁리 799	추사 선생
김한신 선생 묘	예산군 신암면 용궁리 799-2	추사 선생 증조부
조익 선생 묘	예산군 신양면 신양리 33-1	입수룡
신자경 선생 묘	천안시 동남구 북면 오곡리 산58	
박문수 선생 묘	천안시 동남구 북면 은지리 은석사 뒤	
한명회 선생 묘	천안시 동남구 수신면 속창리 산11-1	
홍대용 선생 묘	천안시 동남구 수신면 장산리 462-22	

▌충북 양택 ▌

답사지명	주소 및 위치	주간점(主看点)
법주사	보은군 내속리면 사내리 209	조계종5교구본사
박연 선생 생가	영동군 심천면 고당리 산49-1	
육영수 여사 생가	옥천군 옥천읍 교동리 313	
김주태 가옥	음성군 감곡면 영산리 239-1	
서정우 가옥	음성군 감곡면 영산리 585-3	
감곡성당	음성군 감곡면 왕장리 357-2	
반기문 UN사무총장 생가지	음성군 원남면 상당리 602-2 윗행치	
음성향교	음성군 음성읍 읍내리 156-1	
박도수 가옥	제천시 금성면 구룡리 305	
정원태 고가	제천시 금성면 월림리 621	
진천향교	진천군 진천읍 고성리 416	

답사지명	주소 및 위치	주간점(主看点)
이상설 선생 생가	진천군 진천읍 산척리 134-2	
김유신 장군 생가지	진천군 진천읍 상계리 56	
보탑사	진천군 진천읍 연곡리 483	
신형호 고가	청원군 가덕면 인차리 148-2	
이항희 가옥	청원군 남일면 고은리 190	

충북 음택

답사지명	주소 및 위치	주간점(主看点)
정인지 선생 묘	괴산군 불정면 외령리 산44	
청풍김씨 문중 묘역	괴산군 불정면 지장리 550-1 (세곡마을)	김관 선생
배극렴 선생 묘	괴산군 증평읍 송산리 산28	
송시열 선생 묘	괴산군 청천면 청천리 7-1	장군대좌형, 사격
박연 선생 묘	영동군 심천면 고당리 산48-1	묘 주위 석축
박흥생 선생 묘	영동군 심천면 고당리 산52-1	
김수온 선생 묘	영동군 용산면 한곡리 산18-1	편측혈(위쪽)
신항구 선생 묘	음성군 감곡면 문촌리 996-1	장풍
신후재 선생 묘	음성군 감곡면 상우리 산1-1	봉분 앞 인작
경영군부인 묘	음성군 감곡면 영산리 잔자골	전면 장풍
홍우정 선생, 정인웅주 묘	음성군 광혜원면 실원리 산50-2	
안동권씨 문중 묘역	음성군 생극면 방축리 391-2	육후처
조형 선생 묘	음성군 생극면 생2리 하생마을	

답사지명	주소 및 위치	주간점(主看点)
채신보 선생 묘	음성군 원남면 삼룡리 639-7 뒷산	
민기 선생 묘	제천시 백운면 도곡리 25	
이정희 선생 묘	제천시 봉양읍 삼거리 산234 (두무실)	
김대유 선생 묘	제천시 수산면 도전리 산8 (호미실)	청풍김씨 시조
송인 선생 묘	진천군 덕산면 두촌리 산21-7	매화낙지형
정철 선생 묘	진천군 문백면 봉죽리 산14-1	
남지 선생 묘	진천군 문백면 평산리 산18-1	묘소주위 석축
이시발 선생 묘	진천군 초평면 용정리 191-11	
송귀수 선생 묘	청원군 남이면 문동리 산114-2	송시열 선생 증조
한란 선생 묘	청원군 남일면 가산리 산18	청주한씨 중시조
송세량 선생 묘	청원군 남일면 화당리 산2-8	송시열 선생 고조
신중엄 선생 묘	청원군 낭성면 관정리 430-1	
영조태실	청원군 낭성면 무성리 산6-1	
송인수 선생 묘	청원군 문의면 남제리 산69-3	
최명길 선생 묘	청원군 북이면 대율리 산15-2	
오숙동 선생 묘	청원군 현도면 달계리 산65-1	
김극형 선생 묘	충주시 가금면 봉황리 산29-1 (능암)	
우천석, 우팽 선생 묘	충주시 산척면 송강리 산105-1	
박씨부인 묘	충주시 이류면 금곡리 산59-1 (쇠실)	김관 선생 부인
이상급 선생 묘	충주시 주덕읍 사락리 산68-1 (엄동)	
경령군 묘	충주시 주덕읍 사락리 산65	태종 장남

▌참고문헌 ▌

● **한국문헌** ●

『지리인자수지』, 서선계 · 서선술 저, 김동규 역, 명문당, 1992

『정통풍수지리학 원전』, 신광주, 명당출판사, 1994

『정통풍수지리』, 정경연, 평단문화사, 2003

『명산론』, 채성우 저, 김두규 역, 비봉출판사, 2002

『용수정경』, 장익호, 현대문화사, 1995

『조선의 풍수』, 촌산지순 저, 정현우 역, 명문당, 1991

『지리신법』, 호순신 저, 김두규 역, 장락, 2001

『지리오결』, 조옥재 저, 신평 역, 동학사, 2001

『선각국사 도선의 신연구』, 영암군, 1988

『명당론』, 장용득, 남영문화사, 1980

『명당요결』, 김종철, 용진문화사, 1990

『한국풍수이론의 정립』, 박봉주, 관음출판사, 2002

『신 한국풍수』, 최영주, 동학사, 1993

『조선왕조실록』, 국사편찬위원회 홈페이지

『한국민속종합조사보고서』, 문화재관리국, 1989

『삼국유사』, 일연 저, 이동환 역, 장락, 2005

『삼국사기』, 김부식 저, 박광순 역, 하서, 1997

● **중국문헌** ●

『신비적풍수』, 왕옥덕, 광서인민출판사, 2004

『중국풍수십강』, 양문형, 화하출판사, 2007

『풍수 중국인적 환경관』, 유패림, 상해삼련서점, 1995

『생존풍수학』, 장명량, 학림출판사, 2005

『중국풍수문화』, 고우겸, 단결출판사, 2004

올바른 풍수 학술 지침서

풍수의 定石

초판 1쇄 발행일 2010년 8월 30일
개정증보판 1쇄 발행일 2017년 3월 20일

지은이 | 조남선
발행인 | 서경석

편집 | 정재은 · 서지혜 디자인 | 김선미 마케팅 | 서기원

발행처 | 청어람M&B 출판등록 | 제313-2009-68호
주소 | 경기도 부천시 부일로 483번길 40 (14640)
전화 | 032) 656-4452 전송 | 032) 656-9496
전자우편 | juniorbook@naver.com

ⓒ 조남선, 2010

ISBN 979-11-86419-28-1 03380

이 책의 내용을 쓰려면 반드시 저작권자와 청어람M&B의 허락을 받아야 합니다.
저작권법에 의해 한국 내에서 보호를 받는 저작물이므로 무단 전재 및 무단 복제를 금합니다.

이 도서의 국립중앙도서관 출판예정도서목록(CIP)은 서지정보유통지원시스템 홈페이지(http://seoji.nl.go.kr)와
국가자료공동목록시스템(http://www.nl.go.kr/kolisnet)에서 이용하실 수 있습니다.(CIP제어번호: CIP2017006493)